NAȚIUNE, MODER
ȘI ELITE ROMÂNEȘTI

民族、现代化与 罗马尼亚精英

［罗］米尔恰·普拉通（Mircea Platon） 著

忻婧　曲岩　译

辽宁人民出版社

版权合同登记号06-2021年第195号

图书在版编目（CIP）数据

民族、现代化与罗马尼亚精英 /（罗）米尔恰·普拉通
著；忻婧，曲岩译 . — 沈阳：辽宁人民出版社，2021.12
书名原文：Nation, Modernization and the Romanian Elites
ISBN 978-7-205-10347-7

Ⅰ . ①民… Ⅱ . ①米… ②忻… ③曲… Ⅲ . ①社会发
展—研究—罗马尼亚 Ⅳ . ① D754.269

中国版本图书馆 CIP 数据核字（2021）第 241634 号

出版发行：辽宁人民出版社
　　　　　地址：沈阳市和平区十一纬路25号　邮编：110003
　　　　　电话：024-23284321（邮　购）　024-23284324（发行部）
　　　　　传真：024-23284191（发行部）　024-23284304（办公室）
　　　　　http：// www.lnpph.com.cn
印　　刷：沈阳市崇山彩色印刷有限公司
幅面尺寸：145mm×210mm
印　　张：8.375
字　　数：245 千字
出版时间：2021 年 12 月第 1 版
印刷时间：2021 年 12 月第 1 次印刷
责任编辑：阎伟萍　孙　雯
装帧设计：留白文化
责任校对：冯　莹
书　　号：ISBN 978-7-205-10347-7
定　　价：60.00 元

目录

格奥尔基·阿萨基，卡罗尔·米哈利奇·德·霍多金与 "坚不可摧的" 罗马尼亚

阿列库·鲁索在1851—1852年的《摩尔多瓦研究》中指出，摩尔多瓦社会的快速现代化也因时尚所引发："服饰变化象征精神觉醒。理念与进步从燕尾服下摆和西装马甲口袋中萌生……"服装更替随即改变了我们的社会环境，包括家庭关系……燕尾服带来尊严，在那些或能分我杯羹的人面前，合身的裤装迫使人们斟酌自己的"卑躬屈膝"。①

换言之，重获尊严感是罗马尼亚社会现代化的核心动力。对于阿列库·鲁索及其同辈的爱国人士而言，现代化意味着挺直腰杆，不再"卑躬屈膝"，不再行鞠躬礼，而身着肥大的裤子与合身的裤装不同，行礼时缝线处毫无崩裂的危险。在文化层面，现代化意味着重塑罗马尼亚历史，建立标志性经济体系，将大众文化与民族精英文化有机结合。伊万·海利亚德·勒杜列斯库、格奥尔基·阿萨基、米哈伊尔·科格尔尼恰努以及阿列库·胡尔穆扎基的文学作品都在青年社出版社及其附属刊物《文学谈话》的出版史上留下了浓墨重彩的一笔。从政治视角出发，在扬·康斯坦丁·布勒蒂亚努看来，阿列库·鲁索及其同人为之奋斗的现代化类型取决于以民族独立为条件的个人自由。而在经济的维度上，罗马尼亚的现代化以经济发展为前提条件。而经济发展规划应当既包含确保民族工业进步的经济保护主义，也涵盖人道主义经济、小型的

---

① 阿列库·鲁索：《全集》，布加勒斯特，思考出版社，1942年，第238页。

自由市场经济。众所周知，作为纯农业国家，罗马尼亚在其现代化进程初期需要采取鼓励农业生产的经济政策（发展生产合作制，成立农业银行以及引进更高效的农业手段和设备），帮助罗马尼亚农民挺直腰杆，将文化与经济有机地融入他们根深蒂固的生存模式中。然而罗马尼亚需要一套经济保护体系可以确保其不再以低廉的价格出口原材料和农产品，以及不再以高昂的价格进口工业产品。"自由市场"的拥趸反对保护主义机制，理由之一便是民族工业无法生产充足的高质量产品满足市场需求。1877年，亚历山德鲁·迪米特里耶·克塞诺波尔曾敦促罗马尼亚精英引入西方手工业者，而不是进口他们生产的商品。他认为，西方手工业者移民的后裔会被罗马尼亚化。[①]

一如杜米特鲁·维特库在其卓有见地的专题性研究《罗马尼亚社会现代化的先行者们：卡罗尔·米哈利奇·德·霍多金》（雅西，青年社出版社，2015年）中所写，卡罗尔·米哈利奇·德·霍多金正是那些被罗马尼亚化的异乡客之一，自19世纪中叶开始，他们为罗马尼亚社会的繁荣昌盛做出了贡献。通过引用米哈利奇或未曾面世或成文付梓且在今天看来艰深晦涩的文字篇章，维特库成功地真实还原了他复杂的人物形象，即便这个形象并非那么的"文艺复兴式"。在第四卷的封面上，维特库写道，（例如，某种程度上，米哈利奇·德·霍多金似乎并非沉迷于文学），他无疑是民族昌盛时期罗马尼亚文化史上的一座丰碑。

1802年，米哈利奇·德·霍多金出生于斯皮什郡。这个从斯洛伐克东北部山区走出的精于农业、林业及采矿业的斯皮什人，自18世纪

---

① 亚历山德鲁·迪米特里耶·克塞诺波尔：《对我们当前状态的研究》（第5章"我们的经济状态"），载《文学谈话》第11年度第1期——1877年4月1日，第2期——1877年5月1日，第3期——1877年6月1日，第4期——1877年7月1日，收录于《文学谈话：代表性文章全集》（第1卷第3部分），雅西，文学谈话出版社，2016年，第267—303页。

末期开始在布科维纳定居。在科希策学院完成哲学、经济学和地质学课程后，米哈利奇·德·霍多金开始负责煤矿开采，并照管埃梅里克·恰基大领主位于克龙帕希的田产。尔后，他又成为几家造纸厂的管理者，其中一家位于罗什卡尼。1838年，在格奥尔基·阿萨基的请求与支持下，米哈利奇来到雅西，投身各项辉煌事业，包括摩尔多瓦公国山地勘测、工程承包和公共事务。

米哈利奇与阿萨基一同在1840年创立了摩尔多瓦首家艺术与职业学校。该校于1841年投入使用，两人均曾在此任教。米哈利奇与警察局长格奥尔基·阿萨基、兵马统领科斯塔凯·内格鲁济、内政司法大臣科斯塔凯·斯图尔扎和康斯坦丁·卡拉吉同为摩尔多瓦农学中央委员会成员。他勘察了摩尔多瓦公国的山脉，将矿业经济的优势记录成文。19世纪40年代，米哈利奇领导彼时摩尔多瓦公国首府雅西的城市供水计划取得良好成效。陶瓷供水管道（有时，由于马蹄踩踏和马车轮碾轧，陶瓷管道会发生断裂）被"含铅的铁合金管道所替换，使其坚不可摧"。[①]长达10.5公里的新管道连接了16个公共配水栓和21个私人水泵。1844年，米哈利奇开始掌管科斯塔凯·科纳基的"铁厂"。税务部门不断骚扰，而工厂主人又心浮气躁，认为"它吞掉自己太多的钱，却没有带来预期回报"，[②]工厂最终关门大吉。随后，米哈利奇又试图开一家蜡烛厂，但因为竞争对手是来自奥地利的臣民佛兰茨·西多罗维奇，米哈伊尔·斯图尔扎大公不同意吊销他的经营许可，米哈利奇不得不放弃该计划。[③]一场不可避免的爆炸又迫使米哈利奇建于1860年的火

---

① 杜米特鲁·维特库：《罗马尼亚社会现代化的先行者们：卡罗尔·米哈利奇·德·霍多金》，雅西，青年社出版社，2015年，第94页。
② 同上，第124页。
③ 同上，第86页。

药厂于次年出售给了商人莫里·卡茨。①

尽管米哈利奇的职业生涯时有中断，他依然受到摩尔多瓦公国当局的嘉奖。1853年，他被调离公共事务部，让位于法籍工程师贝金。②虽然在1857年官复原职，但1859年蒙特尼亚和摩尔多瓦两公国统一让米哈利奇遭遇事业上的滑铁卢。作为反联合主义者阿萨基的同盟，米哈利奇一时间在新的行政机构中失去了庇护者。这个曾经被称作专家，曾主张在雅西使用天然气、公共照明、修建铁路、铺砌公共道路、清理比斯特里察河方便木筏通行的米哈利奇，带着无尽的忧伤于1862年溘然长逝。

维特库基于现存资料刻画出的人物形象，使我们更加充分地理解19世纪上半叶罗马尼亚社会现代化的动机与驱力。来自异国他乡的米哈利奇，通过实际行动融入当地社会，这并非是意识形态或族群意义上的融合，而代表一种联结、一种志同道合，为了城市建设、教育和经济相关规划取得成效。19世纪中期，摩尔多瓦的经济和文化蓬勃发展，米哈利奇的事迹证明了罗马尼亚精英在大规模文化与经济建设中起到举足轻重的作用。维特库指出，摩尔多瓦精英热血沸腾缘于他们的理想，即"将统一罗马尼亚人的必要性从单纯的理论层面上升到革命性或是规划性的实践层面"。而实现一个现代化的罗马尼亚，首先需要建立民族国家。③

维特库发现，在这股潮流中，《组织条例》的作用也可圈可点。它远不是一种压迫手段，而是融合了摩尔多瓦和蒙特尼亚公国贵族的改

---

① 杜米特鲁·维特库：《罗马尼亚社会现代化的先行者们：卡罗尔·米哈利奇·德·霍多金》，雅西，青年社出版社，2015年，第180页。

② 同上，第152页。

③ 同上，第22、26—27页。参见第32页，为了"统一"的"工业复苏""教育起飞"等。

良主义倾向："我们认为，并不是《组织条例》引发了罗马尼亚范围内的振兴运动。但我们也发现，这项运动也没有受到背离法律条文与精神的政治行政手段的阻碍。它之所以能够取得空前的势头，在很大程度上得益于在1831—1832年间引入公国的法律新框架"。[1]维特库引用亚历山德鲁·迪米特里耶·克塞诺波尔——一个不那么亲俄的人在其著作《图拉真占领达契亚时期罗马尼亚人史》中的一段话以支持自己的观点，"通过《组织条例》，罗马尼亚社会首次出现了公共利益这一概念，它意味着高于个人利益，且永远超越其他一切利益。可以说，国家这一概念首次以现代化维度在罗马尼亚人中诞生，是建立在公众准则，即法律基础上的完整生命体"。[2]

　　在这一背景下，不仅米哈利奇融入摩尔多瓦社会所基于的文化视野至关重要，阿萨基或米哈利奇与"青年社"在后"四八"革命时期的纲领性行动之间的连续性也意义深远，这些行动延续了罗马尼亚社会有机现代化先行者们拟定和实施的计划。而米哈利奇投身于采矿业、农业、生态、城市规划，鼓励发展制造业、兴办教育，制定税收制度，强调发展制造业与工业会减少进口高价商品，从而为国库带来资金[3]，也可称得上是18世纪德国重商主义的官房学派在摩尔多瓦领土上的代表人物。[4]维特库已经向我们充分表明，和官房学者一样，米哈利奇本质上并不追求某种经济规划，而是寻求某一政治经济计划、构建社会的某种模式，从而建立一个（马克·拉伊夫所命名的）"有序的极权国

---

[1]　杜米特鲁·维特库：《罗马尼亚社会现代化的先行者们：卡罗尔·米哈利奇·德·霍多金》，雅西，青年社出版社，2015年，第18页。

[2]　同上，第20页。

[3]　同上，第83页。

[4]　回顾官房学派重大历史事件，参见安德烈·韦克菲尔德：《无序的极权国家：作为科学与实践的德国官房学派》，芝加哥，芝加哥大学出版社，2009年，第1—15页。

家"，一个组建有序的、可自行支配资源的国家。对于官房学者来说，至关重要的是他们社会观中的教学式与道德化元素。它并非指一种内阁思想，而是在治理国家的实践中所产生的准则总和。因此，官房主义不同于自由市场的意识形态，它旨在创立一个由能力过硬且忠心耿耿的公务人员组成的国家机构。

从发展采矿业为某些地区带来繁荣，使这些地区的人们不再仅靠农田过活而缺衣少食，^①到解决城市供水、创立艺术与职业学校、实现现代化农业，米哈利奇认为，他的公共事业项目显然是为了引领社会的有机现代化，这种现代化不会破坏社会秩序结构，反而能促其发展，将它置于稳固的基础上，即倡导基于（埃米内斯库所说的）劳动与功绩的社会流动性。由于社会上升通道过于单一，机遇只属于官僚主义者与贵族，而这些人在自由主义与专制主义二者失衡的社会中无法各尽其职，政治社会层因此而剑拔弩张的态势日积月累，社会流动性可以减轻一定的社会压力。比如，官房学者如何一边工作一边保持虔诚？毕竟虔信派要遵守一套箴言准则。这在米哈利奇制定的艺术与职业学校校规中依稀可见。基于亚当·斯密理论的市场经济被欧洲各大帝国争相推行，导致同业公会消失，在这样的大环境下，包含一套职业训练与指导章程的校规可以使毕业生延续同业公会的质量标准与组织凝聚力。而该校规也在道德层面定义了什么是手工业行业的经济效益，在艺术与职业学校，"教学工作不仅停留在职业教育层面，也涉及学徒式的道德教育"。为此专门制定了"持续的规则与监督"，规定在每个周日和法定假日，青年学徒们必须前往教堂进行礼拜仪式，然后聚在一间教室里聆听"道

---

① 杜米特鲁·维特库：《罗马尼亚社会现代化的先行者们：卡罗尔·米哈利奇·德·霍多金》，雅西，青年社出版社，2015年，第71页。

德教义"，练习"读、写、算术、几何图"。^①这类艺术与职业学校如何启蒙民族意识呢？我们只需放眼几十年后，罗马尼亚同业公会一片混乱，因与维也纳方面存在矛盾立法，又与不接收罗马尼亚学徒的德国同业公会或鲁塞尼亚同业公会发生竞争，而这时布科维纳的年轻人却可以去雅西和布加勒斯特的手工业学校学习。

与此同时，米哈利奇呼吁政府应强势干预，增加城市周边森林覆盖面积（这有助于城市供水），并停止砍伐摩尔多瓦公国山地森林，避免农业的衰退。^②米哈利奇文章中的遣词造句与亚历山德鲁·迪米特里耶·克塞诺波尔和埃米内斯库一代人的作品高度一致。如果让埃米内斯库重新炮制米哈利奇于1876年所写的关于采矿业的文章，他也会在文中强调该产业对国民经济的指导作用。有关引入手工业移民和相关技术、^③而非（根据自由市场的正统定义）进口消费商品实现罗马尼亚现代化，以及植树造林方面，克塞诺波尔也正如我们所见，和米哈利奇的观点不谋而合。米哈利奇曾反对在摩尔多瓦公国修建铁路，他认为铁路的造价远高于收益回报，而摩尔多瓦可以借助水路运输出口商品。^④在这个问题上，埃米内斯库和特奥多尔·布拉达也与米哈利奇所见略同。克塞诺波尔曾指出，发展铁路网没有为国民经济服务，因为它有利进口，会造成一个出口廉价原材料、进口昂贵工业产品的农业国家出现负平衡。^⑤

---

① 杜米特鲁·维特库：《罗马尼亚社会现代化的先行者们：卡罗尔·米哈利奇·德·霍多金》，雅西，青年社出版社，2015年，第59、60—61页。
② 同上，第72—73页。
③ 同上，第84页。
④ 同上，第142—143页。
⑤ 亚历山德鲁·迪米特里耶·克塞诺波尔：《对我们当前状态的研究》（第5章），收录于《文学谈话：代表性文章全集》（第1卷第3部分），雅西，文学谈话出版社，2016年。

米哈利奇·德·霍多金不仅是罗马尼亚历史上的杰出代表人物，更重要的是，他向我们证实，现代罗马尼亚成就于一项"国家计划"。该计划由摩尔多瓦和蒙特尼亚公国的精英自发在19世纪初期共同达成，并由后续几代人落实完成。对于"青年社"一代来说，现代化并非基于对以往的割裂，而是基于对昔日的延续、对"四八"革命未竟事业的延续。来自异国他乡的定居者也加入到这一有机现代化中，这件自然而然的事情不仅反映出罗马尼亚式的包容性，即不推崇不反对，更体现了"旧制度"的普世性对现代罗马尼亚民族性的贡献。正所谓自由主义最终建立在闭关自守、持审慎与节约精神的前现代、反消费主义社会特点之上，而民族概念则成形于那些有着外来本土化精英的包容性社会框架下。从社会学和本体论的角度出发，本土化不同于基于服务经济和网络流量的后工业社会中的"授予公民身份"。国家在"本土化"、同心协力的革新动力下建立，在虚无的公民身份的腐蚀作用下瓦解。

早在19世纪20年代的烧炭党时代，阿萨基就完美诠释了这一有机类型的爱国主义。他创办了《罗马尼亚蜜蜂报》（创刊于1829年6月，于1849年停刊），在首刊中就曾指出，这份新的出版物不会背离"净化心灵与头脑的神圣东正教教义""出版活动接受公国管理和法律约束""实事求是，形成自己的意识形态，网罗有用的知识"。1929年，在纪念阿萨基创立《罗马尼亚蜜蜂报》一百周年的文章中，阿图尔·戈罗韦伊曾写道，阿萨基的出版物和伊万·海利亚德·勒杜列斯库的《罗马尼亚信使报》（1929年4月发刊）在帕威尔·基谢列夫的推动下成刊，他试图在罗马尼亚诸公国处于沙皇军事统治背景下寻求亲俄宣传手段。但是，戈罗韦伊也指出，海利亚德·勒杜列斯库和阿萨基都曾借助基谢列夫打开的那扇小门，奠定了罗马尼亚民族主义新闻业："如果罗马尼亚诸公国没有被俄国人占领，如果没有一个饱熟欧洲文化、诸如基谢列夫那样一言九鼎式的人物，对来自雅西的阿萨基和来自布加勒斯特的伊万·海利亚德委以重任，创办罗马尼亚报刊，阿萨基在1829年也不会创办《罗马尼亚蜜蜂报》。不过，基谢列夫这么做也并非为了我们，并非为人民传播文化，而是唯沙皇俄国的利益为首。那时正值俄土战争时期，基谢列夫希望贵族阶层看到沙皇军队的胜利，让贵族信服俄国那势不可挡的力量，至少能让摩尔多瓦公国主动要求并入这个东方帝国。与此同时，所有向我们示好的外国人都暗藏同一想法：自身的利益……尚不知道阿萨基和海利亚德是否达成默契，将报纸的命名都加上'罗马尼亚'一词；这两份报纸本来可以叫《蜜蜂报》和《信使报》、没有罗马尼亚这个附加词的，如果这个词让基谢列夫怀疑其背后的颠覆性，就不会允许它出现。如果海利亚德将他的报纸命名为《蒙特尼亚信使报》，而阿萨基的报纸叫《摩尔多瓦蜜蜂报》，这都可以理解。但早在1892年，我们这两位学者的心中便萌生了国家统一的愿望，即便他们预先没有达成共识，阿萨基和海利亚德，在同一思想的驱使下，也会采用同样的命名方式，引发读者的思考。"阿萨基当然清楚基谢列夫别有用心，因此，他创办报刊并非满足于为其效力。凭借非凡的毅力和对理想的激情，阿萨基利用创办"半官方"报刊的机会，在报纸中加入一系列副刊。借助副刊，将一些通过其他渠道无法传播的思想潜移默化地悄然渗透到读者的思维意识中。副刊《罗马尼亚颂扬》创办于1837年，尔后，阿萨基在1839年向《罗马尼亚蜜蜂报》的订阅者免费发放副刊《摩尔多瓦公国乡村报》。1844年，阿萨基又创办了副刊《关于罗马尼亚考古学与工业的蜜蜂档案》。[①]在《罗马尼亚颂扬》副刊中

---

① 　阿图尔·戈罗韦伊：《向罗马尼亚蜜蜂报的致敬词》，载（雅西）《世界报》第12年度第3232刊，1929年4月22日。感谢利维乌·帕普克帮我找到这篇文章。

（1837年3月—1838年9月），阿萨基曾公开谈论"民族文学"[①]"罗马尼亚文学"[②]"民族语言的培养与丰富"[③]，而署名"Klmn"的年轻人米哈伊尔·科格尔尼恰努也曾在刊物中要求采用（罗马尼亚字体的[④]）拉丁字母表。同期（1837—1838），阿萨基曾协商购买扬·布达伊·德莱亚努（1820年逝于利沃夫，生前有债务）的手稿。原本，阿萨基将于1868年以现今罗马尼亚科学院的名义完成这项交易，支付给布达伊的女婿卢多维克·莱万多夫斯基400金币，换取这位来自阿尔迪亚尔的罗马尼亚诗人学者的二十卷手稿。[⑤]

1855年，阿萨基在一篇改编自瑞士日耳曼作家海因里希·佐科克官房学派式田园主义的文章中，曾提醒注意世界主义的诱惑："团结人类并鼓励美德的一切情感都是高尚的。而这个玩世不恭的作者永远心存对高尚情感的诡辩，习惯性地自负于自己的博爱，蔑视对国家的爱。他说：'我的祖国即世界。我出生的那个小小角落，无权在我认可之前就得到青睐，因为她并不比其他国家更胜一筹，那些国家同样美好，甚至更美好。对祖国的爱不过是一众人群的集体利己主义，他们生活在同一国家，借此便可理直气壮地憎恨他人。'不要被这种卑鄙的哲学所诱惑。它使人卑贱，否定他人的美德，将一切位其之上的事物称为虚无、疯狂、放荡。它罗列华丽的词句，否定人们全部的高尚起点和所有

---

① 科尔内利娅·奥普里沙努：《罗马尼亚颂扬》，布加勒斯特，密涅瓦出版社，1970年，第103页。
② 同上，第116页。
③ 同上，第136页。
④ 同上，第168页。
⑤ 在1830年2月的《罗马尼亚蜜蜂报》上，阿萨基成了首位提及布达伊"天赋"的人，"认为他理应被冠以罗马尼亚第一诗人"。参见扬·乌尔坎：《茨冈语来龙去脉》，皮特什蒂，平行45出版社，2010年，第53、275页。

关系社会福祉的事业，毫无疑问，这种诡辩的腔调是一门轻松的学问，却令我们所鄙视。玩世不恭令人深陷泥泞，而真正的哲学则会努力使人摆脱困境，它是虔诚的，并尊重对祖国的热爱。"①这是那个将米哈利奇·德·霍多金带入摩尔多瓦的人所发出的声音，也曾是民族意识长河中罗马尼亚社会现代化的精神所在。

---

① 格奥尔基·阿萨基：《爱国》，收录于尼古拉·亚历山德鲁·乌尔苏：《作品集》（第2卷），基希讷乌，海伯利安出版社，1991年，第414页。

《文学谈话》，经典系列：建国手册

亚历山德鲁·迪米特里耶·克塞诺波尔在1869年（阿萨基离世时）写道："生命力顽强的地方一定有思想在涌动。"文化的旋涡与文明的碰撞撼动了包括罗马尼亚在内的欧洲角落，不可避免地"唤醒"了民族精神，而在这种环境下，历史客观性也不可或缺："我们身处危机时代，文明初露锋芒，却又以无法言喻的速度加快行进。影响我们的思想数量庞大且种类繁多，起源多种多样：罗马祖先的记忆、德国哲学、诞生于法国大革命的政治体系、东方生活的气息，这些全部相对而立，互融互斥。在不同思想的斗争下，民族精神被唤醒；生命的脉搏越发加快，却并非趋向强烈与规律；那是因为形形色色的思想指引的方向也各式各样，正如这些思想的起源也曾相互交织、互相排斥，使生命延续，如此这般却绑架了真正的目标，本应凝聚在一起的力量也消失殆尽……对我们至关重要的是认真探索正确的道路，尔后才是发展；在众多的方向中，我们要找寻并选择那个应该坚持的，或者将它们全盘推翻，用我们自己的力量建立一个全新又正确的方向。"[1]克塞诺波尔还考虑到细微的利益政策的存在，以及狭隘的利己主义，它装腔作势地充满阳刚气概，不过是麻木迟钝、缺乏活力的表现。但克塞诺波尔还是对罗马尼亚从根本上的觉醒充满信心，他相信罗马尼亚民族能够按照计划，遵守原则，为国家的发展行动起来："我们承认，被我们赞许的多数方向不过

---

[1]　本章全部援引内容均由米尔恰·普拉通，利维乌·帕普克（编辑）改编：《文学谈话，例证文本集》（第1卷第2部分），"第一个十年，1867—1877"。以下此卷均以《全集》（第1卷第2部分）的形式出现。

是情感和利益的产物，而非出自原则；但我们不应毫无节制，渐行渐远。生命力顽强的地方一定有思想在涌动。"（《文明史》）

《文学谈话》杂志的出现证实，在19世纪中叶，民族力量已强大到足以使思想发挥作用，进而在紧凑务实的有机发展计划基础上，各个机构也有能力构建罗马尼亚民族。青年社的《文学谈话》杂志也是上述机构中的一员，首刊于1867年3月1日出版，作为一家文化机构，它将现代罗马尼亚文化范式整理得更加完善。

事实上，任何翻阅过《文学谈话，例证文本集》①的人都能发现，第一批青年社成员以全面一致的方式探讨罗马尼亚彼时出现的问题。切入点多种多样：法律、文学、政治经济、农业、教育、历史、语文学、民族志和民俗学、社会问题诸如男女平等、自然科学与精密科学，但目标一致：发展一套国民符号经济体系，以民族团结和繁荣为目的夯实罗马尼亚国家根基。亚历山德鲁·迪米特里耶·克塞诺波尔指出，《文学谈话》撰稿人的博学多识构成了一部涉及人文学、历史学和语文学领域的民族百科全书，他发现"人性的弱点定律"会让一个人在某一时刻在脑海中萌生"一连串的想法"，此外，他还发觉，其所处时代的精神具备科学性，克塞诺波尔在1869年写道：

"如果说时代精神真的具备科学性，那么一方面我们不能反对它，另一方面我们又要尽可能发展独立元素，即民族性，以便在一定程

---

① 至今共出版四卷，如下：安东尼奥·帕特拉什，利维乌·帕普克（编辑）：《文学谈话，例证文本集》（第1卷第1部分），1867—1900（缩写为《全集I.1》）；上述提到的《全集》（第1卷第2部分）；米尔恰·普拉通，利维乌·帕普克（编辑）：《文学谈话，例证文本集》（第1卷第3部分），独立十年，1877—1886（缩写为《全集I.3》），载《文学谈话》。米尔恰·普拉通，利维乌·帕普克（编辑）：《文学谈话，例证文本集》（第1卷第4部分），美好时代的罗马尼亚，1887—1899（缩写为《全集I.4》）。四卷均由雅西文学谈话出版社出版。

度上麻痹科学的普遍影响。我要指出的是，统一性与多样性的二元对峙才是生存与进步的绝对条件……这是一条宇宙法则，它既保持天体的规律运行，又决定人类精神的发展……科学抹除了多样性……要保持发展个性元素的文化，这些元素指：语言、法律与道德、文学以及美术。这种文化对文明的延续不可或缺，在我们的时代这也被称为民族性原则……"乔治·帕努肯定了人文学科在凸显民族性方面的作用，尽管他曾批判阿尔迪亚尔学派或拉丁学派的过激行径，但他也意识到历史编撰学和语文学的作用："政治应被当作保护文学体裁多样性的武器，将爱国主义作为主要目的。可以说那个时代的所有作品都带有民族性的烙印，一个人在世界面前彰显其特质的工具是历史，其出身最生动的例证是语言，那个时代所有的文化人都成为历史学家和语文学家，或语法学家。"（《对特殊时期罗马尼亚人政治起伏的研究》）

正因如此，《文学谈话》团队的批判精神不会炮制故弄玄虚的神化篇章，像罗马尼亚人近25年来一直看到的那种；而是使用说明性的语言，拨开云雾，将民族历史、语言和文化清晰地展现在罗马尼亚人面前，使其避免受到陈旧的爱国主义和国际主义信徒驱使，走入死胡同。例如，在卡罗尔一世统治时期的罗马尼亚，那种让阿尔迪亚尔学派代表昂首坚称罗马尼亚民族罗马起源的环境已不复存在。在《罗马尼亚人历史研究》一文中，乔治·帕努嘲讽了包括奥古斯特·特雷博纽·劳里安在内的阿尔迪亚尔学派历史学家主张的拉丁主义。他指出，"热衷于对词源的幻想，奥古斯特·特雷博纽·劳里安认为Moldova一词是从Molis Dava衍生而来的，Molicovul源于Melo-cavus，而Calmatuiu则从Calametum派生而来等等，这些无疑歪曲了罗马尼亚人的历史。其中唯一令人钦佩的不过是在发音中寻找匹配的巧妙，这真是一门先进的学问。在劳里安创造的历史中，亚历山德鲁·勒普什内亚努死后被葬于'斯特拉提纳修道院'"。

　　青年社成员理解18世纪阿尔迪亚尔学派历史编撰学的政治价值，但是在卡罗尔一世统治下的小罗马尼亚（译者注：1859年起摩尔多瓦公国和蒙特尼亚公国的统一）环境中，他们试图在不一定被称为"科学"的基础之上，剔除民族作品中的主观武断，当然也包括强加的词源，保证原则上一贯客观，这也是可以制定公共正统观念的唯一基础：

　　"所有书籍的基础都并非事实，而是为了将罗马尼亚民族粉饰一新，我们不知道在字里行间读到的内容出自哪里；我们看到的不过是对罗马尼亚人民过往命运的例行拼凑，而并非原本面貌。"①

　　马约雷斯库、帕努和青年社语言学家对阿尔迪亚尔学派语文学家和历史学家的批评，是现代保守主义首次批判某种意识形态，这一拉丁化的意识形态奋力将整个罗马尼亚文化塞进一口蹩脚伪劣的拉丁主义石棺，强行去除非拉丁词源（斯拉夫、日耳曼词源），连根铲除非拉丁种族（达契亚、蛮族），摈除非拉丁宗教信仰（东正教）和那些被认为是

————————

① 乔治·帕努在《罗马尼亚人历史研究》中指出："在正常情况下，它们可能不会以这样的形式产生。但是当外国人提出这种古怪的问题，继而以敌视罗马尼亚人的方式解读这些问题的时候，又能怎么办呢？当许多日常中琐碎的政治热情上升到关系罗马尼亚人历史的理论层面时，一定会朝着这样的方向开展讨论。当有人认为罗马尼亚人是所有民族中最懦弱的，彼得鲁·马约尔自然在他的书中写了题为《罗马尼亚人的刚毅气概》一章，列数罗马尼亚人在不同时期的英勇行为，这样的内容在其他情况下肯定不会出现。——罗马尼亚人在奥地利发起的智识运动的主要特点是：他们大多通过比较和反衬的方式获取建立历史和语言学理论，将这些理论用过于夸张的方式置于国外学者成果的对立面，长此以往，最终形成社会长期不公正的状况。……一旦引入这种研究事物的方式，在彼时的某种情况下合情合理，这种方式变得坚不可摧，成为传统的、民族的，被历史后继者视若真理。书中记载的重大事件无根无据，全凭民族利益左右；那些与祖先荣耀相左的史实，或被忽略不计、或被巧妙掩盖，取而代之的是其他更符合民族需求的内容。这一理念毫无节制地被采纳，早期内容尽善尽美，后期新加入的也不过是那些被视为神圣不可侵犯的先前内容的扩充。历史知识在数量上有增无减，质量却毫无提升。"

非拉丁的政治经济生活形态（与古罗马共和制相对立的君主制度）。实际上，尽管卢奇安·博亚将帕努列为破除拉丁主义神话的鼻祖之一，但帕努的所作所为并非为了说明整个历史无非是一个故事，继而用最新的故事来替代那些现今看来没用的故事，他是为了指出历史是一门重塑史实的学科。面对某些历史学家的过分夸大甚至无端捏造，帕努并非以相对论者的身份在写作，而是把自己当作一名基于文献、精益求精的历史学家。帕努的文字在这里和克塞诺波尔的观点不谋而合，克塞诺波尔的想法非常有趣且富于成效，他认为，仅仅局限于民族单一起源这辆凯旋马车之上，会让罗马尼亚人的种族后继无人、消失殆尽。而对罗马尼亚民族起源的历史研究引领我们发现这个民族其他新鲜独创的元素，这些元素告诉我们，罗马尼亚人拥有的不仅是过去，还有未来。克塞诺波尔在《对我们当前状态的研究》中写道："对于我们未来的全部疑问皆在此：我们究竟是罗马人退化而来，还是一个全新的民族，罗马尼亚人。认为我们是纯粹的罗马人且能够自我发展，这对于持此观点的人来说可能是一个讨喜的想法；但是对于真相而言，应该让大自然赋予我们背离自然法则的特权。自然法则与人类规则的区别在于，前者并无特权可言。我们发展的根本条件在于自身精神与罗马精神的差异化，停止我们荒谬可笑的狂妄自负。高瞻未来的我们，不奢望成为罗马人的后裔，坚信我们是一个全新的民族，由多种元素共同作用而成的民族，而非退化之后的罗马人。"

阿尔迪亚尔学派历史学家用他们固执己见的比较主义压垮罗马尼亚人的历史，这遭到克塞诺波尔的猛烈抨击："我们贬低自己过往的价值，将它和其他事物比较，击碎了它的体量。我们的历史被贬低为某一辉煌时代的延续、一条河流分流出来的小溪，最终在荒漠中干涸；却不曾被视为逐渐壮大发展的起点。"

　　为了在字面上重现神话般的过往，建立一个（从各种新"罗马帝国"）借鉴而来的普世价值体系，青年社成员拒绝贬低民族特征——这既是某一特定背景下的谱系产物，又是生命的必然结果。克塞诺波尔和帕努的历史实证主义并非空穴来风，或以相对论的方式故弄玄虚地破除神话，又或试图将罗马尼亚人的历史重心移至一段过往，而"超验的审查制度"将这段过往的辉煌阻隔在外，从而使我们无法从中获取真正的能量。克塞诺波尔和帕努试图让罗马尼亚人摆脱过往的神化，面对真实的过去，用真正的史实拥抱未来。由此，帕努放开手脚，从欧洲那些伟大民族的历史着手。他指出，罗马尼亚人和那些伟大的民族没有什么不同，历史进程也一模一样。青年社主张的同步性是建设性、而非侵蚀性的。帕努在《对特殊时期罗马尼亚人政治起伏的研究》中写道："各个民族赋予自身神圣的、至少是辉煌的起源，这种普遍谬误在刻薄的嘲笑与开明的批判面前逐渐消亡。法国人并不羞于承认，他们在很大程度上是古代高卢人的后裔，而高卢人正是以粗俗野蛮和用活人祭祀天神而闻名于世。德国人并不能为他们在北方森林与沼泽中生存了上百年的祖先感到骄傲，他们的祖先首领曾在宴席上用敌人的头盖骨代替高脚杯推杯换盏，然而没有人对此刻意隐瞒。为了发展与繁荣，为了成为受人尊敬的民族，我们没必要声称在达契亚的土地受到图拉真殖民时，那里没有一个达契亚人；也不必满腔热情地坚持，我们的身体里流着纯净的罗马血液，尽管在特兰西瓦尼亚和蒙特尼亚出土的蜡板清晰地表明，图拉真皇帝带来的拓殖者远远不止罗马人，他们中很大一部分是高卢人、伊斯潘人、努米底亚人、色雷斯人、伊利里亚人等等。"为了拥有一门悦耳又雅致的语言，不必将所有词汇都从拉丁语的原始形式中推导而出，也不必剔除那些已深植社会各个阶层、完全本土化的大量斯拉夫词汇。民间诗歌和瓦西里·亚历山德里让我们公正地评判自己的语言，我们的语言即人民口中的语言，连语文学家都不得不坦言，他们并没造出任何与其相似的事物……究竟为了什么我们要牺牲民族的骄傲、误解真相和光明的宝藏？一个盲目热衷于讨论自己辉煌的出身，在任何情况下都铭记着巴代亚·图拉真，却不勤于改革进步的人，就像是过去几个世纪里堕落的贵族一样，在困难与危险面前需要展现个人品德时，他们却只会骄傲地历数祖先的姓名与勇气。

出于对真相的探索，青年社的成员肯定了罗马尼亚人民掌管世代相传、鲜活真相的民族价值。就像帕努在谈到语言的真相、家庭的保守性以及社会的本原时所指出的："我在前面已经说过，尽管语言是一个民族最外在的表现形式，但有时它比其他内在元素被更好地保存下来；我还说过，尽管制度在本质上比语言更易受到庇护，但它们可能比语言变化得更快更多；通过以下原则，出现了偏离既定规则的现象：习俗是一个民族的生活形态，以家庭而非整体为单位，界定习俗的框架不应是某一民族特有的所谓社会，而是家庭生活，在家庭生活中一切民俗皆具有持久不变的特征；因此，语言和制度与家庭生活和习俗联系越紧密，它们就越能获取新的力量，走得更加长远，不遭受国外的影响；相反，理解和交流的链条越是薄弱、甚至被阻断，它们就越偏离起始的形态。在这一原则基础上，我们可以看到，无论以何种姿态深入一个民族，语言总能在家庭生活中找到强有力的支撑。"（《对特殊时期罗马尼亚人政治起伏的研究》）

语言、家庭生活、习俗、制度——青年社的计划是基于人类学方法研究罗马尼亚现实，是全盘性的，如同一套连贯合理的感官与价值体系。让我们回顾一下《文学谈话》的撰稿人是如何从不同层面探讨民族统一、独立和繁荣的。

在"欧洲一体化"方面，《文学谈话》提倡的观点是罗马尼亚人从属于欧洲文明，但不包含奴颜婢膝的成分。例如，在纪念格里戈雷·吉卡三世大公遇刺身亡的悼词中，迪米特里耶·彼得里诺谈到奥地利人声称要完成对布科维纳罗马尼亚人进行文明化的使命："根据数学公理，这些奥地利人所拥有的不过是一些原始优势，这没什么可自豪的。他们的人数超过三千万，而布科维纳仅有大约五十万的居民，1对60的比例当然具有绝对优势，哪怕他们并未自称是东方文化的使者，而是来自非洲丛林的野蛮人，这又如何呢？原谅我们怀疑他们的文明力量，怀疑他们自愿投身其中的使命。"（《纪念格里戈雷·吉卡·沃耶沃德大公身亡》）

尽管深受德国文化的影响，但青年社成员却通过《文学谈话》毫不留情地批判因普法战争胜利而燃起的德国弥赛亚主义。因此，青年社匿名编辑（也许是雅各布·内格鲁济）曾在1872年撰写短文讽刺路德维希·布鲁尼尔的《德国与法兰克帝国》一书："通过对比德法两国，作者意图利用以下民族特征表明，法兰西民族在世界上享有盛誉：残忍、傲慢、野心勃勃、谎话连篇、烧杀掠夺、排斥异己、贪婪、奴颜婢膝、愚昧无知、自负。与之相反，作者认为德意志民族内外兼修，绝对是位列世界第一的民族。这本书的有趣之处在于，可以看出如何伪造德国人冷漠、公正、自知的精神，这种伪造在文学作品中尤其明显。不久以前，他们还在嘲笑狂妄自大的法国人自誉为'迈向世界文明之巅的伟大民族'，现在这群严肃的德国佬也陷入同样的疯狂，这种18世纪特有的疯狂在德国人的文学作品中被称为'伟大的历史'。"

针对伊万·斯特拉特的政治经济专著，亚历山德鲁·迪米特里耶·克塞诺波尔在评论中表现出不拘一格的态度和认为民族利益高于一切的观点。在文章中，克塞诺波尔赞扬了经济保护主义。他认为，这对小国经济发展不可或缺："由此可见，工业发展对一个国家是必不可少的，当没有能力和其他先进国家一较高下的时候，有必要明智地采取保护主义机制，直到民族工业发展到某种程度时，方可支持自由竞争。我们认同斯特拉斯先生的观点，保护主义机制自身有着诸多缺点，但缺点都是暂时的，而优点却藏身于未来，未来可期，我们切不可目光短浅。德国的工业也是在保护主义机制下发展起来的。一方面，扫清国家内部的障碍；另一方面，削弱同其他强国的竞争关系、采取明智的保护举措，德国今日才能跻身工业最发达国家之列。同时，美国也是在保护主义体系的帮助下，其工业水平才得以与英国相抗衡。"（《伊万·斯特拉特的政治经济专著》）

彼得·奥雷利安的保护主义观点通过《文学谈话》广受好评，格奥尔基·西翁赞扬了这位农学家对生态的关注："得益于奥雷利安先生搜集的知识，我们了解到罗马尼亚领土的1/6覆盖了森林，即4029947波干（译者注：土地面积单位，1波干约合半公顷）。如果这些森林能够均匀分布，则既可以满足一般经济需求，又能调节大气环境。"让我们看看西翁笔下的奥雷利安是如何说的："我们的任务是投入到工作中，对我们的经济需求进行成熟的研究，将国家利益置于企业利益之上，不以任何理由向涉及经济的外来要求妥协。职业行骗者会迫使我们相信老旧的经济观点早已改变，当今世界离不开国际贸易的充分自由；我们是靠务农而生的人，因此没有办法兴办工业；最后，他们不遗余力地让我们停留在被殖民的状态中。但如果我们想要生存下去，并让罗马尼亚成为一个繁荣的国家，就必须坚定不移地维护我们的利益。"（格奥尔基·西翁：《我们的国家》）

青年社成员的观点中不仅有经济保护主义，还包括对社会的保护。如果说奥托·冯·俾斯麦在19世纪80年代利用维多利亚时代欧洲最为慷慨的社会保护立法（病假、工伤赔偿金、养老金）来打击社会主义，那么来看看克塞诺波尔如何认识以民族保守精神解决贫富差距这一社会问题："当然，在社会成员间更加公平地分配权利与财富的想法是有道理的。要使这个观点人人皆知，就必须以其最独有的特征、用诸如普鲁东所谓'财产就是盗窃'这样的悖论来展现。但这一观点也产生了喜人的结果，产生了诸如李斯特、凯里、杜林主张的经济制度，他们并非像马尔萨斯和里卡多那样，试图以科学的方式为不公正与压榨建立基础，而是承认人类需求的正当性，试图找寻那些主导宇宙和谐的定律，并从中推导出公正的手段。"（《对我们当前状态的研究》）

如果说新保守派的国际主义将整个社会转换到"自由市场"的模糊地带，那么民族保守派文人克塞诺波尔笔下的言辞与天主教社会保守派代表或本世纪真正的保守派，美国旧保守派或是有机社会主义者、反全球主义者，例如克里斯托弗·拉希，提出问题的方式相得益彰。

不仅需要保护民族经济发展，还需确保立法的发展。最高法院顾问瓦西里·塔苏，尼古拉·约尔加的未来岳父，"罗马尼亚三人组"成员（该组合还包括亚历山德鲁·兰姆布里尔和乔治·帕努，因身着深色粗呢服装而得名）在关于康斯坦丁·埃拉克利德民法大部头的评论中表达了这一观点，埃拉克利德的这部作品被视为罗马尼亚现代历史上急速现代化的愚昧丰碑。塔苏发现，埃拉克利德明知罗马尼亚立法者照搬了法国的民法典条款，仍旧满足于出版抄袭剽窃了法国民法典的罗马尼亚民法条例。但是，正如塔苏指出的，罗马尼亚的法律是以节选的方式重新编辑了法国法律，翻译和改编的过程中遗失了一些法国原版条款。因此，埃拉克利德的这部作品广泛阐述了罗马尼亚民法典中并不存在的法律条款。面对法学家百无一堪的问题，塔苏是这样解释原因并概括影响的："在所有文化事务中，罗马尼亚本已普遍存在的诉诸法律的习惯越来越深入人心。但是法学知识却没有随着法律从业人员数量的增长而成比例增多，至今未曾出版一部原创的法律著作，即对这一现象的最佳佐证。而更多的原因在于，大多数法律研究人员自身并非出于对法律知识的渴求，而是在物质的激励下进入该行业；所以，通常来讲，他们对法律的研究是在诉讼或审判过程中间或进行的。随之而来的是着手创作或多或少涵盖原创成分的法律作品，其中就包含康斯坦丁·埃拉克利德的《民法典释义》第一卷……可见这位作者饱览几乎所有法兰西评论家的作品，并深深折服于他们的言论，以至于将其全盘引用，使我们竟分辨不出哪些阐释是针对罗马尼亚法律的，而哪些又是针对法国的。如此说来，我们的出版人员也难逃其咎，因为他们并没有发觉两国律法之间的不同之处。在书中经常可见一些不可思议的论述，这些论述在法国法律中可找到支撑，然而涉及这些论述的法律却从没在罗马尼亚颁布过。"（最高法院顾问康斯坦丁·埃拉克利德：《民法典释义与适用》）

相对于世俗立法改编的草草了事，教会立法实至名归地成为多年有机发展的成果，尼古拉·曼德雷亚通过《文学谈话》对安德烈·沙古纳大主教的教会法专著大加赞扬："这位杰出的作者以系统的方式阐释了希腊东正教教会法。可以说，这是第一部以罗语书写的系统性法律书籍。我们太缺少系统阐述科学原理的书籍，这里既指法学，也包含其他科学类目。因此，这位作者确实可被称为该领域的开拓者。"（安德烈·沙古纳：《希腊东正教教会法简编》）

《文学谈话》中的罗马尼亚是一个具有维多利亚时代风格的罗马尼亚，一个法制国家，一个孟德斯鸠理念式的事物、人与社会状态之间关系的真实写照。在克塞诺波尔看来，教育体系正是以此为目的，使学生具备法律秩序与坚实标准的思维："依法治国是最有益于人类的理念之一，也是教师最先植入年轻人头脑的思想之一。只有认真研究自然科学、展示每一种自然现象如何遵循一些不变的规则，才能将法律思维深深铭刻在青年人的思想中。随着这一基本理念的深化，青年人将在精神层面掌握那些构建不同学科的复杂自然法则中最为本质的部分。"

但除科学外，人文学科也有助于儿童成长为负责任的成年人。价值观的变幻无常和社会的动荡无助于罗马尼亚的稳固。对西方略知一二的人与充满地方偏见的人形成对立，而克塞诺波尔恰恰在这种虚假的形式逻辑中发现了罗马尼亚文化的弱点："对于一个追求进步的民族来讲，无疑要走这两条路，最有力的手段之一便是建立一个良好的中等教育体系。在我们国家，这种方式的弊端却因特殊状况而恶化。我们民族中活跃的文化群体通常由曾在不同国家求学的人构成。这些精神代表在我们国内常常无法达成共识，那些知晓法国、德国、俄罗斯或意大利精神差别之大的人对此丝毫不会感到意外。但不要认为弊端来源于我们要吸纳外国文化。首先，我们无法回避外国文化；其次，如果我们希望与欧洲民族共存，当然我们也别无选择，那么接纳外国文化是必不可少的。相反，一大弊端是源于大多数主导公共舆论的人，他们并非熟谙欧洲文化，仅略知一二；这也是导致国内异国文化人士与本土文化人士之间不和的一个新原因。由此便不难理解，不同精神的混乱状态和无法达成共识的情况，是如何在我们国家登峰造极的。根本的弊端在于，无论是在外求学，还是留在本国很快进入生活实践的青年人，面对异国文化或本国个体影响时，他们没有秉持任何坚不可摧的共同原则、共同理念。他们的思想本都是白纸一张，或受异国他乡的观点与原则影响，或在国内根据个人好恶形成自己的观念……因此，我们应尽一切努力完善中等教育体系。这样，孩子们就不需要背井离乡，理念与情感的共同基础将深植于他们的思想和内心之中，连带令我们思维方式混乱的弊端也一并斩草除根……中等教育的首要目的，正如我在上文所提及的，即教导人们以理性、精准的方式思考，并以可被理解的方式表达思想。为此，需要开设的科目有：1. 经典语言；2. 逻辑与数学；3. 罗马尼亚语。"

背井离乡到异国接受粗浅教育的精英，身在罗马尼亚却满心皆是西方化的幻想，缺乏稳固的价值体系和确保罗马尼亚民族发展的公共正统性，这些被克塞诺波尔及其青年社同人们认定为罗马尼亚文化弱势与政治服从的根源。根据克塞诺波尔的说法，罗马尼亚的现代化是通过和西方世界表面的、粗浅的、初始的，通常为单一层面上的联结实现：

"第二个对我们无用的不同点是，欧洲的最大优势在于早期开启了文明意识；我们触及某一文明的实质，既有精华又有糟粕，而精华与糟粕对于一种事物都是必须存在的。糟粕浮于事物表面，相比精华是唾手可得的，而精华则需要我们付出更多努力才可获取。这就是为什么我们不幸将西方的糟粕深入人心，将本应纳入我们精神的西方精华，如认真严谨、热爱科学、培养艺术、发展工业、行使权利、热爱真正的独立等，驱逐在外。"（《对我们当前状态的研究》）

在麦基洗德主教编纂的《胡希记事》中，亚历山德鲁·迪米特里耶·克塞诺波尔将这一观点展开论述，并指出历史研究对于汲取西方精华的影响，避免对自身全盘否定的意义："如果这种真正的历史精神成为我们国家的主导，那么当西方思想开始对我们进行渗透，我们就知道如何逐渐完善自我，不会突然打破自身传统脉络，不会摈弃百年相传的所有习惯、道德、政府机制，尽管这些元素在很多维度上都可能被称为糟粕，但其优势在于被大众习以为常，也正因为此，它们才能根据现代文化的要求进行改进、发展并完善。我并非指重返应有的起点。平衡权力的国家组织、我们的行政体系、法院架构、规范个体关系的法律等等，所有这些都被连根拔起，取而代之的是引自他国的现成体制、法律和机制，而理解和落实的偏差使我们整体陷入危险的动荡之中……通过研究整个历史，一种更为严肃、略趋向于永久改变体制的思想在人群中传播开来，这恰恰威胁我们的存在。因此，除了追求进步，为实现进步采取的手段和经历的磨难让我们懂得，只要立法者改变一种事态，不管这种事态曾经多么糟糕，都无异于手持尖刀刺入鲜活的躯体……那些我们引进的事物多数情况下只是流于形式，并没有深植于民族精神，以至于对它们的修订也逐渐变得无能为力。我们相信，随着进步，回归更加符合民族精神的制度并非不可为；为此我们认为，研究我们的过去能够为我们指明以何种方式改变我们民族当今的存在形式，因为，尽管我们改进了这种存在形式，但它仍旧符合我们的需求和传统、贴近我们的民族精神。"（《下多瑙河麦基洗德主教胡希记事》）

从这种现实主义民族立场出发，雅各布·内格鲁济写道，青年社的爱国主义脱离了自由党人和阿尔迪亚尔学派拉丁主义者感人却空洞的夸夸其谈："的确，我们避免了爱国主义腔调：有别于其他当代刊物，我们的出版物不会通篇满是罗马尼亚语专有词汇、罗马尼亚民族精神、拉丁血统、图拉真后裔诸如此类，我们不认为使用这些词汇就能体现某种文学的优点；相反，我们自信，过于频繁地使用这些词汇反而旨在掩盖思想的空洞。"（《致读者》）爱国主义并非思想空洞的表现，青年社成员认为，爱国主义是民族的守候者、联结者，这一观点既建立在（民族）统一的横向维度上，又建立在民族独立的纵向维度上，即对罗马尼亚人身份的自由主张与发扬。青年社的文化举措是成熟的，是基于民族历史的良好开端。因此，《文学谈话》还将探讨来自品都（参见《汇编》第1卷第2部分中伊万·卡拉贾尼和阿波斯托尔·默尔格里特的文章）、巴纳特、布科维纳、比萨拉比亚、（1878年并入罗马尼亚的）多布罗加或是阿尔迪亚尔地区的罗马尼亚人。另一方面，正如有关"四八"革命参与者的文章证明的（例如，参见康斯坦丁·内格鲁济的《亚历山德鲁·多尼奇》，A.D. 克塞诺波尔的《1836年I. 埃利亚德与C. 内格鲁济的文学往来》，以及Gr. 托奇列斯库关于尼科莱亚·伯尔切斯库的《文献》，瓦西里·亚历山德里的《A. 鲁索》），青年社成员并非激进的"四八"革命反对者，他们接纳蒙特尼亚和摩尔多瓦"四八"革命参与者为之奋斗的民族事业，在"四八"革命参与者中，扬·吉卡、瓦西里·亚历山德里以及C. 内格鲁济还曾和《文学谈话》有过合作。从《汇编》全卷来看，《文学谈话》成员对"四八"革命思想的认同要远远大于文学史学家齐古·奥尔内亚和保罗·科尔内亚向我们描述的那样，他们借用1925年出版的蒂图·马约雷斯库遗著《罗马尼亚当代史》指出，青年社不过是一个"披着严谨科学外衣的"、反对"四八"革命一辈及其革命精神的团体。[①]事实上，马克思主义的历史编撰学给予"四八"革命运动更偏左派的解读。为使针对某一重要时刻的定义，即革命性的阶级斗争成果得以永存，马克思主义历史编撰学家改变了整个罗马尼亚文化界的标准。因此，为了在"四八"革命参与者和青年社成员的界定中插入阶级斗争这一主题，"四八"革命参与者被归入意识形态阵容中的左派，而青年社成员则被认为是右派，由于他们富于田产，被假定为大地主腐化环境下某一社会阶层的代表。

青年社的文化模式之所以如此有效，恰恰是因为反对（自由派）"革命"的（保守派）"演进"精神激励了青年社成员与"四八"革命参与者之间的联结方式（摒除平庸老套的马克思主义负担，"四八"革

---

① Z. 奥尔内亚：《青年社，对思潮研究的贡献》，布加勒斯特，文学出版社，1966年，第87页。

命参与者似乎更加偏向民族保守主义）。[1]事实上，随着战争一代、军团存在主义知识分子的成长，出现了与过去分离割裂的风潮，而这一风潮一直延续至今，对罗马尼亚文化一致性和民族独立都造成灾难性的后果。青年社成员将罗马尼亚文化建设视为一项长期规划，要使这一规划最终得以实现，不仅需要文学天赋，更要有基于民族意识的持之以恒。A.D. 克塞诺波尔在纪念斯特凡大公的文章中这样描述："当人民的团结以生存为目的时，需以思想和心灵的统一为前提，尔后再将团结的意识深植于人们的精神层面，统一其他利益。政治团结则代表日常琐碎利益的统一，更易引发同类人群自相残杀。那么，我们处在四分五裂的状态同样具备积极含义。让我们齐心协力，传播共同的信念与希望，让我们通过思想和感受联结阿尔迪亚尔与普鲁特附近的罗族同胞，让历史的进程更加贴近全体人民的利益。当所有罗马尼亚人都向同一目标前进，实现思想与心灵统一后，政治的团结自然水到渠成！……这样，我们便找到了达成共识的有力手段，让我们将这一共识逐渐延伸至我们的精神层面、生根发芽、开枝散叶，缩减思想、感受和追求上的差异，这才是民族繁荣发展所必需。然而这一理念不应只作为一种念想停留在我们的精神层面——而应成为一种深层次的联结，将我们即刻推向共同的事业。让我们设法召集身处各地的罗马尼亚人定期相聚，即便无法召集不同社会阶层人士，至少要在青年学子范围内实现。不要停止口诛笔伐，不掺杂个人情感，只为追求真理，及时获取一切有关我们社会、政治、经济生活问题的正解。让我们尽一切所能，共寻开化农民这一民族根基的方法，在他们当中广泛传播好的方面，使他们摆脱困境，把精神与内

---

① C. 内格鲁济：《亚历山德鲁·多尼奇》。"1848年，人民获得充分的自由，而文学却遭到致命的打击。所有人都投身政治的舞台。拉马丁的里拉竖琴变了调，阿拉戈的望远镜蒙上迷雾。崇信缪斯的罗马尼亚人几近于无。"

心的力量为整个民族所用，而非局限于赖以生存的一小片天地。让我们扩大国家剧院的规模，迄今为止，国家剧院在很大程度上是一个让人蒙羞、而非提升修养的场所，即便如此，它也仅服务于全民族中的一小部分人群。……但在斯特凡大公执政期间，国家内部笼罩在良好氛围之下，人们凝聚一心，保证内部团结，抵抗外来邪恶。现如今，我们内部丑恶横行，而良好的氛围四散消失，不再有伟大的精神成为民族支撑。即便如此，让我们心怀希望吧，兄弟姐妹们！如果良好的氛围能够团结在某种思想左右，继而生命的力量集于民族英雄的墓碑前，为公共利益所思所想，那么，我们还有什么好怕？善与真的基调很快将营造出良好的氛围，我们内部更加沉着有力、运行有序的状态将很快使罗马尼亚民族在外获得尊重，拥有繁荣进步的未来。如果没有在世的英雄带领我们向前，那一定还有他为之奋斗的思想存续。他的思想如同一颗永远燃烧的太阳，为我们照亮前进的方向。"为了这一进程圆满落幕，需要一群结构化精英（而非当今的非结构化精英），青年社成员们一直努力成为精英中的一员："凝聚良好氛围、摒弃民族中的消极成分、共寻繁荣进步的手段、与丑恶事物进行斗争——尽管这些奠定罗马尼亚未来的事业进展缓慢，却从未被摧毁，如同珊瑚在茫茫大海中形成一座座岛屿、经历生命的堆积最终露出水面，不像暴风雨无情拍打山脉、击起千层浪花却最终消失在一望无垠的海水中！"

埃米内斯库未曾形单影只:《文学谈话》 1877—1886 年汇编: 独立十年

罗马尼亚人常因"巴尔干主义"、安于失败、临时起意、自相矛盾和"轻浮"而饱受诟病。对于这些评价,我不敢苟同。在我看来,只有变幻无常、做派轻浮的巴尔干民族才会认真对待这些评价。只有逆来顺受的民族才可能将《小羊羔》这首诗曲解,继而认为它散发着逆来顺受的罗马尼亚式情感,事实上,这首民谣呈现的不过是传统人物的原型,在寡不敌众、面对强大狡诈的敌人时,试图让事态按其规律发展而已。

就规律而言,逻辑学教授蒂图·马约雷斯库成为当代罗马尼亚保守主义的先驱,他在政治和文化领域持保守主义态度也绝非偶然。逻辑学提供了"演绎正确思想的形式"[①]。其中最为复杂的形式为三段论,即"从其他陈述引申出一项陈述"[②]。但是,保守主义在政治和文化领域提出了一种演绎方式,能够让社会根据自身前提,即按照(社会、地理、宗教、文化的)固有属性保持自行运转,始终如一。

创刊于1867年的《文学谈话》杂志,在1877年进入了第二个十年。该杂志致力于巩固民族独立,捍卫民族特性,将这视为罗马尼亚有机现代化的基本要素、大前提。从文学经典的角度看,《文学谈话》的第二个十年中涌现了许多优秀作品,诸如扬·克雷安格的故事作品及《童年回忆》、米哈伊·埃米内斯库的诗歌例如《一个达契亚人的祈

---

① 蒂图·马约雷斯库:《逻辑论著》,布加勒斯特,科学与百科全书出版社,1988年,第29页。
② 同上,第43页。

祷》《颂歌》（古韵律）和《信》、瓦西里·亚历山德里致独立战争
的诗歌、I. 斯拉维奇的中篇小说及历史研究、I.L. 卡拉迦列的戏剧和散
文等。同时，亚历山德鲁·弗拉胡策和Al. 达维拉的诗歌也在《文学谈
话》上崭露头角。此外，瓦西里·孔塔、A.C. 库扎以及A.D. 克塞诺波
尔、蒂图·马约雷斯库、P.P. 卡尔普的作品也通过杂志与读者见面。青
年社的《文学谈话》杂志涵盖了19世纪末至20世纪初罗马尼亚第一代
及第二代的文学经典。

　　从政治视野来看，《文学谈话》的面世标志着民族自由现代化的
雏形越发成熟：1867年采用了复本位制国民货币体系，随后税收机构
于1868年进行重组，此外还建立道路铁路系统，实行义务兵役制，并
为正规军和国民警卫队购置装备，在扬·C. 布勒蒂亚努看来，这些措
施旨在加强国家权威，为民族独立奠定基础。

　　根据索林·亚历山德雷斯库的说法，1870年在雅西保守党员马诺
拉凯·科斯塔凯·埃普雷亚努领导的政府中，P.P. 卡尔普和瓦西里·波
戈尔获得部长职位，自此青年社成员便活跃于政坛，挑战自由党针对
罗马尼亚现代化几近独断专行的提议。亚历山德雷斯库指出，青年社
成员试图自诩为卡罗尔一世君主制的主要拥护者，以便在新政权中占
据关键位置，有机会以保守党的姿态对新政权施加影响。[1]青年社的
文化计划多次出现在马约雷斯库的研究作品中，如《1867年罗马尼
亚诗歌》（1867年）、《驳罗马尼亚当代文化走向》（1868年）以
及《新走向》（1872年，该文首刊于1871年5月15日的《文学谈话》
第6期），马约雷斯库在《文学谈话》前5年发表的作品中均提到一种
保守主义，它与新近历史公开决裂，这段历史的主导者是自由主义运

① 索林·亚历山德雷斯库：《青年社——政治论述与文化论述》，收录
于《回顾，现代性》，布加勒斯特，宇宙出版社，1999年，第47—90页。

动、"爱乐"协会（译者注：由扬·肯皮内亚努和扬·海利亚德-勒
杜列斯库于1833年共同创立的协会，旨在鼓励民族戏剧）、类似烧炭
党的兄弟会、（西米翁·伯尔努丘的）经院派共和主义以及（C.A. 罗
塞蒂的）革命共和主义，这些说到底就是激进的西方效仿行为。

但实行议会制会使青年社在政治上倾向加速推动事态进展，并倒
向机会主义，这与马约雷斯库式的"威严"相左，也会有损规模性的文
化建设。1869年，活跃于政治生活的青年社成员试图将《文化谈话》
转型为服务竞选的政治文学性刊物。这一意图遭到内格鲁济的反对，青
年社成员以多数票决定将严守杂志的文学性。尽管马约雷斯库在文学中
表现出威严、经典、冷酷的优点，但在政治论战中，他的倔强难免使其
有失偏颇。对于A.D. 克塞诺波尔，马约雷斯库没有原谅他转投国家自
由党的行为。由于克塞诺波尔的"背叛"，马约雷斯库对他憎恶至极，
并曾公开表示，克塞诺波尔是"一个无法与之对话的人"（他对于求学
期间青年社的资助忘恩负义；还暗中攻击马约雷斯库——但事实证明，
尼库·克塞诺波尔，而非亚历山德鲁·D.，才是谴责马约雷斯库的匿
名作者），作为知识分子极为冥顽不化。[1]然而，在雅各布·内格鲁
济的支持下，A.D. 克塞诺波尔的文章继续出现在《文学谈话》杂志
（直至1892年），对于内格鲁济在《文学谈话》意识形态层面做出的
贡献需重新考量。[2]碎片式的坦诚、为自立门户而有针对性的激烈猛

---

[1]　欧金·洛维内斯库：《T. 马约雷斯库及其同时代人》（第2卷第1
册），布加勒斯特，院校之家出版社，1943年，第357—370页。

[2]　见雅各布·内格鲁济《自然的宠儿，议会演讲》，载《文学谈话》，
收录于《汇编》（第1卷第3部分）。对于战后鲜有评论面世的雅各布·内
格鲁济，对其真实地位的认可，见米尔恰·泽丘关于《文学谈话》的短论
《罗马尼亚文化档案》，收录于《光彩》，克鲁日—纳波卡，达契亚出版
社，1970年，第11—26页。感谢伊万·平泰亚对该短论的推荐。G. 克利
内斯库和奥克塔维安·戈加在1948年以前也曾以公允的视角写过关于雅各
布·内格鲁济的文章。

攻、出于意识形态或个人因素开除出局，这些都是政治团体所特有，就如1870年以后的青年社一样，在《文学谈话》的版面里再难寻到开放、审美、知识的论调，取而代之的是不同政治派别发表的"国民计划"。

尼古拉·约尔加曾这样评论，青年社在马约雷斯库的引导下拥有了丰富的内涵，却在播种派的影响下转而投向民族精神领域的文化建设。[1]如果约尔加的说法有道理，那么青年社一派就被简化为马约雷斯库主义，而《文学谈话》则成为青年社一派马约雷斯库式的表达。但《文学谈话》刊载的文章却让我们不能管中窥豹，将《文学谈话》视为青年社的传声筒，也不能把青年社看作是马约雷斯库的家园。索林·亚历山德雷斯库提出的模型中，马约雷斯库是青年社的思想家、雅各布·内格鲁济负责《文学谈话》杂志，而瓦西里·波戈尔则是《文学谈话》杂志印刷厂厂长。虽然这个模型具有启发性，但应该在"青年社成员"和"《文学谈话》成员"的模式或"集合"当中引入某种张力，这两者既有交叉，也有不同。因为，《文学谈话》成员以民族为中心的文化普世主义观点有别于马约雷斯库的"批判主义"，这得到我们大多数文史学家或是政治史学家的理解，继而朝着主张民族现实主义的方向发展，衍生出播种派或文学传统主义和经济民族主义。[2]实际上，克塞诺波尔的社会文化行动主义和约尔加（关于初等教育、小学教师、小型工业、学生会）的理念不谋而合，因此，约尔

[1] N. 约尔加：《这曾是——人的一生》（第3卷第2册），布加勒斯特，N. 斯特罗伊勒出版社，1934年，第105—106页。"一场斗争在新的、积极的、乐观的、充满能量的信条中，在否定精神间，在政治中堕落的青年社一派令人沮丧的态度间展开，使我们沦落至没有文化原创的小国之列，这意味着我们将生活在世界大国错综复杂的影响之下，而大国的体制远比我们恣意创造的那些优越许多。"
[2] 1921年，在西蒙·梅海丁齐的引领下，《文学谈话》对《思想》杂志的面世表示赞赏，同时指出，《思想》和《罗马尼亚生活》杂志实质上是以《文学谈话》为纲领的。

加个人认为克塞诺波尔才是青年社时代新生力量的真正带头人。[①]洛维内斯库不认同约尔加的观点，始终坚持马约雷斯库才是后"四八"革命一代的领头羊，[②]但这一看法使马约雷斯库一派的青年社成员与民族主义青年社成员（I. 内格鲁济、G. 帕努、A.D. 克塞诺波尔、Al. 兰布里欧尔、M. 埃米内斯库、V. 布尔勒）之间形成了对立。[③]在洛维内斯库看来，克塞诺波尔走在了马约雷斯库批判主义与唯美主义的前面，代表了"民族主义""自由主义""多少也包含批判主义范围内的文化与麻木"走向。[④]B.P. 哈斯代乌也主张这种文化传统，随后在约尔加的支持下达到高潮。[⑤]这不单单是克塞诺波尔一人的路线，也是《文学谈话》杂志的总体方针，洛维内斯库为此曾写道，克塞诺波尔在1868年发表的题为《民族文化》一文，令其在《文学谈话》崭露头角。由于该文的民族主义"腔调"没有"完全融入青年社批判主义的圈子"，因此成为克塞诺波尔"更文学谈话派、而非青年社派"的洗礼证。[⑥]在这篇文章中（收录于《汇编》第1卷第2部分），克塞诺波尔写道："我们有必要称自己为罗马尼亚人，因为发展道路上的每

---

① 尼古拉·约尔加：《当代罗马尼亚文学史》（第2卷第1册），布加勒斯特，真理出版社，1934年，第83—99页。

② E. 洛维内斯库：《蒂图·马约雷斯库与其批判精神的后代》，布加勒斯特，院校之家出版社，1943年，第220—230页。

③ 洛维内斯库：《T. 马约雷斯库及其同时代人》（第1卷），第330—336页。

④ 同上，第295页。

⑤ 1906年，在和《文学谈话》杂志成功合作三次以上后，约尔加，这位刚刚从《播种者》杂志领导岗位离开的历史学家，成了《文学谈话》编委会成员。从1907年1月起，西蒙·梅海丁齐接管《播种者》杂志，并在其纲领性文章中宣称，《播种者》将继续为搭建民族意识而斗争："此时此地，维护和加强文化统一性成为重中之重。现在，比以往任何时候都重要的是坚持成为独立的民族个体，在时机成熟之时能够作为拥有文化内涵的民族报效我们的国家。"

⑥ 洛维内斯库：《T. 马约雷斯库及其同时代人》（第1卷），第297页。

一步都没有比心系我们的国籍更重要。世界主义不适合我们。"[1]1870年，克塞诺波尔曾向《文学谈话》投写一篇题为《回顾〈文学谈话〉》的纲领性文章，陈述了《文学谈话》三大指导方针：（1）鼓励并发扬诚实的批判主义和文化的客观理智；（2）鼓励发展民族文学，摒弃华而不实的爱国主义；（3）支持罗马尼亚民族的精神独立。[2]洛维内斯库大胆猜测，克塞诺波尔这篇文章的见刊时间并不是在1870—1871年间，而是在1937年。当年，马约雷斯库不容许年轻人克塞诺波尔成为《文学谈话》的"发言人"。此后，克塞诺波尔的文章一直留在内格鲁济的抽屉中，几个月后，马约雷斯库发表了题为《新走向》的文章。[3]

　　提到帕努，洛维内斯库也倾向认为，在青年社内部暗中分立出了批判性世界主义悲观派（认为罗马尼亚人没有历史、艺术或文学）和《文学谈话》民族主义乐观派。根据帕努的说法，马约雷斯库本人实际上是"狂热的民族主义者"，由于认识到研究民族历史、民族艺术和民间文化的重要性，他成为以上两大阵营的中间人。[4]正如一些评注人士所声称的那样，在《文学谈话》的版面上的确难寻关于阶段性现代化可在人群中普及的西方式改革论调。[5]同时，也找不到对具有现代化倾向的马基雅维利主义和战术克制的赞扬。并非要罗马尼亚人"一蹴而就"，只是慢一些，不要突然抹去贵族的面孔。要根据民族特性、历史和利益找到最适合罗马尼亚有机发展的模式。《文

① A.D.克塞诺波尔：《民族文化》，载《汇编》（第1卷第2部分），第388页。
② "1）传播真正的批判精神；2）鼓励民族文学进步，打击以伪爱国主义为外衣的文学造假；3）支持人民知识自主，打击舶来主义。"（洛维内斯库：《T.马约雷斯库及其同时代人》（第1卷），第312页，"关于克塞诺波尔"）
③ 洛维内斯库：《T.马约雷斯库及其同时代人》（第1卷），第312—313页。

学谈话》不主张放缓文化或经济发展的历程，即假定任何文化或社会在通往西方资本主义现代化道路上都会经历的那些阶段。在文化、经济、社会发展中，即在民族身份认同方面效仿西方，将民族特性以内在形式藏身于罗马尼亚现代化发展中，这样的论调充斥着《文学谈话》杂志的版面。这里并非指美国人的那套公民爱国主义，即（建立）"一个致力于一项主张的国家"或是"一个致力于捍卫宪法秩序的国家"，而是单纯字面意义上的民族主义，基于社会资本与历史秩序的民族发展。更具

---

④ "读罢，开始了一场关于罗马尼亚人历史的激烈讨论。波戈尔先生转而回到他感兴趣的话题上，开始大喊："你们在罗马尼亚人历史上能做出什么文章？你们难道没有看到，我们没有历史吗？一个没有文学、艺术、过往文明的民族，不值得史学家浪费时间。'

我、兰布里欧尔、塔苏、克塞诺波尔等人开始提声抗议。'你错了，'兰布里欧尔喊道，'如果你认为罗马尼亚人没有艺术，那阿尔杰什修道院、三圣主教修道院、普特纳修道院、比斯特里察修道院又算什么呢？而尼亚姆茨城堡、苏恰瓦的罗马人城堡遗址呢？'

'你们管这个叫建筑？'波戈尔先生反驳道，过后，他承认还不曾见过阿尔杰什修道院。随后，帕努介绍说，尼亚姆茨城堡是条顿骑士团占领那片疆域时修建的堡垒和要塞。

'一个民族必须了解她的过去，'Al. 克塞诺波尔喊道，'无论过去是什么样的。'

'你们在这些微不足道的东西上做什么文章？'波戈尔先生回击道，'在法国诞生莫里哀和拉辛的时候，罗马尼亚人还处于未被开化的状态。'

可想而知这场争论变得越发激烈。坐在角落里的埃米内斯库站起身来，用鲜有的粗暴语气说道：'在你看来是未被开化，而我却认为是一个民族安分守己、默默耕耘、回避外扰。按照您的说法，美国才是一个民族的理想，而我们民族最光荣的时代反倒是被法纳里奥特人（译者注：也译作法纳尔人）统治的时期了？'

马约雷斯库的干预显得必不可少。他以有条不紊的审慎态度结束争论，站在我们三人一方。内格鲁济先生也赞同这个观点。不得不说，波戈尔先生在他的观点上孤立无援。"引自格奥尔基·帕努：《雅西"青年社"回忆》（第1卷，全书共2卷），布加勒斯特，雷穆斯·乔弗莱克出版社，1942年，第99—100页。当前时代的类似情形无须赘述。但仍要提及的是，波戈尔倾家荡产，为了给罗马尼亚民族提供那些在他看来不曾有过的文化和机构。当今的"精英"在罗马尼亚文化真空的话题上赚得盆满钵满，对罗马尼亚式的荒芜功不可没。

⑤ 见伊万·斯塔诺米尔：《青年社与稳健的激情》，布加勒斯特，人文出版社，2013年。

怀疑精神的青年社政治一派，可能也察觉到了爱国的重要性，但他们更热衷于通过某种宪法秩序、某个政治协定来论证自己才是支持卡罗尔一世新政权的主体力量。①但青年社《文学谈话》一派却致力于一项长期的文化战略。

米哈伊·德拉戈米雷斯库，《文学谈话》后马约雷斯库时期的第一代领导人，帮助我们明确区分青年社两大阵营。他写道，精神和灵魂截然不同："灵魂更具包容性、更灵活变通；精神更加狭窄、更具精准性。通过灵魂，我们可以了解所有的心绪，和身体联结，融为一体。通过精神，我们只能了解一部分心绪，即那些被认为是独立且有别于灵魂整体的心绪。构成精神的心绪是非本质性的，没有特点可言，有别于构成灵魂的心绪……一个民族的特性是指一个民族所拥有的、赋予自身特点与精神的事物。"心绪"迅速消逝"，而精神仍在，这便是永久性的表现。②从这个视角出发，德拉戈米雷斯库认为"《文学对话》流派"就如同"民族神秘主义"源泉之一，它代表民族精神，即罗马尼亚人长期以来的生活与利益。德拉戈米雷斯库拆解梳理了界定民族精神的其他表达方式，诸如播种派、民粹主义和奥维德·登苏什亚努的现代主义，他从精神"氛围"的角度，而非民族精神的角度出发，将这些思想区分为《文学谈话》流派、扬·C. 布勒蒂亚努民族自由主义和西蒙·伯尔努丘式民族主义。德拉戈米雷斯库指出，除了受到国外的影响，在"民族神秘主义"的基础上产生了"对罗马尼亚农民及其生存状况的同情"。这种"农民派氛围"被普及推广，形成流派，为20世纪文坛催生出新

---

① 青年社中的政治家（彼得·P. 卡尔普、蒂图·马约雷斯库、亚历山德鲁·马尔吉洛曼、特奥多尔·罗塞蒂）在1891—1907年间曾以"宪法党"的身份活跃于议会。

② 米哈伊·德拉戈米雷斯库：《播种派、民粹主义、批判主义》，布加勒斯特，文学研究所出版社，1934年，第3—4页。

的硕果。[1]

*

　　德拉戈米雷斯库的作品对埃米内斯库和克塞诺波尔也有所涉及，但他在《文学谈话》大量刊载的文章被认为带有前播种派风格，或处于马约雷斯库批判主义时代承前启后的文学史路线上。V. 福雷斯库发表于1877年的《安德烈·乔巴努——一个农民的故事》以布科维纳为主题，讽刺了奥匈帝国边防军人，并为我们再现了"老枪手""弗拉德老头"关于罗马尼亚人受教会和奥匈帝国当局的鼓动，变成鲁塞尼亚人的看法。[2]作者写道："我充满好奇，求弗拉德老爷爷给我讲讲那时都发生了什么。老人坐在一个枞树墩上，开始为我讲述：在伊达山脚有一个小村子，村里一共有二十间房。村子里盖了一座小教堂，教堂的院子里有一栋小房子，里面住着村里的神甫亚历克斯·斯图普卡努。村子里的人被称为恶人，因为他们不敬畏上帝、好勇善斗，甚至打家劫舍。贝济克斯·沃斯蒂尔先生每年都会送三四个村民到切尔诺夫策的豪普特曼先生那里，把他们关进监狱，脚上拴着铁块，手指锁住铁链。连神甫也不是个清白人，他不是土生土长的罗马尼亚人，而是俄国人。我父亲曾经告诉我，当布科维纳属于奥匈帝国不再归大公管辖的命令下达后，先是

----

[1]　米哈伊·德拉戈米雷斯库：《播种派、民粹主义、批判主义》，布加勒斯特，文学研究所出版社，1934年，第15页。
[2]　"在所有受到邀请的人中，只有尼库和我下定决心要到霍莫尔去，我们登上了康斯坦丁的马车，和图尔库一起坐在车夫的座箱上，马车咣当咣当地前进，我们一下就到了布科维纳的关隘科尔努—伦切伊。'早上好（德语），'一个奥地利老人说道。他的鼻子像个番茄，嘴里叼着一只彩陶烟斗，上面画着斐迪南的肖像，他呼呼地吐着烟圈，味道熏得我们直打喷嚏。尼库的德语说得比我好，他解释说我们要穿过布科维纳，这样就能拿到枪去吓唬艾因玛先生了，'得过了布科维纳才会拿到枪，'我们游说道。直到我向他的长官出示了记录我们姓氏、名字、眼睛颜色，甚至脸上长了几个小瘊子的证明信后，才得以通行。"（V. 福雷斯库：《安德烈·乔巴努——一个农民的故事》，载《文学谈话》，1877年6月1日）

神甫带头，尔后是伊达山布科维纳境内的村民，都归顺于位于肯普隆格的新当权者。他们这种行为激怒了上帝，我的父亲曾说，背弃国家和法律的人，他的灵魂会被送给魔鬼。"福雷斯库这个故事的基调预示着在距离罗马尼亚参加一战十年前，由约尔加创办的亲布科维纳刊物《罗马尼亚民族》。①

　　C. 格雷恰努的《斯坦卡，世纪之初的故事》（1878年），发表于布科维纳被奥地利帝国强权统治百年纪念前后，同样以布科维纳为主题："在本世纪初，布科维纳脱离公国后，仍属摩尔多瓦公国境内的上区居民感觉有必要建造一个小镇代替处于日耳曼人统治的苏恰瓦。从斯拉蒂纳山脉到拉科瓦河，沿着整个边境都找不到比勒德谢尼乡更大、离苏恰瓦更近的村子了。这个村子的居民心如死灰，眼看不能再像从前那样去苏恰瓦贩卖牲口，购置日常必需，或是去礼拜圣约翰。他们决定向当局表示，希望建立一个小镇集市。"地主和他的"老仆人"伊万之间的对话充满浪漫主义的先知气息，并具有民族主义特点，"老仆人"彰显出弥赛亚元素，他在道义上鼓励并支持灰心丧气的地主，后者因历史原因通行受阻，因轻信外族而遭受惩罚："'伊万'，地主说道，'每当周四到来，我都习惯去苏恰瓦走走，抱着出门的念头，这天清晨我总是比平时醒得早；尽管如此，起初我也并没当回事，现在我是真的生气了。日耳曼人，一开始还态度和蔼，在我们穿越边境的时候并未过分为难，现在他们用铁链加强了对边境的看守，给我们设置了这样那样的障碍。仿佛在说，从现在开始，你帕哈尔尼切·约尔达伊凯别想再穿过这里从坦佩蒂到达苏恰瓦，别想再亲吻那边的妻子、兄弟、朋友，慢慢

地，我们就成了陌生人，他们变成日耳曼人，而我们是摩尔多瓦人。'

'上帝啊'，伊万为他的主人解释道，'小麦变不成荨麻，就像摩尔多瓦人变不成日耳曼人一样。每周四，我们都看到漂亮的姑娘从苏恰瓦的索尔卡山上下来，还有留着黑色小胡子、长发及腰的山里人，他们是摩尔多瓦人，而且一直会是摩尔多瓦人。只要时间足够长，老橡树也会发新芽'。"

T.V. 斯特凡内利在《文学谈话》上提出了为布科维纳罗马尼亚人的民族解放而斗争的思想，这一主张具有划时代的意义，在1918年大统一前10年创办的亲布科维纳刊物中也有它的身影："罗马尼亚人，在这个国家土生土长，历史悠久，数量庞大，他们主张尊重他们的语言、习俗、特性，至少同这个国家的少数日耳曼人享有同等的政治和社会权利，这已经是非常合理且有节制的要求了。然而，日耳曼人不停地谈起自己民族的文化使命，依仗帝国中其他成员的德意志元素，希望自己成为唯一的统治者，同时憎恨并阻碍其他民族打破这一憧憬的任何尝试。鲁塞尼亚人也怀有同样的愿望，但由于他们缺少必要的文化，在地区内也难寻能人掌舵，于是他们召唤相邻的加利西亚同胞来引领使命。即便如此，他们仍无法与其他民族进行激烈的斗争，因此他们将自己置于日耳曼人和犹太人的庇护下，成为了后者的附属部队。还有奇怪的呢！日耳曼人一边在维也纳的议院中主张发起针对奥地利斯拉夫民族的无情斗争，一边在布科维纳恬不知耻地接受斯拉夫人的帮助，只为侵扰罗马尼亚人并在这片土地上占据主导地位……布科维纳遍地是犹太人，但他们当中每一个能读会写的人都自称是日耳曼人，以便能在一些个人的小事上顺遂无忧。看到布科维纳的日耳曼人如此无情地羞辱谩骂犹太人，而犹太人却仍在政治、社会乃至物质上对德国人俯首称臣，这真是可笑的事情；尔后这些犹太人在一股无法阻挡的潮流中突然清醒，被迫不停向前；却以不可思议的天真认为自己是这场运动的主宰者，而非被主宰的一方。"①

在一篇（发表于1877年4月1日的）关于切尔诺夫策和雅西大学的文章中，作者以匿名的方式探讨了布科维纳罗马尼亚人的现实状况。这是一篇颇有深度的研究作品，涉及奥地利文化宣传以及罗马尼亚大学该以何种方式成为民族文化中心。关于神职人员的社会角色，作者指出，他们不应让教区居民被"近期推行的所有闯入我们脑海的改革"所主宰。②

彼得·伊斯皮雷斯库在"健谈老头儿讲故事"系列《关于圣诞树》一文中表示，反对毫无个性的西方化，反对带有殖民色彩的文化同质化。伊斯皮雷斯库讲述了小时候第一次在屋中见到圣诞树，他以为有人去世而开始哭泣，因为根据罗马尼亚的习俗，被装饰过的枞树常出现在葬礼上。③伊斯皮雷斯库发现，当罗马尼亚的城市被异族侵占后，圣诞节的传统习俗也随之瓦解："长大以后我看到，圣诞树的习俗传播开来，甚至连罗马尼亚城市的外族人也没能

---

① T.V. 斯特凡内利：《布科维纳的一些统计和历史数据》，载《文学谈话》，1881年3月1日。

② 匿名：《两所大学，雅西和切尔诺夫策》，载《文学谈话》，1877年4月1日。

③ "正如我对你们讲的，当我看到那棵装饰一新的枞树时目瞪口呆，我看了看它，涌上一股哀痛，祈求上帝保佑。你们瞧，我悲伤地认为应该是屋中的某个人不幸去世了，正赶上圣诞节这么重要的日子，小孩子嘛，急于了解详情，我鼓起勇气问其中一人道：
　'大叔，是谁在这里去世了？竟有一颗这么漂亮的枞树？'
　'谁也没死，孩子，这是圣诞树。'
　'什么圣诞树？'
　'你见过的，那个住在这儿、长着绿眼睛的家伙拿来的，这是他们的习俗。'
　'好吧，谁住这儿？'
　'一个日耳曼人。'

幸免。来自异族人的习俗开始在罗马尼亚人群中安营扎寨，连那些曾在异乡求学的知识分子，在学成归国后也羞于再开口讲罗马尼亚语，而是说法语或是德语。他们羞于像自己的祖辈那样，让孩子对出现在圣诞前夜的圣诞老人道早安，在新年的时候出门带着耶稣降生圣像和索尔科瓦（译者注：新年清晨儿童用以祝福长者的附有彩色纸花的枝条）。"为阻止这种文化消逝，伊斯皮雷斯库建议采取新传统主义的纲领性行动，其中包含现代民族志的研究，强调精英阶层在侵蚀或捍卫罗马尼亚传统中的作用。①

　　基比奇·雷夫内亚努在志愿参加独立战争期间，用笔记录下一位罗马尼亚农民的美德，他痛失爱子，却仍向土耳其战俘施舍食物，写下

　　我沉默下来，开始做自己的事情。亲爱的读者们，如果你们听到我说Neamt（日耳曼人）这个词，千万不要丈二和尚摸不着头脑。你们很清楚，对于罗马尼亚人来说，当他们见到西方民族的人时，不管他是天主教徒、新教徒，或是信奉他们那边的什么宗教，都称他为Neamt。如果他皈依罗马教皇，罗马尼亚人称他为罗马天主教徒；如果看到他没有斋戒，罗马尼亚人会对他说：你破戒了。罗马尼亚人认为只有那些遵守东正教教规的虔诚信徒才是基督教徒。罗马尼亚人口中的基督教徒，就是指罗马尼亚人。同样，当我们说罗马尼亚人的时候，默认就是指基督教徒。"（P. 伊斯皮雷斯库：《关于圣诞树》，载《文学谈话》，1882年12月1日）

① "但是，怎么能用圣诞树呢？这里是这里。这个习俗是危险的；因为它会传播到罗马尼亚的上层社会，传播到那些受过教育、富有、重要的人群中。怎么说呢，这些人处于平民之上，他们的习惯和做派可以轻而易举地影响平民阶层，人民总是看一国元首做了什么，自己就跟着盲目效仿，或是看上层人士干什么，自己就跟着学！这就是上帝的子民，总想爬得更高。他们总盯着比自己地位高的人群，和那些人做一样的事情。千万不要让人看向比自己低微的层次，那是自找麻烦。所以我说，圣诞树的习俗传播到那些被上帝宠幸的人群当中；过不了多久，就会广布所有阶层。上帝啊！人民会忘记祖辈的传统和习俗，异族的侵占变得越发容易。这个习俗对异族来讲代表了吉兆，可到了我们这里，就成了凶兆，成了罗马尼亚人欢声笑语节庆中悲伤的信号……时尚做到了世界上任何人都无法做到的事情。据说，让德国或法国的保姆照顾孩子成了时尚。这些德国或者法国保姆，不懂我们的习俗，除了把她们从祖先那里继承来的习惯和习俗灌输给孩子以外，你们还指望她们能和孩子说什么呢？这样，在孩子们的心中就满是那些和罗马尼亚祖先遗留的传统习俗没有一点交集的东西……现在你

了令人难忘的篇章。这使我想起了加拉·加拉克蒂翁《马哈穆德的拖鞋》（1932年）中提到的基督人道主义。[1]

因此，可以说政治上的青年社派（其中包括Th. 罗塞蒂，P.P. 卡尔普和马约雷斯库）在某种程度上具有保守主义特质，质疑意识形态或制度上的创新和即兴创作，这代表了青年社的灵魂。而《文学谈话》一派则持民族普世主义态度，在历史或经济研究、随笔、诗歌、散文、民族志考察中营造出一种民族主义氛围，是对某种人生观清晰客观的发展。从《文学谈话》一派的这个角度出发，我们不能谈论自由保守主义，而要谈论民族保守主义，"自由主义"在这里只作为爱民成分：例如，以口头语和通俗文学为名反对阿尔迪亚尔学派的语言意识形态，以罗马

们怎么看？让我们被时尚牵着鼻子走？如果几个世纪以来蛮族入侵都没能让罗马尼亚人屈服，那么我希望，不要让时尚诱惑动摇罗马尼亚民族主义的核心。只有这样，在几个世纪过后才不会担心，有人像以前那样对我们说，我们民族的起源遗失在世纪的黑暗中。

亲爱的读者们，看看犹太人。他们像乌木一样坚强，尽管所有领土都尽遭掠夺，尽管要和所有民族混居，犹太人依旧是犹太人，在世界任何一个角落，都沿袭着祖辈的所有风俗习惯。习俗或好或坏，他们都固执地将其延续。……我想说的是：让我们将有文化、有民族理想的人集中起来，让他们用智慧考量如何完善我们的习俗与习惯，让它们既能登大雅之堂，又完全不偏离罗马尼亚大众。有这样一群人，他们在沙龙跳起克卢什舞、勃图特舞、腰带舞，让罗马尼亚民族服饰扬眉吐气，愿上帝保佑他们。同样地，让我们唱起传统拜年歌、和圣诞前夜的圣诞老人说早安、带上耶稣降生圣像、端着瓦西尔卡（译者注：青年人除夕拜年时放在托盘上的饰有鲜花的猪头）、手拿索尔科瓦（译者注：新年清晨儿童用以祝福长者的附有彩色纸花的枝条），上演纪念耶稣诞生的民间宗教戏剧。但是我也说过，不要更改传统拜年歌中的任何一个词。要知道，所有这些都没有逾越当今定义的优良礼节范围。亲爱的读者们，让社会上层人士紧密团结在一起，让民族中的重要人士和有识之士与人民大众并肩站在一起，这样，我们就能公然抵抗时尚的入侵，为我们的出身而自豪。"（P. 伊斯皮雷斯库：《关于圣诞树》）

[1]　正在那时，一场无情的暴风雨来袭，对于战俘来说简直是场灾难。过了一小会儿，饥寒交迫的土耳其战俘开始涌动。太阳西下，落入了一片火烧云中，茫茫雪地上洒满成千上万的小冰晶，在太阳的余晖下闪闪发光。一片死寂中，黑压压的队伍缓缓向前。他们是英雄，有着钢铁般的臂膀，

尼亚小业主和手工业者为名反对经济自由主义。这种保守主义不局限于气质上的保守，而是一种政治现实主义的形式，它将民族视为一切现代化进程的主体和条件、而非目标。《文学谈话》一派首先对揭示历史民族特性以及独特民族形象产生兴趣，继而才表现出对罗马尼亚人历史的关注。从这一视角出发，《文学谈话》一派对国家代表人民、精英代表民族这一理念提出疑问。与通过表面巧合在意识形态上自圆其说的即兴精英不同，与那些被狭隘爱国主义思想家或煞有介事的改革派蛊惑的乌合之众不同，《文学谈话》一派坚持诉诸历史悠久的民族及其秩序，呼吁启用标准，规避那些借利益为名在政治文化上的弄虚作假。

在这一维度上，《文学对话》一派继承了18世纪"拥护启蒙运

在普利文防御战中发挥出男子气概。然而，他们命运不济，现如今要屈服于胜利者，成为战俘。半个排的骑兵走在前面，敏捷的马儿在大雪覆盖的路上星星点点地踏出一条小径，队伍逐渐接近驻扎地。

他们进入了城市；然而，一场悲剧即将上演！

他们蜷缩着劳累又冰冷的身躯，几乎动弹不得，在单薄的衣衫下瑟瑟发抖。这些不幸的人，宛如一具具行尸走肉；他们当中的许多人、相当多的人，由于寒冷和饥饿，扑倒在雪地上，冬季的严寒慢慢包裹住他们僵硬的身体，战车和重型加农炮的车轮冷漠地从他们身边碾过。倒下的人已为自己赎罪，而幸存者却饱受折磨，他一无所有，唯祈求胜利者的怜悯！胜者为王！

城市郊区的医院为可怜的战俘提供一点食物。每个人在进来时可以领到一杯李子酒、一块烤肉和一大块面包。

不幸的人你拥我挤、互相争斗起来，为的只是能快一点到达分发食物的门前。大多数人的脸上已经有了死亡的烙印，尽管如此，他们的眼睛仍死死盯着食物，露出凶狠的目光。他们用尽最后一丝力气奋而向前，在人墙中左推右搡，但这群可怜的人最终放弃了努力，扑倒在地，喃喃低语道：'饶命，饶命！'最后咬紧了牙关。

'可怜的基督徒！'我身边的老人发自内心地叹息道，'愿上帝保佑他们免遭苦难！'他从头巾中拿出面包和奶酪，开始分给土耳其人：'孩子，尝尝这个！请记在心上！愿它成为我可怜的尼策的灵魂！谁知道我的宝贝如今尸骨散落何处呢……但那不是你们的错！'他温和地说，'是奥斯曼帝国迫使你们，你们不过是按命令行事罢了！……你也吃一小块面包吧！'老人把最后一小块面包递给一个皮肤黝黑、因饥寒牙齿咯咯作响的土耳其人。随后，他把羊皮帽紧紧地扣在头上，慢慢朝市集走去，消失不见。"（A. 基比奇·雷夫内亚努：《我的志愿军生涯，1877—1878》，连载《文学谈话》，1883年4月1日、1883年5月1日、1883年6月1日）

动"或"被启蒙"的基督徒（天主教徒、新教徒、东正教徒）之间的
紧张关系，^①甚至是启蒙主义者也不知不觉地仍停留在基督教的框架内
进行思考。^②或者说，诉诸"旧宪法"反对君主"专制主义"的贵族阶
层，与呼吁组建"人民/国家议会"、反对贵族封建专制的君主政体，
这两者之间的矛盾被《文学谈话》一派延续下来。自18世纪与19世纪
之交以来，当保守主义和自由主义以自觉意识形态出现时，它们之间不
可避免地产生了共生现象，彼此互为支撑，甚至约瑟夫·德·迈斯特也
成了教皇绝对权力主义和启蒙运动交汇的代表人物。

　　旧制度致力于延续以西方封建为模型的贵族阶层特权，《文学谈
话》一派的亲民保守主义不是该旧制度中的一种。而同样源于保守主义
的自由主义也不属于旧制度中的一个类型，它不是特权自由主义。亚
历山德里的朋友亚历山德鲁（·阿列库）·坎塔库济诺王子（1811—
1884），这位追名逐利的政治家兼小说家在《文学谈话》上将萨多维
亚努描写成为民族服务的特权阶级代表，认为他意识到了拥有土地的农
民"地主"与搜刮民脂民膏的权贵之间存在关联。在为权贵开脱的文章
中，坎塔库济诺为他们赋予了民族性，将他们描写成保卫领土、捍卫独
立与民族特性的特权阶层，而非封建世袭的贵族。A. 坎塔库济诺为埃
德加·奎奈解释道，罗马尼亚权贵绝非只是世袭的剥削阶层，它代表了
具有服务精神的贵族阶层，普通民众都可通过社会阶级的跃迁进入该阶
层，而19世纪的大多数自由主义思想和改革倡议都归功于罗马尼亚权
贵："您绝不应全盘否定罗马尼亚上层社会……表面现象误导了您；您

---

① 见罗伯特·罗斯威尔·帕尔默：《十八世纪法国的天主教徒和无宗教
　信仰者》，普林斯顿，普林斯顿大学出版社，1970年。
② 卡尔·洛特斯·贝克尔：《十八世纪哲学家们的天堂之城》，纽黑
　文，耶鲁大学出版社，1959年。

对过去的总结，仅基于当前一些孤立事件。您甚至都不知道构成我们社会基础的组织，也不了解民主和贵族组织，这在其他国家绝无仅有。罗马尼亚公国的两大贵族阶层从来不曾对立过。贵族不过是一个强大的寡头势力，按等级划分，所有等级的贵族享有同等特权，而不论地主处于哪个等级，又或是他们不属于贵族本身，也对他们所拥有的土地享有同等的豁免权。如果赋予每一个罗马尼亚人权利，即通过自身的劳动或功绩便可跻身地主或权贵阶层的权利，那么很快，伟大的贵族阶层将通过个人影响力和财富，而非通过相对于他人的特权，在公共事务中占取主导地位……但首先让我们弄清，在我们祖辈的古朴生活中，什么是贵族身份？它是一种明显远离大众的封建贵族阶层吗？与野蛮专横的共济会以外的世界格格不入吗？当然不是这样！那它是成立了十人议会、以恐怖和间谍手段进行统治的威尼斯贵族寡头吗？不是的。贵族身份代表了一种机制，使参与公共事务的个体在等级森严的政府中得以保留相应的头衔。这种头衔会随着职位的晋升发生变化，每一个自由的罗马尼亚人都可以志向服务自己的国家，根据功绩获得等级的提升；但事实上，没有贵族出身，无法跃升至最上层；尽管如此，胸怀抱负的人才一定要历经全部等级的跃迁。"[1]

---

[1] "这就是振兴思想渗透我们的方式，它们从社会上层结构开始。我不会因此为贵族建功表彰，他们的所作所为更多出于本能，而非受到信念的驱使。上层家庭要求子孙们接受教育，巩固他们的地位；他们的子孙发起改革，把罗马尼亚民族观念作为第一要务，因为这曾沉寂在公众意识的深处。然而，在《组织条例》施行十年后，如果说在《阿德里安堡条约》保障的贸易自由推动下，物质的发展突飞猛进，那么与之相反的是，国家的道德状况却一再恶化。古朴时代古老的诚实守信消失殆尽；奢侈成了生活的必需品；由奢侈衍生出的需求是我们的祖辈闻所未闻的；外来的事物既吸引富人，也吸引穷人。文明中的丑陋被揭露出来，民族文化的统一性却没有得到关注；那些愉悦口腹和精神的舶来之物并不构成良知与责任。表面光鲜的阳奉阴违、狡猾奸诈渗透到日常关系中；社会正转而维护一种无法杜绝违法行为的法律体系；不要忘记，刑法中的不公正也是合法的：这掩盖了犯罪的丑行，根据违法者的社会

青年社成员Th. 罗塞蒂在《我们国家的社会流动》中也提到贵族中的大众阶级以官僚路径实现阶级跃迁，自《组织条例》开始施行的时代起（1831年于蒙特尼亚公国，1832年于摩尔多瓦公国），这种现象尤其明显。和坎塔库济诺不同，罗塞蒂并不看好社会流动，将其归因于现代罗马尼亚的腐败。如果在罗塞蒂笔下贵族也具有民族特性，那么这种民族特性并非出自父权主义和独立精神，而是来自于那些躬身曲背、努力混入贵族阶层的低级职员表现出的奴颜婢膝："根据《组织条例》，我们的贵族既不能世袭，在人数方面也没有限制；既没有对领土的绝对权力，也不会论功行赏；事实上，这和俄罗斯帝国的情况更为相似，并非是西方国家口中的贵族阶级。如果在贵族当中，通常是上层贵族，还存在几个历史悠久的家族，那么在这些家族内部，一些真正高贵的传统与情感传承下来，然而对于日益增长的庞大新贵群体而言，这些家族的数量屈指可数。新晋贵族通常出身不高不低，他们大多数能跻身上流社会，却是因为他们的慷慨解囊和诡计多端，而非劳苦功高。他们从仆人一跃成为主人，但恶习难改；他们畏强欺弱、扒高踩低、没有信念、没有信仰，他们当中的大多数没有

地位量刑施惩，把重罪定成轻罪，而轻罪可以摇身变成重罪。好吧，难道匈奴人和汪达尔人不是在这些动机的引领下，浇灭他人的激情，掠夺他人的内心吗？1848年，当自由的火花在塞纳河畔迸发，我们，所有贵族，无论大小，都将这火花从那里传遍整个欧洲。那时，是谁携手保护弱小、反抗列强？是谁捍卫道德、摈弃罪恶？是谁坚持民族性、反对入侵政治？是大贵族的子孙们，他们的心中充满热情，将法律赋予他们仅有的物质特权无私地奉献给祖国；同样是这些大贵族子孙们在1848年制定的计划，为《巴黎公约》的改革奠定了基础。您摇笔成文，声称我们社会的复辟是一个置换问题，唯有将贵族阶层完全清除，问题才得以解决，我们怎么能不反对您的这种论断？没有我们，还剩下什么呢？一群未曾开化的人民和一些惯于计谋、仅为满足自我需求而奔波的剥削者罢了。"（A. 坎塔库济诺：《1856年，前任部长兼最高法院法官A. 坎塔库济诺致埃德加·奎奈的书信》，连载《文学谈话》，1885年2月1日—1885年3月1日）

受过教育，贪恋财富却又不知如何获取财富，但他们又是这个国家真正的主人，简直是施行《组织条例》时期的国家灾难。那些历史悠久且富有的贵族家族，一开始手握无限的政治社会权力，却疏于谨慎与才干，使得权力逐渐流入新晋贵族的手中。新晋贵族习惯了父权制的生活模式，把国家看作他们的私有财产，在处理公共事务时泾渭不分。就连管理自己的私有财产时也毫无章法与理智可言，他们目光短浅、及时行乐，将方向和具体工作一股脑丢给领着薪水的管家，常常满足于虚无缥缈的监督。同样，他们将国家的治理寄希望于一个新生的官僚体系，然而这个体系中的成员要么来自特权社会的最底层，要么仅把成为贵族当作毕生的追求。这样的新贵群体并不在少数。"①

两位作者都持有同一观点，贵族掌管的地产总和即是整个国家，而精英阶层势必要在政治与文化层面为其捍卫，成为代理。从这一点出发，《文学谈话》杂志的撰稿人特奥多尔·T.布拉达关注整个东欧地区罗马尼亚人的存亡；克塞诺波尔致力于经济保护主义、交通基础设施的建设，他赞同建设铁路或港口，有助于出口增长和经济发展，反对增加进口和超前消费；埃米内斯库的朋友亚历山德鲁·赤比奇·雷夫内亚努所作的《独立战争志愿兵回忆录》诙谐、毫无假惺惺的爱国主义，充满民族尊严，他在其中表示出对蒙特尼亚、特兰西瓦尼亚和布科维纳地区的同业公会和小手工业主的关切②，以及对罗马尼亚贵族扮演的民族精英角色的关注。雅各

---

① Th. 罗塞蒂：《我们国家的社会变动》，连载《文学谈话》，1885年11月1日—1886年2月1日。

② 关于1877—1878年独立战争的叙述，除赤比奇的回忆录外，也见列昂·内格鲁济的"俄罗斯帝国"心理学短篇小说《塞尔吉耶·帕夫洛维奇》（1881年），收录于《汇编》（第1卷第3部分）。

布·内格鲁济在《切萨尔·博利亚克1883年致康斯坦丁·内格鲁济的一封信》的按语中将"四八"革命家切萨尔·博利亚克称作"为农民权利奋斗的最敏锐最坚定的战士之一";坎塔库济诺在书信中提到了摩尔多瓦烧炭党人老式的"贵族民主"激情,强调了摩尔多瓦贵族的民族、民主、保守的特性,他指出,这些贵族既在公共事务领域吸纳社会各阶层的人才,又像本土精英那般反对与本国利益相斥的统治。

后者与帕努和克塞诺波尔的评论研究一样,强化了这样一种观点,即《文学谈话》一派的史学实证主义或批判主义、Al. 祖布口中的"对真理的顽念",并非是反种族的。①对于《文学谈话》一派而言,

---

① 例如,以下是克塞诺波尔式的史学批判主义:"如果喀尔巴阡山脉没有将罗马尼亚人分为两个没有防御的主体,而是它的支脉蜿蜒至罗马尼亚人民族性的周围,那么在任何情况下,喀尔巴阡山脉都没有阻碍、而是支持了罗马尼亚人民族性的发展。但是,在如此深刻的政治破裂中,罗马尼亚民族的精神统一性是如何做到完好无损的呢?相同的语言、没有明显的方言差异,同样的风尚,一样的习俗。在欧洲,我们没有见过比她更加顽强的民族统一性,却结合着更加果决的政治分歧……在罗马尼亚公国的组织结构中可以找到对这种不为寻常现象的解释。特兰西瓦尼亚曾是我们民族的发源地。在那里酝酿了构成罗马尼亚民族的本原,当这些本原凝聚成一个坚定统一的民族,随后,罗马尼亚民族走出曾经庇护过他们的大山,来到山中的河谷。在蛮族肆意入侵时,罗马尼亚人便到山中躲避,因为游牧蛮族的大车无法上山入林。狂暴过后,罗马尼亚人开始探出头来,离开庇护所,向更加富饶的地方延伸。在山中而居的罗马尼亚人,如同从地底发芽的种子一般,他们收集甘露,浇灌民族大树。当罗马尼亚人进入平原地带,他们和现在一样,他们面孔的特征只发生少许改变……因此,如果说喀尔巴阡山脉是造成我们民族政治分裂的原因,那么它在蛮族入侵时所提供的庇护已抵消了它对我们民族的伤害。在喀尔巴阡山脉的深喉处,在原始森林中,在悬崖峭壁上,都可找寻到罗马尼亚民族为躲避游牧民族残暴入侵时的庇护所。这不仅使罗马尼亚民族免遭损失,民族的血脉也一直保持纯净,避免了与特殊族群的混杂,如果不同种族间的交杂没完没了地发生,那罗马尼亚民族就会是一个不可思议的混合体,而非一个定义明晰的结合。"(A.D. 克塞诺波尔:《对罗马尼亚人地理位置的研究》,载《文学谈话》,1882年1月1日)关于青年社历史编撰学的最佳书籍当数亚历山德鲁·祖布的《青年社——历史编纂学成果1864—1885》,雅西,AI.I.库扎大学出版社,2014年。

真理和民族主义并非被排除在外，他们的实证主义就是一种民族主义，目的是消除（阿尔迪亚尔学派[①]和追求赞颂家族谱系的贵族的）弄虚作假与夸大其词，使罗马尼亚人的历史摆脱神话和宣传的常春藤，以蓬勃的姿态示人。此外，由于《文学谈话》杂志以罗马尼亚人文化和政治统一为目的，因此不可能不成为种族民族主义的支持者；再有，彼时的欧洲由几个历史悠久的社会单位有机构成，而以种族生命原理为基础的民族统一出现较晚，因此那时也没有公民爱国主义的说法。公民爱国主义曾经是并且现在仍是对帝国身份的表达，这些帝国（奥地利帝国、奥斯曼帝国、大英帝国）有各自的教派（这里也包含法国或美国等国家的公民共和主义信仰，美国的民族弥赛亚主义被清晰地植入到新教索隐神学当中），因此，它们的公民爱国主义事实上是对

[①]　和马约雷斯库一样，Th. 罗塞蒂更愿对阿尔迪亚尔学派心存包容，将其看作一群才疏学浅的人，而这些人又极易受一些根据自我思想重建现实的思想家们的影响："虽然国外的院校，特别是法国的院校，为我们培养了素质优良的一代，将其投入到改革的大军中。这些院校得益于建立了针对希腊式培养与教学的健康反馈机制。创立这些院校的人理应获得我们的感激之情，在我们的社会中，他们是唤醒民族情感，唤醒罗马尼亚民族团结意识的先行者。尽管我们认可他们的伟大功绩，但我们也要承认，他们不完全具备培养下一代的令人信服的素质，因为除了培养积极健康的爱国主义情感，对心灵与精神层面的建设也不可或缺。这些阿尔迪亚尔人民的子孙，来自完全不同的社会环境，由于他们受到了国外院校稍显前沿的教育，且自己勤奋刻苦，他们便一股脑地投身于传道的使命中去，但他们的热情过于高涨，思想狭隘，看问题角度单一，有时也带有他们乡土出身的劣根性。他们特别关注民族统一思想，但通常来讲，除了接受一些经典但并不完善的教育，他们并没有其他更多的科学资本；他们主要的意向是说服自己的门徒坚定不移地走上那些古老世界高傲征服者的既定路线。他们把古罗马的社会政治形势当作理想，传递给古罗马帝国的后裔们；他们把罗马尼亚民族几百年来经历的改变，与不同种族血脉的融合都视为亟须清除的污点，要恢复民族原始的纯净状态。这些对民族纯净化的追求以牺牲一切为代价，甚至包括民族语言。在他们怜爱却又笨拙的手中，民族语言似乎注定要成为语文学上的一朵奇葩，成为一门不能说、也难以理解的语言。这就是生长在祖国、从异国学成归来的贵族子孙，他们全部跃跃欲试地将祖先留下的房屋摧毁重建。事情看起来简单。"（Th. 罗塞蒂：《我们国家的社会变动》，连载《文学谈话》，1885年11月1日—1886年2月1日）

一种元政治宗教身份的政治表达。由于小罗马尼亚（译者注：1859年起摩尔多瓦公国和蒙特尼亚公国的统一）并非是一个帝国，因此，那时的精英无法寄希望于实现民族统一，自然只能呼吁种族民族主义。例如，特奥多尔·T. 布拉达曾论证了德涅斯特河另一岸的罗马尼亚聚居群体不容忽视的必要性："这部分罗马尼亚人口向东远远延伸，越过摩尔多瓦公国的旧边界德涅斯特河，展现了走出特兰西瓦尼亚山区的罗马尼亚人向欧洲东部平原卓有成效的扩张；我把短途旅行中的所见所闻一一复刻记录在案，发现构成一个民族的所有基本元素：语言、信仰、风俗、习性、歌曲等几乎完全一致，这也生动地证明了来自赫尔松和波多斯克省以及摩尔多瓦和马拉穆列什省的罗马尼亚人的民族统一性……尽管在服饰和装扮上存在一些外在的变化，那个地方的罗马尼亚族群纯净的民族性在本质上没有遭受任何影响。周围生活着那么多异族，加之离民族核心群体又如此之遥远，只能通过罗马尼亚人很难和异族混杂来解释罗马尼亚元素的留存了。罗马尼亚人极少将女儿许给异族男性，即便这个男性也是东正教徒；可见，连罗马式的骄傲也本能地被保留下来，这也是我们对外来影响最有力的防御。"[1]布拉达同样关注土耳其鞑靼人口的罗马尼亚化问题，他指出，居住在多布罗加省的居民是希望定居罗马尼亚的马其顿罗马尼亚人，而土耳其鞑靼人永远不会是这里的忠诚公民，因为他们的文化和罗马尼亚人的文化大多不同："总体上看，这个省份在农业、贸易和工业上最为落后，这里的居民大部分是鞑靼人、土耳其人和其他族人，他们不具备丝毫的知识文化，试问我们是否能将这个省份变成一片纯正的罗马尼亚土地。占大部分人口的鞑靼人和土耳其人有朝一日会被罗马尼亚化，或者至少能把这片土地和他们曾

---

[1]　特奥多尔·T. 布拉达：《赫尔松县罗马尼亚村庄之旅》，载《文学谈话》，1883年11月1日。

经隶属的国家联系在一起，这样一来，罗马尼亚就能成为他们心爱的家园了？从民族的角度来看，这些人和我们是如此的不同，和我们的民族毫无相投之处，他们有着别样的风俗、习性、迷信和宗教信仰，有朝一日能与我们融合？就宗教本身而言，他们势必本性难移；所以，只有当我们改变他们的宗教信仰以后，才能试着将其罗马尼亚化吗？他们把为异教徒流血牺牲视为一种罪行，我们何时才能将他们变成真正的罗马尼亚战士，保卫我们的祖国？无数的土耳其和鞑靼人家庭不断迁徙，尽管他们占领了多布罗加，我们仍对其施以援手；他们宁愿成为穆罕默德的信徒，在苏丹的统治下贫困潦倒，也不愿在基督教的治下丰衣足食。我们认为，能让多布罗加人丁兴旺、富裕丰饶且罗马尼亚化的方法应该是促使身在保加利亚和塞尔维亚的罗马尼人迁入该省。"[1] 米哈伊尔·C.苏祖也关注到多布罗加的历史，力图证明罗马尼亚人自古就生活在多布罗加的土地上。[2]

《文学谈话》一派并不是反种族者，而是批判主义者，因为他们自身就具备种族身份。克塞诺波尔重视历史的连续性，反对无视历史和反传统的意识形态激进主义，作为史学目的论的保守派反对者进行写作，而J.C.D.克拉克称这种史学目的论为"老近卫军"式的或马克思主义式的（克塞诺波尔时代的罗马尼亚社会主义式的），以及"陈年旧事"般或辉格党式的（克塞诺波尔时代的罗马尼亚国家自由党）。克塞诺波尔以史学经验论、而非历史哲学的名义抨击这些对历

---

[1]　特奥多尔·T.布拉达：《赫尔松县罗马尼亚村庄之旅》，载《文学谈话》，1883年11月1日。

[2]　米哈伊尔·C.苏祖：《多布罗加过往一隅》，载《文学谈话》，1881年6月1日。

史的伪造。[1]克塞诺波尔是民族主义者，也是诚实的历史学家，史学批

判主义不但没有伤及民族主义，反倒使其越发强大。[2]这并不意味着历

---

[1]　"对于激进分子而言，他们和基督会士一样，学校不过是一种手段，迫使人们陷于终生无法摆脱的有限的狂热崇拜。对于他们来说，教育的目的不是促进每个人自然发展，而是让所有人都被迫盲目服从一连串的思想，只有其中几个人似乎能成为对社会有益的人才。他们的理想不是个人的发展和社会知识的丰富，而是尽一切可能强行阻止人与人之间的差异化，进而创造出清一色按指令行动的机器人。他们无意于传播真理，只宣传符合其政治目的的思想……如果连启蒙读物都成为激进分子开展政治活动的工具，他们对历史做了什么手脚？！一个民族的生命还不如一本描写其历史的书籍重要。我们，罗马尼亚民族，不仅仅是零星生活在当今的几代人，我们过去曾是、未来也仍会是罗马尼亚人，永不分离。历史意识让我们联结过去、以备未来，在现存与过往之间必然存在着自然的连贯性，否则，人类对过往的渴求就变得毫无意义。我们想通过了解过去来自我觉察，一旦对过去的认识发生错误，那么对自己的认知也不再准确。这就是为什么说伪造历史理应被处以最严厉的惩罚，因为这种行为伪造了我们的民族意识。过去的一切都是神圣的，因为过去无法改变。"（A.D.克塞诺波尔：《教育和教科书中的激进主义》，载《文学谈话》，1877年9月1日）

[2]　"让我们能够发现尊严所在。宗教信仰与公共教育部需要的是谎言：罗马尼亚—保加利亚帝国最后成了保加利亚。罗马尼亚元素随后在公共生活中失去影响。罗马尼亚帝国从未存在过！"以及"我们的民族历史即我们的民族意识；而直至首个罗马尼亚国家的形成，我们的民族意识才得以发展，你竟敢让我们感觉自己从未存在过，竟敢伪造我们的民族意识，这绝不可饶恕；因为，无论我们如何自我想象，我们仍旧保持原样。然而，我们的历史惹恼了我们的宗教信仰与公共教育部，我们的历史看起来并非尽善尽美，它常常令我们的父辈蒙羞。为此，宗教信仰与公共教育部在更大程度上扩充了我们原本的历史"。以及"然而，对真理缺乏热爱本身就是对无知的惩罚。我们的祖辈恪尽职守，但当激进分子们不理解他们的所作所为时，便肆意捏造事实委罪于人，并对祖辈们提出质疑。我们和土耳其人是两个不同的民族，因此我们之间的任何斗争都是合理的。如果我们的祖辈们想逃脱奥斯曼帝国的霸权，他们已经尽力了；如果他们没能逃脱，那也不是他们的错。历史老师的职责仅限于向我们的孩子们展现一些人做了什么和另一些人做了什么，以及他们这么做有何目的。宗教信仰与公共教育部并不满足于此，他们希望历史能够证明我们周边民族的卑鄙无耻。我们是唯一善良、能干、勤奋、美好的民族；而其他的，匈牙利人、波兰人、鞑靼人、奥地利人和土耳其人，每个种族都是卑鄙无耻的乌合之众。这个印象便是该部命令历史必须在孩子们灵魂中制造出的结果。孩子们的头脑必须被驯化得无法分辨是非，科学不过是用以支持某些政治倾向的一种手段！"（A.D.克塞诺波尔：《教育和教科书中的激进主义》，载《文学谈话》，1877年9月1日）

史和历史编撰学单纯为民族主义服务。它们是了解社会现实、研究民族起源的复杂方法。对于克塞诺波尔而言，研究历史有助于人们在复杂社会和民族群体中成为"文化和繁荣的要素"。没有历史编撰学，民族也就不复存在。没有对历史的研究，人类就会肆意而生，无法为其民族的繁荣与文明作出任何贡献。[1]因此，克塞诺波尔不仅反对在意识形态层面伪造历史，反对为政治工具化而伪造的历史绝对主义，还同史学相对主义做斗争，他的这一立场在雅西大学的罗马尼亚人历史课程开篇课中也有所展露。[2]对历史的重视与对文化和自然遗产的重视不分伯仲。

---

[1] "似乎大自然有意让历史更加贴近人类的灵魂。它由内将范畴缩小至一些更加接近人类特性的同心领域。围绕它形成了除人类这个最大范畴以外的种族、民族、省份、城市、部落、家庭的元素。以民族元素为基础的关系最为紧密，对外以语言、习性、风俗为表现形式。因此，没有比民族更贴近人类特性的元素了，一个人作为文化与繁荣的要素生活得越久，就越热爱自己的民族。那些爱国主义了然无存的民族对于历史来说是没有生命的。这些民族的人群在人类历史上以个体、集体的角色生存，而民族本身已不复存在了。如果总体上你还热爱人类，那么你所归属的民族的历史会让你对你的民族敞开心扉。没有比民族历史更能唤醒爱国主义的力量。没有比研究历史更能让一个民族长存于人类社会中并形成光辉的文明。"（A.D. 克塞诺波尔：《A.D. 克塞诺波尔在雅西大学的罗马尼亚人历史课程开篇课》，载《文学谈话》，1883年10月1日）

[2] 在历史中发现真相是一件有难度的事情。在实验科学中，未知的真相经常出乎意料地显现出来，这种体验成为我们用于控制和发现的手段。出于对炼金术的狂热，在经历了无数次找寻炼金石之后，他们获得了从骨骼中提炼磷的知识。在历史这门学科上，这样的事情不可能发生。历史学家不是创建一个未来的真相，而是将过往的真实状况进行重构。然而真相有且只有一个；它可遇而不可求，一个微不足道的错误就可令历史学家一败涂地。因此，出现了一些否认历史科学性的声音，认为历史无法窥探真相……我们这个时代的历史编撰学追求两个目标，尽管这两个目标在表面上完全不同，却最终殊途同归。详尽研究过往，尽可能准确地说明事实；从对真实素材的研究中综合概括总体思想。历史编撰学日益停止唤起我们脑海中过往的形象，用思想替代了画面，越发趋近于理性、科学性。史学的研究风格也逐渐远离了夸夸其谈，变得清晰而冷静。阅读历史书籍不仅是打发时间，这和读小说不一样；它需要我们思想集中、付出更多的努力，但同时给予我们更多有益的回报。历史不再是给予作家灵感的缪斯女神；它披着事实的外衣，以理性的方式向我们娓娓道来。克利俄走下神坛，让位于冷静与审视的精神。（A.D. 克塞诺波尔，雅西大学罗马尼亚人历史课程开篇课，1883年）

在《文学谈话》一派看来，文化的延续性与自然的延续性对于一个民族的存在是同等重要的。在《汇编》第1卷第2部分中，我选取了几篇曾刊于《文学谈话》关于修道院壁画和彼得罗阿萨宝藏保存的文章。T.T. 布拉达也曾发表过关于罗马尼亚人历史与自然遗产破坏的文章。在（发表于1881年5月1日）题为《哈采格山谷印象》的文章中，他谴责了对考古遗迹的破坏："随着对往昔的热衷，古老的遗迹唤醒了罗马尼亚人民心中对于民族和赖以生存的家园的热爱。"尽管体弱多病、视力孱弱，G.L. 弗罗洛还是起草了从威尼斯档案馆搜集整理的罗马尼亚人历史文件清单。①

此外，布拉达在1880年4月1日发表了关于砍伐森林对多布罗加气候造成灾难性影响的文章，而根据柏林会议的决定，彼时的多布罗加为近期并入罗马尼亚的领土："多布罗加的森林主体位于德利—奥尔曼，意为被森林覆盖的土地；这片区域位于靠近苏利纳港隘口拉里岛的默钦和萨克恰、巴巴—达格、辛卡—罗瓦和斯拉瓦，以及圣格奥尔基岛的卡拉奥斯曼森林之间。这片主林地的树龄都很短，而那些树龄长的树木早就被毫无章法地砍伐掉了，对于地区财富，特别是改善气候尤为重要的植被遭到野蛮摧毁，正如我所指出的，多布罗加地区遭受到前所未有的干旱。"②

克塞诺波尔也反对砍伐森林，他认为，乱砍滥伐预示着一个"挥霍无度"的社会："值得注意的还有，农业及其生产依赖的大气层变化，即是否风调雨顺。如果有利的因素在一年当中都没有出现，那么这一地区的所有生命都将受到威胁。在我国，几年前就已经出现了明显的气候变化征兆，即旱涝交替发生。气候的破坏源于我们的无知，将荒谬

① G.L. 弗罗洛：《探索威尼斯国家档案馆与国家图书馆，致外交部长迪姆·斯图尔扎先生的报告》，载《文学谈话》，1884年2月1日。
② T.T. 布拉达：《多布罗加之旅》，载《文学谈话》，1880年4月1日。

的方法应用于培育森林。我们每年野蛮地砍伐森林，却没有采取森林再生措施，如此这般，我们家园数不清的森林将面临灭绝之灾。特别是铁路同样消耗木材，取代开采山区的煤炭。这种对森林的毁灭破坏了气候的规律性，即降水与干燥之间的有益轮换，带来了令人悲哀的后果。事实上，在森林缺乏的情况下，我们的气候仅取决于风，风有时会带来过多的云层，有时又会引起长时间的干旱。当有更多的森林时，过多的水蒸气被森林所吸收，降雨量就会适中；当干旱持续不退时，森林可以通过其冷却的功能缓解干旱带来的影响，即便没有降雨，在森林的内部也会由于高温而发生强烈的蒸腾。因此，即便放眼于我们生活最息息相关的内容，也只能看到挥霍和浪费！"

克塞诺波尔认为，"挥霍和浪费的"社会受到自由市场思想主导，他在《对我们当前状态的研究》中用保护主义反对没有限制、具有反国民性质的资本主义。同埃米内斯库和米西尔一样，克塞诺波尔援引美国经济学家亨利·查尔斯的观点，做出有利于经济保护主义的论述。他指出，一个农业国家需要工业来帮助农业蓬勃发展。在克塞诺波尔看来，在缺乏小工业阶层的情况下，一个农业国家会被迫受制于工业强国，这些工业强国购买廉价的原材料，出售昂贵的工业工具和商品。克塞诺波尔指出，这样一个国家只盛产军事或文职公务员。根据克塞诺波尔的原创性分析，在罗马尼亚，农业是一项"依赖于国家的"活动，因为土地所有者或租佃者需要"请求副县长、乡长等人""抽调人员从事农业生产工作"。这一切让民主成为"一个大谎言"、一个"戴着民主面具的专制主义或寡头政治，平等和自由的圣洁话语可以成就最可怕的欺骗与最大的讽刺"。在同一篇文章中，克塞诺波尔还指出，铁路网的发展并没有服务于国民经济，因为铁路线路并非依照有利于出口而是有利于进口的思路修建，这导致出口廉价原材料、进口昂贵工业产品的农业国家遭遇负平衡："前不久，我们修建了一条铁路；但且看我们这样做的代价和目的。我们的铁路造价昂贵。我们按年偿付储贷的款额高达2500万，然而从中获得的收益仅为300万，以至于当我们有人想乘火车从雅西到布加勒斯特时，每一个罗马尼亚公民都需要从自己的腰包中贡献份额。铁路没有带给国家原本期待的收入，我们反而遭受亏损，由于利用铁路出口粮食的难度日益彰显，连贸易也没有得到提升。我们为国家建立了一个既不符合需求，也和我们的能力不相匹配的机构；我们为那些希望更易到达巴黎的人们做了一件非常有益的事，然而对从不靠铁路出行的农民来说，这个交通工具却是永久贫苦的根源，不知我们有何权力迫使70万人为5万人的舒适出行支付账单。"

然而铁路是否有助于我们的粮食出口呢？完全没有："高昂的铁路费用导致无法有效地运输粮食。如果我们将这条铁路修建至黑海港口，则会为产品出口提供便利。通过这条铁路，我们的产品拥有一个便利、安全的运输渠道，据悉，多瑙河只有在夏季通航，在冬季，铁路则需要遍布全国的公路系统提供辅助。我们修建的铁路只单纯服务于进口，仅有助于外国利益。罗马尼亚人民挥洒汗水、掏空腰包只为进口商品可以更加优惠，却将民族工业的梦想抛至遥远的未来。"克塞诺波尔通过列举一些罗马尼亚在小型工业上的尝试（硬脂蜡烛、呢料制品、蚕等）指出，由于在进口上享受倾销价格①，民族工业常常遭遇重重阻碍，罗马尼亚市场受制于国外大型企业，这些企业先以低廉的价格击垮罗马尼亚工厂，继而哄抬物价挤压市场。克塞诺波尔抨击了工业大国（英国和法国）的伪善，这些国家鼓吹自由贸易，却实行务实的保护主

---

① 恩格斯心系农民自由财产，为德国品牌在与美国和加拿大的小麦进口战中被摧毁而担忧，米哈伊·巴尔什也提出了罗马尼亚和北美的小麦竞争问题，他敦促罗马尼亚农业人员不要放弃反对跨大西洋的廉价进口。

义来维护自身民族工业："得益于两大保护举措，英国才能成为工商业
大国。随着纺织机的发明，难道英国不曾阻碍这些机器走出国门并禁止
纺织工人移居他乡吗？随后通过一项敌对政策，英国阻止其殖民地生产
手工业产品，并强制工人仅从事羊毛、棉花和铁的生产工作，关闭了印
度盐矿，导致上千人死于饥荒，这仅仅是为了英国盐矿开采出的盐能有
更好的销量。英国奉行的保护主义并非是基于关税手段排挤进口商品的
保护主义体系，而是一种反人类的保护主义体系，它通过扼杀一切来支
持一国的工业，通过强制推行低买高卖制度，导致其他经济体毁灭。尽管
这在本质上是政府对经济事务的一种干预，却被坚称为一种关税形式，
连自由贸易的经济学者也对其难有责备之词，反而采取接纳的态度。"

　　对于反对保护主义制度的"自由市场"支持者提出的主要几项异议，
克塞诺波尔也做出回应。他指出，民族工业生产的优质商品不足以满足市
场需求。彼得大帝通过引进西方手工业者而非进口西方商品的方式，将技
术引入国内从而使俄罗斯帝国工业顺利运行，克塞诺波尔和彼得大帝的观
点相同，换言之，他预先提出了技能引入与经济保护主义的结合。克塞诺
波尔指出，手工业者的后代将会被罗马尼亚化："我们工业的崛起无法依
靠本土的手工业者，因为我们没有。因此我们只能暂时从国外引入手工业
者，使其成为我们工业领域的开创者和我们的老师。那时可能有人会反对
保护主义制度，认为它引入了大量有一技之长的异乡人，而罗马尼亚人将
因此一如既往地尝不到工业发展的甜头。这些担忧毫无道理，首先无论
从哪个国家引入手工业工人，即便他们不会，至少他们的子孙将会被罗
马尼亚化（除了从巴勒斯坦引入，上帝不容！）。其次，不可能连最简
单的工作也不雇用国民，特别是在创立了必要的院校后，这个我们将在
后面讨论。这些国民将很快扎实掌握最精细的工作并成为罗马尼亚工厂
的工人。这样的事情随处可见。爱德华三世将佛兰德斯人引入英格兰，

法国人也在南特敕令废除后来到了普鲁士。同样的情况也发生在我们的电报员身上，他们一开始都是外国人，而现在全为罗马尼亚人；铁路规则的制定者也在日益罗马尼亚化。可见在这一维度上也无法支持与保护主义制度相悖的观点……所以，亟须开设矿场并从国外引入工程师和工人，拥有我们自己的资金和国外的注资，当我们决心要振兴采矿业时，将为国家开启致富的源泉。起初也许所有技术和资金都源于国外，但我们不要担心，因为所有的一切都将被国有化，我们具备吸引国外劳动力的优势，这些劳动力和我们民族的融合将为我国注入最为强劲的动力。"

特奥多尔·G. 尼卡也察觉到英国在市场自由和经济或金融保护主义方面的伪善。他指出，英国人一方面在理论层面，另一方面在实践中都支持了国际金银复本位制："无论援引多么坚实的理论根据，支持国际金银复本位制，没有当今世界第一贸易中心英国的果断参与，就无法解决当前普遍存在的问题，这是显而易见且无须再加以证明的。大英帝国从1816年起就拥有了唯一的金本位货币制度。然而，英属印度还在使用银本位制（卢比银币就是由此而来）。正如英格兰银行杰出行长亨利·哈克斯·吉布斯在关于双本位制的作品中所表述的，在拉丁货币同盟实行双金属自由铸币制度时，拉丁货币同盟，尤其是法国，干脆成了'清算所'，在需要时便将英属印度帝国的白银变成黄金用来穿越英吉利海峡。任何一个曾为英属印度帝国服役的退休人员，任何一个在印度的佃户或持有地产的人，任何一个旧世纪英格兰的幸存者，任何一个与英属印度帝国有工作往来的银行家、商人或工厂主，都可以在拉丁货币同盟内将银币兑换成金币。然而一旦拉丁货币同盟暂停铸造纯银币，所有人的处境则完全是另一副模样。即便是英属印度帝国也被迫投入数以百万的预算来弥补差额，英国和英属印度帝国之间的所有交易都因支付货币间的金属差异而变得不确定。伦敦白银价格的快速下跌引发了轻微的震荡。商会和有影响力的作家诸如吉芬·古申和帕尔森·罗杰斯等，都开始倡导实行金银复本位制，并将这场危机问责于金本位货币制度。一个具有强大煽动力的团体，即'国际货币标准协会'成立了，于1882年3月8日在伦敦市长官邸举办了由市长亲自主持的会议。会议思想传至欧洲大陆（1882年召开了科洛尼亚金银复本位制大会），却带着典型的英国色彩，其目的在于说服其他各方恢复使用白银。然而英国是如何应对这场变动的呢？它按兵不动，捍卫了其一贯良好的货币制度标准。在巴黎举办的国际货币会议上，英国官方代表始终主张单本位制。为金银复本位制著书立说的亨利·哈克斯·吉布斯先生作为英国代表参加了1878年的巴黎国际货币会议，和古申先生一道签署了关于无法普遍实行金银复本位制的报告。"[①]

*

（和A.D. 克塞诺波尔一同创立杂志《档案》的）希腊文化学者亚历山德鲁·格里戈里·苏乌对现实主义小说的研究做了细致的社会学划分，揭示了《文学谈话》一派民族保守主义的有机源头。旧政权的君主专制制度对"民族"这一现代概念的产生做出决定性的贡献，归属于第三等级的"资产阶级"，即中小业主群体，被召集起来支持君主政体，反对教会僧侣和世俗贵族的"封建"滥用，作为政治表达，这些人在现象层面趋同于一个民族（译者注：以上均指法国大革命期间）。罗马尼亚贵族阶层、文化精英和伟大的作家（"衣冠楚楚者"整顿文化，"赤足者"从事文化[②]）聚集在青年社和《文学谈话》杂志周围，以政治文

---

① 特奥多尔·G. 尼卡：《投机交易和我们的货币政策》，连载《文学谈话》，1886年2月1日、1886年3月1日。

② 这一区分见康斯坦丁·诺伊卡：《埃米内斯库或关于充满罗马尼亚文化气息人物的思考》，布加勒斯特，人文出版社，2014年。

化有机论的名义激活了蕴藏在罗马尼亚社会中的一整套体系，其中包括人民、农民、传统和民俗，在靠借贷为生或早已没落的社会中间阶层中取胜："我们不称那些以卑微或平凡模式思考的人群为农民，而称他们为庸人！如果我们只刻画这类人群的思想和行为，我们则无法成为艺术家。在任何时候任何国家，文学语言和通俗语言之间无论如何都存在一定的距离，因为文学起于思想不为人所达之时。形式的选择源于起初思想的选择，而思想的选择源于一种精英精神的形成。根据不同语言在传统及特点上的相似性，语言应以一种被众人皆可理解的方式，表达并非所有人都能立即获得的思想。"[①]

《文学谈话》一派的保守主义侧重于对国家独立和民族团结的关注、支持经济保护主义、批判奴性意识与效仿、偏向辅助性原则或权力分散等的"自由"价值观，实际上皆为对罗马尼亚人民潜力信任的体现。没有做致力于现代化文人的包袱，罗马尼亚人民能仅专注于保护历史和自然遗产、辨识和传承伟大的文学价值、珍惜被视为文化元素的民族历史。因此，这一保守主义是一种民族保守主义，《文学谈话》一派的"自由主义"不过是对罗马尼亚民族力量的信任，这种力量被理解为在民族背景下有机形成的制度网络中的民族主体，产生自我标志性资本、进行自我定义，以此实现民族繁荣。这样说来，埃米内斯库并非形单影只，他同众多的作家、史学家和思想家（克塞诺波尔、布拉达、佩切斯库、米西尔、阿列库·坎塔库济诺等）一道在现代性的曙光中为罗马尼亚民族的身份认同及权利并肩作战。

---

① 德鲁·格里戈里·苏乌：《当今现实主义小说的研究》，载《文学谈话》，1884年9月1日。

"没有万念俱灰的" 进步:《文学谈话》 1887—1899 年汇编: 美好时代的 罗马尼亚

在宣布独立十年,并且宣布成立罗马尼亚王国五年多以后(1881年5月10日),罗马尼亚政治精英和知识精英已对"罗马尼亚,东方的文明元素"这一说法耳熟能详。20世纪初,在亚历山德鲁·A.C. 斯图尔扎的笔下,这一陈词滥调又成书为《罗马尼亚,东方的文明元素》(1902年)。[1]当然,这一说法的真实性有待考量,但不意味着与"罗马尼亚作为东方文明元素"这一理念相关的所有事物都仅为蛊惑人心的宣传。这一口号不仅蕴藏,还彰显出一个复杂、多维且生动的现实。彼时的罗马尼亚还是一个小国,1877—1878年俄土战争期间,她在保加利亚战场上赢得独立,在1878年的柏林会议上失掉了主权与领土完整,生存在大型帝国(俄罗斯帝国、奥匈帝国)和殖民列强(法国、英国和德国)统治下的欧洲——一个投身"文明事业"、受到"白人使命"观引领的欧洲。由于在1878年柏林会议上痛失领土南比萨拉比亚,罗马尼亚仅剩借此收复的"东多布罗加"有待文明开化。我们的精英们也有责任对"东方的"广大农民阶层进行文明开化,正是这些来自黑暗乡野的农民为宫殿架起梁柱,让欧洲重大政策在香槟酒杯、鲟鱼子酱和三角钢琴的陪衬下得以成形。罗马尼亚乡村的"未知世界"亟待探索、知晓、了解、脱离困境。19世纪末,统治阶级与两种类型的"土

---

① 亚历山德鲁·A.C. 斯图尔扎:《罗马尼亚,东方的文明元素》,巴黎,J. 罗斯柴尔德出版社,1902年。

著"，即殖民地的原住民和宗主国贫瘠乡野的农民，在殖民扩张和"社会问题"的压迫下正面交锋时，在西欧出现了探索内在"丛林"的国内文明使命主题。卫理公会牧师卜威廉（又译威廉·布斯）创立了救世军，在《至暗英格兰与其出路》（1890年）中疾呼："既然存在最黑暗的非洲，难道就没有至暗的英格兰吗？文明，可以开化蛮夷，不是同样也能开化俾格米人吗？我们在自己的家园没有发现类似的情景？在距离大教堂和宫殿一箭之遥的地方没有遇到和斯坦利在赤道大森林中发现俾格米人存在时类似的震惊吗？"

因此，"东方"和英国人的"赤道森林"一样，不仅是相对外部世界而言，同样也具有内部含义。建立罗马尼亚民族国家是一项具有西方特点、力求在俄罗斯和奥斯曼帝国夹缝中生存的文明开化计划，而本国"民众"对该计划的生疏将导致重重威胁。与殖民文明开化不同，对内的"东方"文明开化是罗马尼亚有机精英，而非殖民官僚，在构思国家项目上获得的成效。大部分的精英并没有试图传播与罗马尼亚传统文化相异的思想和制度，而是力争阐明构建现实的不同方式，现实涉及人文、经济、社会和本土文化，也包含潜能，从而用这些现实构成一个民族国家的基本框架。这项由格奥尔基·阿萨基、阿列库·鲁索、瓦西里·亚历山德里最初发起的现代化计划一直延续到19世纪末期。

例如，以下是瓦西里·亚历山德里1840年从巴黎求学归来后如何在摩尔多瓦公国中看待罗马尼亚现实的叙述。一方面，他返回雅西，那里的小街巷和身着东方服饰的摩尔多瓦人的东方式生活如同一幅怪诞的漫画在这位诗人面前展现，罗马尼亚式的生活因其低品质的风尚、建筑、服饰和文化而扭曲，与罗马尼亚民族的本质格格不入。因此，面对这座摩尔多瓦公国首府，亚历山德里在其著名的讽刺诗中感叹："哦，甜蜜的巴黎，一座充满活力的城市……/如果一个年轻人要享受你的美好/至少要在你这停留两年/摩尔多瓦对他来说荒芜冷清/摩尔多瓦人像大猩猩一般……"[1] 但是亚历山德里随后便致力于汇编民间创作，撰写戏剧，诸如《萨达古拉归来的约尔古》，讽刺那些受到西方生活真实或虚幻影响、对罗马尼亚式价值观及生活嗤之以鼻的人。换言之，亚历山德里提出的现代化类型并非针对罗马尼亚人民，而是针对他们被移民异乡的精英，和对罗马尼亚人悲惨生活的描述所强行改变的方向，而罗马尼亚人的悲惨生活只存在于西方伪文明化与文化的边角料中，被不怀好意的帝国文化或霸权话语中间商带入国内。亚历山德里的指南针以罗马尼亚人民的生活为磁极。1872年4月1日，亚历山德里在《文学谈话》发表《康斯坦丁·内格鲁济作品介绍》一文，用震撼人心的措辞描写了图多尔·弗拉迪米雷斯库领导的1821年瓦拉几亚起义、1848年的"四八"革命以及1859年罗马尼亚公国的正式统一，罗马尼亚人民从地牢般生活中得以解放："人民最终在黑暗、遗弃和愚昧中迷失自我！……人民沦为贵族豪绅的农奴，向所有人俯首称臣，所有人：管家、租佃者、领主、仆人、文书、教堂司事、审计员、督察员、法官、主任、部长、大公、苏丹和国王！……人民服从（奥斯曼帝国强迫罗马尼亚诸公国实行的）绵羊交易、赋税、青年兵役，他们遭受鞭打和牢狱中的烟雾酷刑，忍受命运残酷的反复无常、道德和肉体的折磨，他们在所有人面前保持恭顺，无论本地人还是异乡客，从童年到离世都处在贫穷、卑微的境地，始终被恐惧笼罩，一直遵纪守法，甚至对犯罪行为都不敢违抗！"[2] 由此可见，现代化不是意识形态层面的一桩小事，而是

---

① N. 彼得拉什库：《瓦西里·亚历山德里》，布加勒斯特，布科维纳印刷局，第20—21页。

② 见《汇编》（第1卷第2部分），第29—30页。

生活必需品，就像彼得大帝治下的俄罗斯帝国，为了团结公国，助其以民族独立的方式实现个体自由的理想，采取加强罗马尼亚诸公国之间防御结构的做法。正如阿列库·鲁索在1851—1852年的《摩尔多瓦研究》中指出的，脱离"东方"实际意味着用时尚助力重获尊严。[1]在全四册1867—1899年《文学谈话》的《选文汇编》中随处可见有关这一范畴的探讨，再一次证实了《文学谈话》在任何时期都曾是罗马尼亚最重要的文学期刊和文化项目。

在1887—1899年间，《文学谈话》的撰稿人与那一时期困扰欧洲的所有问题密切接轨。但并非是模仿性质的接轨，或是一种奴颜婢膝般的同步性，而是一种以尽可能多的形式展现罗马尼亚现实的成功尝试。因此，围绕美好时代下困扰守旧欧洲的社会问题，《文学谈话》撰稿人中的保守主义者P.P.卡尔普成立的统计服务局刚好对此开展了有条不紊的研究——用数字说话！F.罗宾·德雷斯库（文学系毕业，于1892年卡尔普任期内被任命为农业、工业、贸易和产业部统计学方向图书管理员）指出："我们的文化普及程度低，再加上行政机构在许多方面存在缺陷，以及公共权力和社会的漠然，造成无数空白和统计工作的不完善。我们不知道罗马尼亚居民的数量，不知道罗马尼亚人和外国人的数量，不知道我们人口的年龄构成以及其他需要关注的数据。在这种情况下，今年在卡尔普部长的倡议下进行的尝试广受欢迎且势在必行。在C.克鲁彭斯基先生的领导下，新成立的统计服务局已经发表了两期《一般统计公告》。公告所涉及的内容有人口统计、农业统计、灾害统计及其他重要性较低的各类问题。"（《根据〈罗马尼亚一般统计公告〉的罗

---

① 阿列库·鲁索：《全集》，布加勒斯特，思考出版社，1942年，第238页。

马尼亚人口统计当前状况》）①

　　德雷斯库明确援引了殖民列强的经验，证明内部移民是从乡村到城市，反之则不太可能："殖民国家的经验恰好证明，城镇居民无法成为农民，因此，一切建设村镇、将人口从城市转移至农村的尝试都产生了非常糟糕的结果。"德雷斯库指出，每年持续将低于1%的农村人口迁移至城市的做法是有益的，这样可以阻止"因大量增加的外国人口而过多改变城市构成"。德雷斯库唯一的愿望是让来到城市的农民到学校接受良好的教育："理想的状态还是让来到城市的农民接受一定的文化教育，让他们能够适应各种生产性职业。不幸的是，事实并非如此。由于农民的未开化状态，任何一个建立产业的老板，无论是罗马尼亚本地人还是异乡客，都必须雇佣大量外国人。因此，是否普及教育已无须多言，事实如此惊人，以至于我们无法对其视而不见。众所周知，我们的处境非常糟糕。每1000个城市人口中有627个文盲，而这个数字在农村是921，平均全国每1000人中就有874个文盲……这还仅仅是针对男性的统计！因为全国每1000个居民中仅有23个城市女性和9个农村女性识字。识字的女性在乡下简直是稀有物种！"（《根据〈罗马尼亚一般统计公告〉的罗马尼亚人口统计当前状况》）

　　教育驱使社会流动，推动劳有所得（根据埃米内斯库的说法，即"劳动"和"业绩"）基础上的国家发展。从最初德雷斯库希望农民接受教育，适应城市的工业活动，到勒杜列斯库–莫特鲁的精英主义，在《文学谈话》的版面上教育问题都被广泛讨论。从1896年起勒杜列斯库–莫特鲁就开始对"教育学的滥用"感到痛惜，即将提升文化修养和教育的过程转化为简单的社会化行为，在意识形态层面对教育的弄虚作

---

① 本章所引用的《文学谈话》作品，如无其他注明，均出自《汇编》（第1卷第4部分）。

假。因为关注培养创造型精英，勒杜列斯库-莫特鲁曾对弱化标准、简化考试并且缺乏严格的教育制度引发的后果发出警告："人类教育必不可少的一种教学法，这听起来不错，实际上我们远没有就任何一种必不可少的教学法达成共识。任何推荐给我们学校（特别是小学）的理想选择，都不值得被称作必不可少的教学法。课程安排得过于宽松，教学中的直观原则与抽象知识相比过于占据优势——改革者们的这两大愿望，在某些情况下，对于智力的发展，这两种现象比传统经院学派的一切罪行都更加危险。曾几何时，学校实际代表着一项艰巨的考验，而知识精英仍设法克服艰辛，从多年的研习中受益匪浅；现如今，教学方法日新月异，但学校却似乎成了为平庸的知识分子刻意制定的场所。现代教育家倾向避免让学生的智力超负荷，最终钝化了学生的先天品质。如果像早些年间那样，学生们被迫在通往科学的道路上疾驰狂奔，只有其中的一小部分能够到达终点，谁会对此提出异议？如今，这种束缚并没有消失，只是被赋予相反的模式：最敏锐的学生身负重担，被迫和平庸之辈保持同步前行，难道大多数就都能到达终点吗？过去遭受惩罚的是平庸者，现如今却轮到聪明人，我不认为这种改变有利于现代人。一国文化水平的提升首先取决于对少数创造型知识精英的遴选，其次才取决于脱盲个体数量的增长。……目前被我们看作理想选择的现代教学法丝毫没有考虑到个体的差异，它将教学简化到所有智力水平都能接受的程度，避免了一切超出常规的情况，从而也停止选拔一切天才和领头羊。……在学校中经历了漫长的习惯养成后，那些天资不凡的学生会对自己的能力丧失信心，他们的行为会和平庸之辈一样被共性主导，时刻都采取平凡的人为的方法。这是一种进步吗？"（《教育学的滥用》）

康斯坦丁·迈斯纳在《储备教师读本》一文中也指出，现代教育学的趋势是将研究主题概括整合，在不同主题之间建立联系；同时分散孩子们的注意力，鼓励他们把学习看作一场游戏或即兴表演，试问如何才能调和这两种趋势呢？勒杜列斯库–莫特鲁反对频繁进行教育改革，并将其归咎于部长们的积极行动主义，这些部长过于笃信教育学为灵丹妙药，且坚信他们要做的就是将教育思想领域中生产出来的各种理念付诸实践。勒杜列斯库–莫特鲁将直观教学法影响的简化教育制度，与西方殖民列强为霍屯督人、卡菲尔人、布须曼人等创建的教育体系（由于殖民者认为此类人群不适合欧洲类型的教育）进行比较："最新的改革完全摈弃抽象教育，取而代之的是直观教学法。为霍屯督人、卡菲尔人、布须曼人引入义务教育时，无疑也需要采取这种激进措施。直至改革措施的最后阶段，我们的后代将会发觉方向错误；但那样为时已晚，应该提前验证这些措施。"（《教育学的滥用》）

勒杜列斯库–莫特鲁的愤怒并不意味着《文学谈话》杂志不赞赏像弗里德里希·福禄贝尔这样的教育家，因其建立首家学前教育幼儿园，并为儿童教育保持战斗精神，弗里德里希·福禄贝尔曾被M. 斯特拉扎努称颂赞扬。斯特拉扎努还强调了阅读对于培养利他主义与和谐人格的作用："文学作品在青年时代培育我们，引领我们度过成年期，抚慰我们的晚年，它们时刻装点我们的生活，花在阅读上的时间，如同花在音乐或戏剧上一样，总是令我们如此愉悦。同时，文学作品净化我们的灵魂，让我们远离自私、磨难和人类邪恶引发的痛苦。从容地读完一本好书后，我们总是感到更情愿、也更有能力去行善。书籍最大的价值在于为我们的心灵和意志带来有益的影响。对我们来说，书籍越是唾手可得，就越显弥足珍贵，相比戏剧或其他具有相同道德影响力的艺术作品，书籍更加平易近人。"（《关于自我教育》）

斯特凡·韦洛万极具启发性地概述了家庭作业的意义："让学生在某一生产分支深耕不是小学或中学的目的所在。对于学生来说，所有教学和功课都是为了检验知识，让他掌握无论未来投身何种生产都能用到的本领。……我们谈论的通用研究方法原则在语言教学中的应用也不少。人民鲜活的语言是我们杰出作家的经验场，他们把这些语言艺术地置于自己的代表作中。读本收录的文章应该包含我们语言当中美之又美的部分，作为语言初等教育的经验基础，从中应归纳出语言法则，即语法规则。……归纳语言理论无法满足严谨的要求。学生必须通过演绎性思维运用这些理论。必须遣词造句，指明某种生物或具体事物名称，并证明主谓语之间的恒定关系。这就是学校或家庭书面作业的方法论依据，也可以解释让学生掌握遣词造句和文体笔法的必要性。我们问自己：学生写作业时，思维过程是什么？这是对所学理论的演绎性证明。过程是这样的，我学会了某个具体名词，指代某一生物或某一具体事物名称的单词，我现在思考某一具体生物的名称，随后我会把它写进我的作业里，并确保老师会接受它；我学会了句子主语在数量和人称上与谓语保持一致，我脑海里现在构思一个有主语和谓语的句子，但我必须注意要让它和读本中的文体保持一致，否则听起来不好，也不会被老师通过。这就是笔头作业，一种对方法论知识的全新实际应用。"（《几个方法论问题》）这种归纳演绎的灵活性和严谨性独一无二，能使人们通情达理，使公民能够始终如一地追求理想，能理解并始终贯彻科学法规和法律，并能使用文明用语，条理清晰地表达自身利益和价值观。

在特雷扎·斯特拉蒂列斯库从英国发回的信件中，也隐约可见他对建立优质公共教育体系的关注。1902—1929年，雅西教育学家特雷扎·斯特拉蒂列斯库曾任女子走读中学校长（后更名为女子中学和雅西"奥尔泰亚夫人"中学，现为"米哈伊·埃米内斯库"国立学院，校园中至今还有一棵斯特拉蒂列斯库当年栽种的橡树）。斯特拉蒂列斯库远赴英国，研究教育制度，将有关英国公立和私立中学课程安排和校规的信函发送给《文学谈话》。19世纪下半叶，大英帝国正处在财政、政治、军事和文化实力的鼎盛时期，拥有连当今全球霸主美国都不具备的公共（及私人）教育体系。如果说当今美国向我们输入的是鼓励压缩教育纲领（"低能化"）和教学即兴化，那么特雷扎·斯特拉蒂列斯库时代的英国教育制度则向我们提供了一个严谨扎实且至今都无法被超越的典范。

　　一个优秀的公共教育体系是文明国家成功的基础，它激励贫困儿童的社会流动。聚集在《文学谈话》周围的精英意识到这一点，为此，埃米莉亚·亨佩尔（蒂图·马约雷斯库的姐姐，她自己是一名教育家和学校校长）和尼科莱亚·巴西列斯库发表文章，为妇女争取接受教育的权利。尽管埃米莉亚·亨佩尔在专业文学领域被看作一位女权作家，但也可以从另一个角度审视她。她并没有主张加深对女性角色和使命的思想认识，没有在意识形态维度上歪曲事实，也没有鼓吹相对于男性的女性绝对优势，或是"性别"是社会的"思维产物"这种观点。埃米莉亚·亨佩尔曾说过，女性应该和男性一样被给予人道的待遇。让妇女接受教育可以提升家庭生活品质，受过教育的女性通常会给孩子和家庭带来有益的影响。此外，亨佩尔完全反对过激的煽动："在温和的进展中，女性会意识到自我存在并丰满自己的人生。但她们不是利用拉帮结派和高谈阔论、令人厌恶的大胆作风、丑态百出的放纵，而是通过勤恳的文化工作、顽强的毅力、完美的思想净化，才能接近命运的至高无上。每一个通过不懈努力而实现其文化目标的女性学生，如果没有保持人格尊严，她的一切文化成就都将失去价值。而她们当中的每一个人为性别事业做出的贡献都比世界上的所有煽动者和控诉者的贡献多得多。"（《对女性的培养》）

　　尼科莱亚·巴西列斯库写道，下等阶层的女性已经和男人们并肩劳动，缓解了她们命运的不幸，而来自上层社会的女性仍然依赖家庭，并没有脱离除了做客和消费以外的无所事事的生活方式。巴西列斯库指出，在这种情况下，男人当然只想找陪嫁丰厚的姑娘结婚："工人阶级的婚姻数量增加了，因为这一阶层的男性在那些可以和他们并肩战胜生活困难的女性身上得到支持；相反，婚姻数量在上层社会中却明显下降；上层社会的女性在婚姻中没有让男性看到她们的同舟共济；如此说来，底层女性在婚姻的陪伴下承担劳动的重负，而知识女性却几乎无事可做。随着人口的增长，生活负担加重，工人阶级的双方配偶几乎平均肩负重担，而在文化阶层，这一重负越来越多地压在男性肩头。因此，追求嫁妆本应作为一种不道德的趋势而被诅咒，但反而变得十分合理，成为众望所归的制度广泛传播。如何给孩子提供符合家庭水准的教育？如何负担无业女人的舒适住宅和华丽外在？她们需要的只是寻欢作乐和无聊的工作，她们不用为自己的责任缺失负责吗？只靠男人的收入是不够的。因为女人们只消费，却不能通过自己的行为带来任何收益，为此，她们需要携带家底，至少用来负担由于无所事事所带来的穷奢极侈。因此在上流社会中，只在所谓的'高级融资'的情况下，即获得嫁妆的情况下，才可以保持婚姻数量的自然比例。而在无法获得嫁妆的情况下，这一数量即刻下降。"（《对女性的培养》）换言之，上流社会的女权主义可以获得男性的支持，是因为他们想要减轻婚姻中的财政负担，同时又担心同舟共济的平民夫妻所带来的人口增长。

　　以上这些让我们窥见了19世纪与20世纪之交的罗马尼亚上流社会婚姻的本质，但除去这些具有社会学甚至是人类学价值的观点以外，巴西列斯库敏锐地指出了因广泛使用机械导致女性家庭地位下降的事实，即以工业规模生产的产品取代女性以家庭作坊式产出的成果。女性成了工业革命的牺牲品。生产力被机器替代，她们或者选择接受卑微的社会地位，或者设法接受教育，在物质和职业上独立于男性："当前糟糕的状况是时代迫使变化停止的产物。与机械共同引进的工艺进步改变了生产方式，也扼杀了家庭手工业；曾经寄托于女性的家庭遭到了机器的劫持。机器时代以前，女性角色是什么呢？她们为解决家庭所需，在生产中的重要性又是什么呢？我们儿时听过的美丽的童话故事向我们展现了女性的角色及其重要性，故事里待嫁的姑娘自豪于用一针一线便可过活。几乎所有家中消耗品都可以通过女性的巧手和细心制成。纺叉、纺车、织布机和针都大有用处：纺叉用来纺羊毛，纺车用来纺线，织布机把亚麻、大麻和棉花纺成床单被罩，将羊毛织成漂亮的挂毯；针的用途多种多样，刺绣绷圈的作用也不可小觑：或是不同颜色和几何图案，或是鲜花图案，或是两者巧妙结合的刺绣，缝在布料的白色区域上装饰一新，这让家庭主妇成为一项古老而艺术的职业。吉普赛人被奴役期间，数十名女性，不论是否为奴，都在女主人的监督下劳动，而女主人则一边督促她们，一边和她们一起劳动。旧时代上层社会女性的活动不仅局限于此：桌子上切好的面包是在自家烤炉里烤制而成，用的是自家揉制的面团；肉也不例外，在女主人的照料下，圈栏里除了牲口，还满是刚出生和已经长大的家禽；蔬菜被女主人精心保存以备过冬，家里的储藏室装满了果酱、果酒以及其他制品，用来款待客人或是自己食用。如今所有在甜品店购买的商品在当时都是在家里制作的。女性在每个季节都是忙碌的，其中一项任务就是给女儿们攒嫁妆。今天的家庭如何弄到以前女性的手工制品呢？女孩子嫁妆中的所有家庭制品，都能用一早上的时间在嫁妆商店以更低廉的价格购买到。"（《对女性的培养》）

巴西列斯库用人类学的眼光深入描写了嫁妆箱在过去扮演的角色，而这种角色是工业产品无法取代的。家庭作坊的产品曾装满家庭回忆，不起眼的木箱、勾起人们回忆的刺绣，扮演家族档案馆和记忆节点的角色："在旧时代,带有油漆盒盖的长木箱是一所家族档案馆,但闻起来并没有霉灰味,而是带着薰衣草的香气。里面装着祖母亲手工镶边的餐巾和妈妈的手工刺绣。当女性把嫁妆箱拿给自己已到婚龄的女儿看时,里面装着的物品让她回想起很多很多往事,有悲伤的也有快乐的,餐巾的褶皱如同装满回忆的书页,读起来是那么美好。在她给桌布缝褶皱的时候,小女儿生病了;在给枕套绣褶时,发生了一件幸福的事情……付出了很多劳动,也花费了很多心思才做成这些物品。有才华的女性没有借助丰富想象力,通过模仿大自然脱颖而出,但她们成功创造了真正美丽的事物。当我们想到,生活中的每一次成功如何让我们欢欣鼓舞,为实现一个目标所做的工作让我们何等满足,还有我们为至亲付出时感到的幸福,我们必须承认,那个时代被视作女性的黄金时代。"尽管没有完整分享巴西列斯库的怀旧田园牧歌,我们必须指出,现代社会学家已经注意到由于劳动意义的丧失带来的疏离,以及被全球资本主义、不具名货品和即便是"品牌"的产品大规模涌现,破坏了家庭作坊特有的文化角色。[1]

正因如此,来自国家自由党的V.A. 乌雷基亚[2]也加入到《文学谈话》撰稿人(埃米内斯库、克塞诺波尔、米西尔)的呼声中,要求对罗马尼亚中小型工业实行保护主义。乌雷基亚论证道,外国领事馆要保护在罗马尼亚工作的本国公民,因此蓄意并强制摧毁同业公会体系,导致罗马尼亚人失去了对城市的经济控制:"我不知道大多数条款在今天看

---

[1] 在独立完成揉面和烤制的面包师与按下机器按钮制作面包的工人之间,后者的幸福感和自我认同感都更低,尽管后者的工作没有前者那么困难,但"工作"没有赋予其意义,没有工人感觉到自己擅长做某事,能驾驭一项工艺。见理查德·森内特:《角色的衰败:新资本主义下的个人工作结果》,纽约,诺顿出版社,1998年。

[2] 见其文章《关于同业公会历史》中的注释1。

来是不是有悖自由。我只注意到一个事实，在仍处于扬·桑杜·斯图尔扎治下的摩尔多瓦公国内，得益于这些条款，雅西的74名鞋匠全部为罗马尼亚人。在所谓现代自由的今天，这些人当中还剩下几个？1820年，布加勒斯特787名同业公会会员中仅有127个犹太人和37个亚美尼亚人。……即便从雅西的铁匠表册中我们都可以看出，1820年起通过的一系列议案如何打击了同业公会制度，其中《组织条例》的颁布更是造成致命重创。约尼查·斯图尔扎·沃德于1827年11月17日更新了鞋匠同业公会表册，但只更改了其中几项条款。取缔同业公会自治权才是致命的变化，同时撤销的还有在严峻情况下公会向（东正教）大主教申诉的权利。根据约尼查·斯图尔扎签署的文书中第10项条款，确定首都警察局为受理申诉的行政机关。首都警察局的介入，让同业公会会员每次都遭到严苛的对待和掠夺。于是他们当中许多人为了摆脱首都警察局的管辖，放弃国籍，成为外国子民！……"（《关于同业公会历史》）

　　本杰斯库的文章具有相同含义，让人想起瓦西里·亚历山德里，他因罗马尼亚记者曾发起有利于法国经济利益，却有损国民经济利益的运动而感到悲伤："我们与法国的经济关系状况是让罗马尼亚新任部长悲痛的另一个原因。亚历山德里刚刚提交信用状，声称罗法之间出现冲突，随后儒勒·格雷维便于1885年8月20日签署法令，对法国直接或间接进口的罗马尼亚原产商品或制造类产品征收50%的税费。我方代表曾为此和夏尔·德·弗雷西内有过多次激烈的对话，看到无法以正当理由成功说服法国政府，同时因部分罗马尼亚新闻界为法方利益发起反爱国运动，外交部长十分苦闷，决心辞职，结束自上任以来就与之抗争的一切艰难与烦恼。"（《关于亚历山德里在巴黎执行外交任务期间的私人生活回忆》）

亚历山德里为国奋斗，延续了斯特拉扎努赞赏的民族斗争路线，后者指出，热爱自己国家的人是"可爱的"，同样可爱的还有维尔吉尔·奥尼茨在作品《混乱》中勾勒的阿尔迪亚尔学派学生，以及放弃彼此对决、放荡不羁的爱国艺术家，因为他们发现决斗不过是贵族式的习惯，需要钱财负担第三方证人和医生的车马费。斯特拉扎努认为，唯有恶人无法与周围现实即国家和民族相联结。好人具备被称为国家的生态系统："正直和善良的人对一切一视同仁，认为所有人都和他一样能感受到快乐和悲伤。连对不会说话的动物都抱有怜悯，也对整个自然界拥有幸福的好感，而恶人只会漠然存活。……这种观察方式决定了好人的所有思想、情感和行为。这就是为什么好人不论何处，特别是在周边社会中，将与恶做斗争、为改善生活而努力视作他的生存要务。用这种看待事物的方式诠释了好人的可爱天性、仁慈和灵魂深处的平静，这些都写在好人的脸上，使我们在他们身边感觉良好。……爱国主义是一项重要的道德性事实，连罪犯的内心也闪耀着这种神圣火花，它让好人在为保卫自己的国家和民族时，热忱地面对危险和死亡。另外一些则是生性邪恶之人的观点。他们感觉与所有事物，特别是身边的世界格格不入。除非这些事物能作为满足个人需求的工具，否则对于他们来讲，身边一切事物都毫无价值。其他的生命、其他的人，对于他们来讲都不过是一些影子罢了；他们不会对这些事物抱有任何仁慈或怜悯的情感，即便通过它们可以获得某些利益或达成某些目的，他们的感情至多也是因好感而引发的好奇。慷慨、友谊、爱国、团结、牺牲甚至是对善施的感激之情，对于恶人来讲都是不可理解的事物。他们与生俱来的情感与热情受到后天不幸因素的影响，演变成对他人的不信任，对比自己更优秀强大或幸福之人的嫉妒和憎恨，对弱者的冷漠和鄙视，以及对阻碍自己谋取利益之人的报复之欲。"（《关于自我教育》）斯特拉扎努将亚历山德里诗作《格鲁伊·森格尔》中的人物比作是恶人的典范。

这种爱国主义道德标准使斯特拉扎努宣称自己是英雄时代诗人的崇拜者，对于自己偏爱的现代诗人，斯特拉扎努做了一场精彩的演说："让我们在健康又充满活力的作品中找寻这种营养。尽管这样说可能不那么科学，博利亚克、C. 内格鲁济、伯尔切斯库和其他民族热情高涨时代的作家的文学作品比当今的许多著作更受欢迎。他们的作品不仅抚慰和照亮我们的心灵，还在我们体内点燃了对国家和对罗马尼亚民族的热爱之火，然而在今天的罗马尼亚青年当中，除了个别值得赞许以外，这一火焰似乎早已熄灭。"（《关于自我教育》）N. 彼得拉什库在《米哈伊·埃米内斯库（批判性研究）》中也赞扬了C. 内格鲁济、Gr. 亚历山德雷斯库、D. 博林蒂内亚努和V. 亚历山德里"长者们真挚的热情"①。泰奥哈里·安东内斯库在《亚历山德鲁·奥多贝斯库的科学活动》一文中也将"四八"革命一代标榜为纯粹的民族主义者。民俗收集家和英雄诗人亚历山德里也得到了A. 科兹马的辩护，后者在《施瓦尔兹费尔德和亚历山德里（批判性审视）》中响应了亚历山德里针对伟大诗人在收集的民俗作品中过多地灌输"民族主义"的谴责。

彼得拉什库指出，埃米内斯库回避了上层阶级，认为那里"轻易就被新事物充斥"，被"西方世界浮夸的表象"所笼罩。彼得拉什库还提到上层阶级孩子们"空洞的头脑"和"病态的心理"，从他们机会主

---

① 来自阿尔迪亚尔的罗马尼亚作家伊万·A. 拉佩达图也提出过类似观点，他回顾了沃克雷什蒂、克尔洛瓦和亚历山德里的诗歌作品，得出以下结论："诗人们在民族问题上保持了源源不断的热情；他们将罗马尼亚民族精神的理想置于世人的眼前；尤其推动我们的社会走上进步之路。是的，诗人们对想要摆脱奴役的人民谈起战场之外等待他们的一片乐土。"（《罗马尼亚人的为文化而战》，载《拉丁东方》，1874年4月20日、6月1日。被部分引用在I.A. 拉佩达图：《文学习作》，克鲁日，达契亚出版社，1976年，第204—201页。）

义的父母那里继承而来的伪善："整个上层社会轻易就被新事物充斥，也被西方世界浮夸的表象所笼罩，在诗人看来是一片无尽的冲突之地，那里的虚假伪善与狂妄自负令诗人触目惊心、深恶痛绝……一个人越是向每一个人表示友好，露出整齐划一的微笑，就越是在'礼仪'方面具有广博的学识。这个人在头脑中常常想的只是阿谀奉承与言不由衷。换言之，在他的世界里虚伪是一切事物的基础，他依附于此，这也成为个人诚实思想的敌人。这一伪善的面具会紧贴肉体一段时间，随后便与其融为一体。唯有采用实证调查的研究方法研究遗传学时才会发现，父母灵魂中的伪善是上层阶级子女悲哀和局限的原因之一。激情、情感、迸发真情、坦率、真诚，所有的一切早在父母一代就已凋零磨灭，留给子女的只有空洞的头脑和病态的心理。"《米哈伊·埃米内斯库（批判性研究）》

C. 迪塞斯库发现，"我不认为在其他什么地方有比罗马尼亚统治阶级更缺少独创性的统治阶级。幸运的是，另一个阶层被赋予捍卫国家独创性的使命：农民阶级。如果你想找寻服饰、习俗、原始语言，去农村，到农民那去找寻。保护罗马尼亚语的独创性具有重要意义。在任何地方你都不会见到有人能像我们这里一样，从容大胆地在议院或集会上发言，这正是因为每个人都可以从容地讲本国语言。在其他国家例如法国，不是每个讲古典法语的人都可以参与讨论。"（《关于模仿》）所有这些思想、批判和范例都与N. 曼德雷亚在其关于伯尔切斯库的文章中表达的观点相汇集，即1848年是建立罗马尼亚新国家、重申民族利益和公法的"起点"。

这种重建还需要适度的批判主义和对神话与元叙事的精准把握。青年社批判主义（文学中的马约雷斯库式、历史编撰学中的克塞诺波尔式）在本世纪末的杂志中亦有出现。因此，拉泽尔·谢伊内亚努向"令人尊敬的"彼得·伊斯皮雷斯库"叔叔"致以"崇高敬意"，"对我而言，他是真正的人民教师"，他敏锐地指出巴巴多奇亚神话暗中隐藏的女权主义及对色雷斯学影响的夸大："我们还偶然地记录下一种学究式的混谈，一些人试图以纯粹人为的方式在神话传说的主干上嫁接一个分支。在《胡鲁纪事》出版前约6年即1850年前后，阿萨基发表了民谣《多奇亚与图拉真》，纪念图拉真皇帝到来之前逃离并化身为岩石的德切巴尔国王的女儿。……这种在想象范围内无伤大雅的编造慢慢渗透进入现实领域，开始为某一历史事件赢得价值。一本用于教学的民族史书声称：'相传古老的达契亚也叫巴巴·多奇亚，在位于图拉真治下的达契亚境内，特别是在三月的前12天、又称为巴巴的日子里，只有巴巴脱掉一件件羊皮袄，雪才会从最高峰恰赫勒乌山顶降临平原。'尤利娅·萨凯拉留夫人将多奇亚列为古代'著名女性'，并为她奉上以下小传：'多奇亚，德切巴尔国王的女儿，乔装成牧羊女，被小绵羊包围。她的禀赋令牧羊人和猎人惊叹不已，他们驻足于她的石像前，在她脚下流淌的阿尔布小河里纳凉。这尊半身石像在18世纪初遭受重创，一半都被粉碎，山下的一所修女院也同期销声匿迹。'阿隆·登苏希亚努先生在《内格里阿达》中用多奇亚来体现古老达契亚的特点，弗雷德里克·达梅先生在戏剧诗《多奇亚的梦》中把多奇亚视为罗马尼亚辉煌过往的代表，作为图拉真的女儿，多奇亚长眠于喀尔巴阡山脉的一块岩石脚下。罗马尼亚将她唤醒并试图说服她，她的儿子们在未来会像以往一样英勇。"（《巴巴的日子和多奇亚的传说》）

　　谢伊内亚努谴责的内容是一个明显的例子，代表了将意识形态嫁接到占主导地位的元叙事。在19世纪民族主义兴盛时期，女权主义曾是"达契亚式的"，在20世纪就成了反传统主义的全球主义，而到了21世纪则变成消费主义。在这一维度上，《文学谈话》杂志的优点是

从罗马尼亚活生生的现实出发，最终又回归于现实，没有在意识形态
上夸大其词，也没有过多强调以往的美德和当今的意识形态。这在杂志
刊登的文学和历史编撰学类文章中尤为可见，此处西方元叙事及范例提
供的支持在一定情况下趋近于零。在某些情况下，哲学、心理学、（部
分）政治经济学和科学类文章更倚重西方原创性，《文学谈话》撰稿人
将他人的结论应用于罗马尼亚的场景当中。例如斯特凡·韦洛万呼吁，
要"从最近的时间开始，尤其针对英国（或德国、或法国）的学派"展
开研究。在这些领域，《文学谈话》的撰稿人需要指明他人已经提出的
内容。在文学创作、历史编撰学乃至政治经济学方面，《文学谈话》的
撰稿人指出了尚未经任何人提出的内容，在阐明这些内容后将其落实
到书面，他们或诉诸笔法精湛的文学现实主义（见扬·波波维奇、I.A.
巴萨拉贝斯库、伊万·亚历山德鲁·布勒泰斯库-沃伊内什蒂、杜伊
柳·扎姆菲雷斯库的文章），或试图澄清罗马尼亚历史上棘手的问题，
其中包括罗马尼亚人的延续性、建立罗马尼亚公国以及在罗马尼亚文化
中引入斯拉夫语。

此外，即便针对某个如此抽象的学科，例如公认抽象的逻辑学，
斯特凡·韦洛万仍旧重申了经验的重要性，并在逻辑推理中重新引入时
间性，承担这一举措带来的保守、历史主义、反理性乌托邦式的后果：
"在第102页第41段中，我们找到了如下有关确定性的定义：它'特指
在做出对我们来讲是显而易见的判断时，我们所处的精神状态'。马约
雷斯库先生对该定义进行合理的批判，他补充说：'显而易见只是确定
性和信心的另一种说法。'继而又补充：'不存在某种明确的标准，来
断定哪种判断可以称得上确定性，哪种不可以。'事实上，我们必须承
认这样的标准并不存在。但是我们想做一个小小的区分。相对于这种不
存在的标准，在人类社会中同样还有并不存在的绝对确定性。在绝对确

定性中，我们认识到现代哲学的陈旧错误，即急于追求整合所有问题，鲁莽思考并贪求人类生而无法触及的成果。逻辑学作为精密科学，如果要对其他科学有用，就不能背离人类思维的边缘。……这样就产生一个问题：在特殊科学领域实现巨大进步的确定性又是什么呢？我们的回答是：相对确定性，它基于从同一共存或继承关系中获取经验的丰富性和准确性。一个概念或一种规律越是具有根据性，越代表它是众多具体观察的归纳结果。它们之间表现出来的联系越是必要的、迫切的和确凿的，越说明这是多次经验的归纳结果。……但是，经验范围尚未界定的判断无法提供抽象公式，尚未获取经验的判断也不具备普遍性。人类的一般性判断都是如此。我们认同那些认为从一般性判断推导演绎不过是原地踏步的观点，即使一般性判断具有普遍性，我们也有权这样说。许多一般性判断可能会永远保持当前的等级，它们在普遍性上拥有最为广阔的前景，但我们一定不能忘记，只有从这些判断的推理性应用中获取的经验，才是检验其确定性的唯一标准。在完整获取经验之前，这些判断都不能被称为具有普遍性。人不可认为自己就是上帝，他只能'酷似上帝'。承认这一局限性恰恰是进步的条件，也只有这一局限性方能为人类的进步铺平道路，不至于万念俱灰。"（《几个方法论问题》）

蒂图·马约雷斯库在追忆列昂·内格鲁济时写道，"对任何具有普遍性意义的思想拥有更大的可及性"，成为青年社为罗马尼亚人公共生活留下的遗产。《文学谈话》撰稿人诉诸稳固的文化标准，基于先例、客观和常识，即罗马尼亚式生活的力线和不僵化的传统，完成这一使命。他们之所以这样做是因为他们明白，在原则缺失的情况下，一个社会无法存在，这不啻于混乱的黑手党家族，仅赖于互惠伦理，或是德米特里·霍瓦特所称的"基于互惠的原始道德理想"，它附属于殖民时代人类学和西方文化进化论，只有"未开化的农民和孩子"才会拥有。

相反，《文学谈话》推崇的是基于传统价值观、经过历史经验主义验证的价值论，以及民族历史长河的伦理制度："人民的生活条件遵循这些前提。领土或国家是首要条件，我们可以称之为自己的土地。这就是为什么所有民族的历史都始于建立祖国的斗争。游牧民族和移民民族没有道德观念；而拥有祖国的人民虔诚地坚守他们脚下那片埋有祖先遗骸的土地。"

"除共有土地外，我们还必须对统一有明确的意识：让我们用共同的语言去思考、感受、彼此交流。比语言更强大的是一个民族世代传习下来的传统与制度。马其顿人的历史是这方面的典型，传统与制度将马其顿人变成了希腊人。"

"在这三点中，品德的地位至高无上。因此，教育的主要目的仍旧是热爱祖国，发展和培养母语，尊崇祖先的传统。热爱祖国和语言且严守先人传统的人，不可能是恶人。"

这便是《文学谈话》在19世纪与20世纪之交的走向，也曾是引领大罗马尼亚（译者注：摩尔多瓦、蒙特尼亚和特兰西瓦尼亚的统一）成立的思想路线与态度；在米哈伊·萨多维亚努的怀旧作品中，与西方帝国相比，罗马尼亚尽管体量小巧，却被治理得井井有条。

那些可爱的人和他们腾飞的罗马尼亚：
《文学谈话》与蒸汽朋克现代性

题铭："先生们，当前有一份申请，关于邮局购买马匹的贷款法案；让我们来讨论这个项目，因为先生们，连我们也没有回家的交通工具。"（瓦西里·亚历山德里，1869年）

"关于操作的简便性，我能告诉您的是，通过触碰唯一一与电机相连的小按钮，电流通道即被打开，整个城市瞬间点亮，不需要点路灯的人，也不需要梯子和火柴，再通过触碰另一个小按钮，电流即被切断，整个城市一片黑暗。为了防火，电灯不设置保护罩；出于卫生考虑，电灯不释放烟及有害气体。"（列昂·内格鲁济：《城市照明》，1883年）

聚集在《文学谈话》周围的人物形成了参与民主政治的首个知识分子核心。"四八"革命参与者，及其前辈摩尔多瓦公国烧炭党人，则代表了参与革命政治的知识分子核心。如果任由1848年摩尔多瓦公国和蒙特尼亚公国的地下革命运动发展下去，我们不知道事态会如何演变。然而，在扬·C.布勒蒂亚努、N.戈列斯库和C.A.罗塞蒂组成的瓦拉几亚革命知识分子核心与米哈伊·科格尔尼恰努领导下（和在极端"四八"革命者切扎尔·博利亚克支持下）的"四八"革命核心发生冲突后，Al.I.库扎的统治也随之结束了。换言之，"四八"革命的革命政治最终表现为（由C.A.罗塞蒂、扬·C.布勒蒂亚努、N.戈列斯库和摩尔多瓦公国保守派贵族策划的）"四八"革命阴谋和（由Al.I.库扎和米哈伊尔·科格尔尼恰努推行的）"四八"革命"专政"之间的冲突。

　　在这种情况下，青年社的群组政策使之沦为政治集团，而《文学谈话》的群组政策可被视为某些贵族学者核心在民主框架内的首次民主表达。这种政策的特点几乎无一例外地表现为缺乏实际后果，我在这里尤其想到了G. 帕努对君主制度和对霍亨索伦王朝的忠诚；霍亨索伦王朝在罗马尼亚踏上快速民族化的道路后，将王朝的其他阶段连同国土都付之一炬，如果说罗马尼亚在通向西方现代化的道路上将其他历史阶段一笔抹杀，那么霍亨索伦王朝在罗马尼亚传统上留下的痕迹也一并消逝；同时，G. 帕努也忠于"内格鲁济集团"口中的"自由保守"[①]派，即有效构建罗马尼亚社会，且不失民族身份和尊严的派别。

　　当我提到"罗马尼亚的"一词时，我既指国家，又指人民和民族。因为民族是文化活动的主线，这里的文化活动指政治和智识活动，即青年社成员或《文学谈话》撰稿人实践性参与建立制度与信条的活动。这些活动被马约雷斯库提出的理论定性为"无内容的形式"，但这里存在诸多误解。"无内容的形式"理论并非批判对空洞形式的引进，即批判失败的现代化，批判对西方形式的决断性采纳，随后因罗马尼亚的条件欠缺没有被灌以内容，也没有获取到本质。

　　要理解马约雷斯库这一批判的含义，我们需要诉诸两个出处。第一个是题为《驳罗马尼亚当代文化走向》的文章，其中蒂图·马约雷斯库实际上讲述了一些类似我们当今理解其理论的模式："直至19世纪

────────

① "D.I. 内格鲁济：我也恳请尊下。请大会原谅我不能接受加入国王演讲起草委员会。我请辞的原因是由于我和自由保守党的同伴商讨……（被打断）。

　　一个声音：自由保守党？

　　D.I. 内格鲁济：我们在摩尔多瓦是这么叫的……（1879年11月9日会议）。"

初，罗马尼亚社会仍陷于东方式的野蛮当中，1820年前后才开始从昏睡中觉醒过来……我们的青年人被光明所引，纷纷涌向法国与德国的科学之源，这股移民潮流至今仍在扩大，也让自由的罗马尼亚拥有了些许来自异国社会的光辉。不幸的是，这些光辉不过是金玉其外！因为我们的青年人仍和从前一样没有受到良好的教育，他们惊叹于现代文化的宏伟表象，却只问其果不究其因，他们只看到了浮于文明表面的形式，却不着眼于更深处的历史根基，而形式正是产生于这些历史根基，没有根基作为前提，形式也不复存在。就这样，局限于灾难性的肤浅境地，罗马尼亚的年轻人头脑一热，陆续返回祖国，决心效仿和复制西方文化的表象，他们相信能以最快的方式拥有文学、科学和艺术建制，首先是要在一个现代国家中实现自由……他们的动机无非出于成为图拉真后裔的虚荣，罔顾事实且不惜一切代价向异族人民证明在文明层面与之平起平坐的虚荣。这样方能解释我们公共生活所沾染的陋习，即接纳徒有其表的形式，缺乏一切坚实的根基。在这方面危险的不仅仅是自身缺乏根基，更是在公共范围内缺少对这种根基的一切需求，当人们以空洞的形式进行复制或是翻译国外成品时，自满地认为已经做出了成绩。……罗马尼亚知识分子毫不费力地踏上康庄大道，他们表面自负而内心虚假，所有现代文明的形式皆是效仿和伪造的。一个政党需要机关，而热爱科学的公众需要阅读，我们却在拥有这两者前就创办了政治报刊和文学杂志，伪造并蔑视了新闻工作。我们在没有乡村教师的情况下在乡间建立了学校，在没有合格教授的情况下开办了中学和大学，伪造了公共教育。在校际文化兴起前，我们就兴建了文艺场所和文化协会，贬低了文学社团精神。在对原创科学活动毫无涉足的情况下，我们就成立了包含语文学、历史考古和自然科学的罗马尼亚科学协会，伪造了学院理念。在优秀艺术家的缺席下，我们就成立了音乐学院；在没有一个有价值的画家出现以前，我们就成立了美术学校；连一出成功的戏剧都不曾面世，我们就修建了国家剧院，藐视和伪造了所有这些文化形式……但实际上，所有这些都代表僵化的产物、毫无根基的狂妄自负、没有肉体的鬼魂、脱离真实的幻象，因此罗马尼亚上层社会的文化空洞且毫无价值，而我们与下层民众之间的鸿沟却在日益加深。罗马尼亚农民是我们唯一真实的阶层，他们在现实中饱受苦难，面对他们地位之上阶层的古怪幻象只能望洋兴叹。他们每日挥汗如雨创造的物质财富被拿来支撑我们称之为罗马尼亚文化的海市蜃楼，被迫用微薄的收入来为我们的画家、音乐家、布加勒斯特科学院的院士和雅典娜宫的艺术家们支付薪酬，为名目繁多的文学奖、科学奖支付账单；哪怕出于一丝的感激之情，我们也没能创作出一件作品来振奋他们的精神，让他们稍稍忘却终日的疾苦……无内容的形式不仅一无是处，还会带来直接伤害，摧毁强有力的文化手段。因此我们说：与其开办一所糟糕的学校，不如一所学校都不开；在没有美术建制的情况下不如不开办画廊；在某一协会组成人员明确表达其协同精神前，不要设定协会章程、组织架构和荣誉或非荣誉会员；如果无法将科学成熟作为科学院存在的唯一理由，就不要在学院内部细分研究方向，也不要举办严肃会议或入院演讲、发表年鉴。如果不这样做，我们就会生产出一系列生存周期或长或短的无内容的形式。然而当一所科学院被谴责没有科学，一个协会被谴责缺乏协同精神，一间画廊被谴责没有艺术，一所学校被谴责没有良好的教育时，这些形式在公众范围内也会名誉扫地，即便随后生产出了内容，这些内容也会羞于披上曾遭鄙视的形式的外衣。"（载《文学谈话》，1868年12月1日）

上述文章中的内容仍需借助马约雷斯库在1871年2月7日青年社讲座中的一段话来完善，正如米隆·蓬皮柳所说，马约雷斯库在其关于

"形式与内容"的讲座中，"陈述几项理论后，转而开始举证实例。但把即将发生在我们眼前的事实公之于众前，他研究了一个文明民族与另一个处于原始状态下民族间的差异。因此，只有当一个民族摆脱了受个体蛮力制约的狭窄的事务领域，方才配得上民族这一具体称呼。一个勉强度日的民族，除了下意识地做事，毫无任何期盼，代表着一类没有丝毫文化迹象的粗野人群。只有累积了大量物质财富后，文化才开始出现；那时，一部分个体摆脱了靠双手维生的状态，继而用另一种方式，表达内在沸腾的生命力。脑筋开动，智力发展，文明得以开启。在文明社会的摇篮中，形式与内容和谐相伴。内容：对大脑而非四肢产生影响的生命力激荡，形式：展现心灵理想的各种文化标志。马约雷斯库先生将这一原则应用于我们的文化形式，发现罗马尼亚人在这方面犯的最大错误是，他们引入的事物缺乏民族精神的必需品，一味强加不被任何人理解的制度，忽视了人民的特性与习惯，也疏于考虑一个不容置疑的事实，即真正的文化并非一蹴而就，它需要漫长的经历，因内部需求而反复磨合。"（载《文学谈话》，1887年5月1日）

换句话说，引入形式并非一定要伴随内容。当然，并非说形式创造内容，而是内容代表民族的生命精神，在马约雷斯库看来，内容是具有生命活力的，需要通过形式来表达。形式无法引入，而是在民族摆脱物质束缚后相互理解的产物。因此，马约雷斯库批判的不是内容，而是与民族生命精神格格不入的外来形式，罗马尼亚人的东方民族特征跟不上这些外来形式复杂多变的步伐。由此可见，马约雷斯库的批判主义实际上是其生命力学说的文学和政治表达，他试图将文学和政治与民族的生命力量联系起来；只有从生命力学说的视角出发，我们方能理解他在语言学上的反拉丁主义选择和对民间文学的支持。正是因为要为生命力学说正言，马约雷斯库将批判主义作为在文学和政治领域的价值论辨析工具。

　　在这一生命力学说的立场之上，我们还可理解青年社和《文学谈话》重要成员奉行的美学进步与民族忠诚相结合。《文学谈话》在社团与政治党派的夹缝中得以幸存。在第八期杂志的封底印有这样一段"宣言"："《文学谈话》编辑部自认有义务声明，此处并非雅西青年社附属机构。尽管杂志主编和众多合作者都为青年社成员，但他们在此发表的文章与该团体间并无绝对关系。青年社所有出版物均带有出版社标识，而《文学谈话》的期刊目录仅出现作者和编委会署名，不包含青年社出版社标识。"（《文学谈话》，1867年6月15日）蒂图·马约雷斯库在1868年12月写给扬·波普的信中说："您应该知道《文学谈话》不是青年社的附属机构。"内格鲁济对杂志有自己的政治诉求，发表了与青年社成员意见相悖的内容。[1]青年社政治家雅各布·内格鲁济和国家自由党党员A.D. 克塞诺波尔，两位皆是《文学谈话》的合作撰稿人，他们在议会中针锋相对，却都对杂志的自主精神予以肯定。"A.D.克塞诺波尔：转而成为青年社一员，我任重道远，因为我也是青年社的成员了，哪怕只是文学派社员，上帝保佑我成为青年社政治家。（掌声）。我与雅各布·内格鲁济先生的杂志有过合作，且至今仍参与撰写，皆因该杂志的文学价值如此之大，以至于内格鲁济先生的政治分量显得微不足道。

　　雅各布·内格鲁济：尽管如此，直至昨日您仍旧与我们一同投票了。"（1887年3月11日会议）

　　1909年，借罗马尼亚科学院举办追忆B.P. 哈斯代乌活动之机，另一位《文学谈话》的重要人物、国家自由党党员尼库·加内，也提到一种激励精神，它以杂志为媒介，将政治见解不同的撰稿人汇聚一

[1]　I.P. 弗洛兰廷：《德切巴尔》（历史小说），雅西，萨拉加兄弟出版社。

堂："因此，想起青年社与哈斯代乌之间关于文学生活的插曲，我便十分高兴，因为它涉及一段美好而久远的时光。彼时，包括本人在内的青年社所有成员都正值生命的春天，怀着一颗赤子之心效力于《文学谈话》……在近半个世纪的时间里，一群热爱文学的年轻人相聚雅西，通常在周六轮番拜访马约雷斯库先生、雅各布·内格鲁济先生以及波戈尔先生，但他们仅探讨文学和科学的话题。起初，是个人友谊和对美学事业的热爱将这群年轻人维系在一起。这个群体的数量迅速攀升，以至于这些年轻人感到有必要创立一家出版机构，并成立一个名为青年社的正规文学社团。社团成立后的30多年中，没有章程，不设主席、副主席和秘书职位，或者说唯一一条不成文的章程是：愿者加入，能者留下。而在1867年创刊《文学谈话》杂志时，没人想到该杂志会成为国内报刊界的领头羊。在一片欢腾中，杂志被冠以《文学谈话》这一谦逊之名。上帝啊，青年社曾经每周一次的晚间聚会仿佛近在咫尺，那里充满着最为纯粹的合作精神，政治被完全排除在外，批判自由且不失偏颇，我们置身宁静、不被生活的琐事侵扰。那些连同我们洋溢的青春一同消逝久远的岁月，我们一刻也不曾将之忘怀，因为它们曾经、乃至现在仍旧深刻地影响我们每个人的行为。在交流中，我们被彼此的工作热忱感染，笃行于尚待开垦的民族文学领域。那是一种前所未有的工作激情。在那段真正的文学复苏期，天资之人得以显露且尽其才。《文学谈话》的作者在42年间所耕耘出的硕果是毋庸置疑的，他们中的在世者当之无愧地接连走入罗马尼亚科学院的殿堂，而诸如埃米内斯库、克雷安格、孔塔等离世者也必然配得起这份荣誉。"因此，抛开青年社的政治筹码不谈，《文学谈话》杂志曾是罗马尼亚文学中民族路线的一种表现。这项意义是创刊者在初始赋予的，也在40年后得以重拾。

　　以下内容在地方议会、国家议会或是各类学术及公共庆祝活动的演说中均有涉及。作为民主政治和国家现代化进程中的智识核心，《文学谈话》撰稿人致力于电力照明、供水、雅西城市河流疏浚和沥青铺设，以及桥梁和铁路修建。他们在启动、商讨和执行这些现代化工程时，均以国家利益为重。从列昂·内格鲁济、尼库·加内，到瓦西里·亚历山德里，《文学谈话》的撰稿人都将爱国主义与文化智识相结合，关于爱迪生电灯与电弧灯的优劣[1]、沥青的质量与种类、生活用水的最佳供应方式[2]、屠宰场的设置、卡卡纳河的疏浚[3]、铁路最为坚固的铺设方法，他们查阅文献、上下求索。作为市长或议员，他们与奥地利、法国及英国公司协商解决基础设施问题。值得一提的是，在一个以"斯特劳斯贝格交易"丑闻为标志的时代，尼库·加内及列昂·内格鲁济等人成功将严谨的企业引入雅西。以1907—1911

----

[1]　参见雅西市长列昂·内格鲁济向公社委员会提交的报告，收录于《信使报汇编》（第9卷），第109页，1883年9月30日首载。

[2]　列昂·内格鲁济惊呼道："一百万升水对于雅西市人口来说意味着什么？若非天赐甘露，道路喷洒和清洁、运河清理、消防等公共服务的水从哪里来？尽管我们的工业微不足道，但促其发展的水又在何处？哪里有足够的水供居民使用？哪怕成水井占多数，但若不是有大量水井的存在，这座城市的人口就不得不背井离乡，因为水是人类和其他生物的生命必需品之一，尽管它不是必需品当中最为重要的那个；况且不是每一种水都天然具备这种功能，因为劣质水和被污染的水远不能维持人类生存，这类水是人类的敌人。它发出恶臭，引发疾病，成为时疫的传播者。"［《信使报汇编》（第9卷），第115页，1883年10月14日首载］

[3]　"先生们，这是一项雅西市民甚是期盼并呼吁的市政工程。这条河流的名字甚至令我们羞于启齿，它流经整座城市，绵延超过3公里，众所周知，它是一切污秽的聚集地，是所有传染性疾病的永久发源地。因此，出于卫生及城市美观的考虑，迫切需要进行疏浚。……敬请诸位届时莅临运河落成典礼，送故迎新。以肮脏和传播时疫而闻名全国的河流，将消失在这条壮丽的运河之下，借助斗车我们便可以轻松通行，而在运河上将架起一座宽阔大道，河两岸是人行道、树林和新砌的房屋。"［雅西市长尼库·加内在卡卡纳河疏浚工程开工仪式上的讲话，收录于《摩尔多瓦回声报汇编》（第7卷），第135页，1898年6月16日首载］

年间蒂米谢什蒂饮用水输送工程为例，尼库·加内于1897年雇佣英国著名工程师威廉·赫尔莱因·林德利研究雅西地下水层，解决该城市供水问题。时至今日，这一供水系统仍旧保持良好运转。雅西的城内路面沥青铺设成果同样令人瞩目，当雅西人移居布加勒斯特后会注意到两地的差异，雅西的宁静得益于铺设优质的沥青（"压缩沥青"①）路面，减缓了马车的噪音，而首都的轰隆噪音则是因马车车轮碾轧、马蹄敲打花岗岩路面造成的："1896年，我在布加勒斯特工作。起初，城市的混乱与喧嚣让我无法平静，尤其当我在维多利亚大街漫步时；马车在雅西柔软的路面仅发出些许嘈杂，这让我习惯了在宁静中步行。而现在，马车压过布加勒斯特花岗岩路面发出可怕的隆隆声，让我这个可怜的异乡人的神经如临大敌，更不用说城市熙熙攘攘的人群让我几度窒息。"②彼时，相较于国内其他大型城市，雅西市客运马车的维护费用是最低的。③

瓦西里·亚历山德里参与雇佣英国工程师及商人乔治·巴登·克劳利（1833—1879）修建罗马尼亚布加勒斯特—布拉索夫铁路。克劳利是19世纪铁路建设领域的知名人物，曾助力安达路西亚、墨西哥和格鲁吉亚第比利斯—波季铁路的修建。④毕业于哈罗公学的克劳利

---

① 参见列昂·内格鲁济于1886年2月17日在参议院的发言。

② 伊万·斯莫林斯基：《随笔与游记》，雅西，H. 戈尔德出版社，1914年，第46页。

③ 11月11日，伊万·亚诺夫在的雅西公社委员会上说："布加勒斯特和布勒伊拉的客运马车夫每年都要对自己的马车进行一次大修，因为路面是如此糟糕"，而雅西的"路面铺设了沥青，马车的寿命更长"，"因此，车夫们的开支就更低"。[《雅西信使报汇编》（第10卷），第125页，1877年11月18日首载]

④ 参见大卫·M. 普莱彻：《墨西哥铁路建设》，收录于《拉丁美洲历史评论》（第30卷第1部分）（1950年2月），第26—62页；多明哥·库埃拉：《西班牙铁路业务的英方参与（1828—1950）》，收录于《历史背景下的铁路：施工、成本和结果》（第2卷），第291—322页，2012年。

曾是一名杰出的板球运动员，开创了板球运动的一个传奇时代。[1]在他所作的《铁路报告》以及随后的发言中，亚历山德里指出，克劳利的规划优于他来自法国的主力竞争者。英格兰银行支持克劳利参与罗马尼亚铁路建设，与英国试图打破法国在铁路建设方面在欧洲大陆的垄断不无关联。克劳利的规划构思巧妙，尽管造价不菲，然而亚历山德里对此高度评价，不仅仅因为规划技术精锐，还在于这是把英国资本引入罗马尼亚的战略机遇，避免罗马尼亚被法国或奥匈帝国的垄断主宰。在亚历山德里看来，与克劳利及其背后的英国势力合作不仅可以保证铁路质量，还能为罗马尼亚带来战略优势。正如这位来自米尔切什蒂的吟游诗人在1869年6月22日下议院会议上所强调的："先生们，如果你们同意多数人的意见，将这家企业交给英国公司，那对国家来说是一件好事，因为由此便可引入英国的工业和资本。我们在商业上处于从属国地位，不应只投入单一强国的怀抱，而是要尽可能寻求所有大国的商业和金融支持。毕竟，在国家这座天平上，如果一边是奥地利金币，那么另一边则是能与之抗衡的英镑。我认为这是最好的政策，因为将罗马尼亚政治利益与英国金融利益捆绑在一起是件好事。先生们，我没有任何个人偏好，希望你们和我一样。我希望同时拥有最佳、最坚固、最具艺术性、兼具世界一流条件的国际型铁路。有些公司提议，以4800万的造价修建这样的铁路，尔后又将价格降

---

[1]　克劳利"规划并完成修建了两条位于比利时的铁路、两条位于西班牙的铁路、一条维拉克鲁斯至墨西哥的铁路，以及第比利斯至波季一条近300英里的铁路；他最后一个项目是修建一条从罗马尼亚普洛耶什蒂到匈牙利克朗斯塔特的铁路，但该工程由于1878年的战争中断了；1879年11月23日，克劳利在墨西哥普罗格雷索海岸附近的一艘轮船上意外身亡"。[弗雷德里克·博厄斯：《近代英语传记》（第4卷第1章），第783页]关于克劳利作为板球运动员的成就，参见科顿·明钦：《昔日哈罗公学》，伦敦，梅休因出版社，1898年，第153—155页。

至4600万，最后是4100万，这样的公司令我心有不安。这种犹太人式的讨价还价无法激发我的信任。我更相信这样的公司：开出一个价格，并将这笔数额保持到最后。同时，我喜欢和英国人打交道，因为他们务实，且在铁路工业学识上比其他任何一个民族都更加前沿；他们包揽重任且恪守承诺。他们尽职尽责、不留隐患。看到英国人修建的大桥，见过从布加勒斯特到久尔久的铁路，你们就会相信同严谨的英国公司打交道的确有利。英国人不会像其他国家的人那样，在插手我们的事务后，继续扔给我们一连串至今都无法摆脱的后患。（掌声）"

然而，在《对我们当前状态的研究》第五章"我们的经济状态"中，《文学谈话》撰稿人、国家自由党党员克塞诺波尔指出，发展铁路网络并非为国民经济服务，对于一个出口低廉原材料并进口昂贵工业产品的农业国家来讲，修建铁路利进口而非出口，助推了国家的贸易逆差："最近我们修建了一条铁路；但让我们看看修建它的代价和目的。铁路造价高昂，我们支付的年金高达2500万，而从中获得的收益仅为300万。为此，我们中的某个人要从雅西前往布加勒斯特时，每个罗马尼亚公民都需要从自己的口袋中贡献点什么。铁路并非如我们所愿般为国家带来收益，相反却造成损害，就连贸易也没能增长，后期带来的影响会大大阻碍我们通过铁路出口粮食。"

"我们为国家配备一个既不符合我们需求、也与我们能力不相匹配的机制；我们为那些想要更加便捷前往巴黎的人们做了一件十分有利的事，但对于从不会靠铁路出行的农民来说，这种交通工具则是持久性贫困的根源，我们有什么权利迫使70万人去为5万人的便利出行支付账单。"

"这条铁路是否有助于我们出口粮食呢？完全没有。因为全程使用铁路运输粮食费用过于高昂。如果我们将这条铁路修建至黑海，并且那里有承载货物的港口，那么粮食出口将会是便利的。由于多瑙河仅在夏季通航，那么假设以遍布全国的公路系统为支持，我们国家的所有产品都能通过这条铁路获得简单而安全的流通路径。而我们修建的这些铁路只单纯为进口服务，使他国获利。罗马尼亚人民挥汗如雨的辛苦付出，换来的是价格优惠的进口商品，还有遥遥无期的民族工业梦想。"

［收录于《文学谈话汇编》（第9卷第2章），1877年5月1日首载］

同克塞诺波尔一样，亚历山德里也从国家尊严的视角看待与西方列强的关系。他深谙与西方文明接触在罗马尼亚发展中的作用。他狂热的民族主义并非建立在盲目的沙文主义之上，因此显得更加合理：这位诗人秉持务实的立场，承认他国在同罗马尼亚的关系中有利可图。[①]然而，1879年10月10日，在罗马尼亚参议院围绕列强在柏林会议所给条件讨论宪法修订时，亚历山德里表示不赞同罗马尼亚以穷亲戚的身份被西方大小列强蔑视监护："我们和土耳其曾有过几百年的恩恩怨怨……我们将这段恩怨了结在普列夫纳的城墙之下，打破了这段附庸关系，与其保持友谊的联结。我们摆脱了一个宗主国，令其不敢对我们下达命令，尊重我们自治。然而命运无常！如今我们又面临另外五个宗主国，他们错误地制定我们的法律和刑罚。我们得到了什么回报？如果我们被迫打着敬重的旗号，以恭顺屈从、奴颜婢膝的姿态开启独立，那独立对我们有什么用呢？参议员先生们！……面对如此异常的情况，我们该做

---

① 1869年5月31日，亚历山德里在下议院会议的发言中谈到铁路建设："先生们，最后请允许我对呼声渐强的排外现象提出小小的批评。总有声音说，外国人来我们国家是为了发财。先生们，难道要他们来我们国家成为穷光蛋？难不成要他们仅仅是为了我们的利益才带来知识和资本？他们连一丁点的利益都不能有所图吗？外国人出知识、出钱、出力，我们只用坐享其成！先生们，正义感不该允许排外的呼声。我们到异国他乡寻找文明之光；在那里，我们当中大多数人获得了民族精英必备的学识。如果我们希望外国人也能尊重我们，那么尊重那些对我国有益的外国人是公平、可敬、守信的行为。"

些什么？我们该秉持什么样的态度？我们要意识到肩负的神圣职责，坚定、勇敢、礼貌地与柏林会议的列强对话：……只要你们直截了当地承认罗马尼亚的独立，我们就承诺更改一些宪法条款。否则……我们深表遗憾，作为参议员，我们有义务捍卫宪法，而非将它付之一炬；维护国家尊严是我们的职责，出于良知我们不得不将宪法修订推迟到一个恰当的时间……另有声音会说，第44项内容不包含任何侮辱罗马尼亚民族的意图，只是一个加入欧洲大家庭的简单条件，就像任何想成为俱乐部会员的人都要遵守条件一样。奇怪的欢迎！我倒要问问接待方，是否需要先行自刎，或至少是低三下四地自降身价，才能被会议接纳？"

"又有声音会说：我们需要做出某种牺牲才能融入欧洲大家庭。我会以问代答，询问他是否察觉到，在一些家族中总存在那么一个穷亲戚，这个穷亲戚看起来更像且实际上也是一个仆人，他可以呆在客厅里，却不能和客厅的主人保持亲属关系；用餐时他坐在餐桌的尽头，如果用餐人员过多或有重要食客出现时，这个穷亲戚就会被叫去和佣人共进午餐。我不允许罗马尼亚以这种穷困潦倒、低三下四的亲戚身份走进欧洲家族，相信诸位和我的思想一致：罗马尼亚在战场上为自己重新赢得了贵族头衔，有权利昂首而非低头进入世界。……当我们在自身民族之爱和自主立法权上备受打击，在他国压力下压抑苦闷时，如果能让自己积极主动，拥有自主意识，面对犹太人时我们会更加慷慨大度。"

1866年罗马尼亚宪法第七条涉及罗马尼亚公民身份获取[1]，为了更好地理解申请修订该条款所带来的问题，我们还须看看加内的表现。他心系雅西市民，在公社委员会辩论有关公社牧场使用权问题。18世纪，规范该使用权的文件并没有预测19世纪中叶雅西乃至整个摩尔多

---

[1] 条款内容如下："罗马尼亚公民身份的获得、保留和撤销严格按照民法规则执行。只有信仰基督教的外国人可被接受入籍。"

瓦公国人口突增，这种增长导致雅西的罗马尼亚族人口地位下降为少数族裔，正如伊万·亚诺夫在1877年所说，"三分之二的雅西市人口是外国人。"［《雅西信使报汇编》（第10卷），第37页，1877年4月8日首载］由此，加内如此论证："加内先生在回答克里斯托杜洛·切尔克兹先生时说道，正是出于这个目的，1875年公社委员会制定这项仍待完善的法规时，将土地一分为二：一半用于租赁，另一半留做牧场。由此得出的结论是，所有人均有权使用：拥有牲畜的人可以放牧；没有牲畜的人，由于另一边收取的租金用以完善公社，他们作为雅西市民，可以被免除一定的赋税。从1779年至今，情况发生很大变化；就在几年前，市民还需要为每头牲畜支付20法郎，现如今每个市民有3头牲畜的免费配额；对于超过这一数目的牲畜，市民也仅被征收很低的费用。然而，是否每个雅西市居民都应无一例外地享受这3头牲畜的免费配额，还是只有罗马尼亚籍居民享有？对此，加内先生回应说，只有罗马尼亚人享有这一权利，原因如下：从作为捐赠基础的契约文本中可见，捐赠人毫无疑问是将土地给予罗马尼亚人，而非外国人。当这片土地归属公社时，所有行会都由当地人组成：裁缝行会、羊皮袄工匠行会、木工行会、砖匠行会、酒馆老板行会，等等，且谁人不知所有行会都是以行会头人为代表，有章可循的组织？行会中老一辈的成员都曾目睹，行会的旗帜在重大节日里位于大公宫殿的前列。现如今，小实业家和手工业阶层已不再局限于本地人，而公社的状况也今非昔比，如果来自1779年的捐赠者有意将土地也赠与外国人，他定会设置明确的条件。然而，彼时雅西只有20个开钱庄的犹太人，他们也没有牲畜，土地捐赠者无法预测到雅西的犹太人口数量会达到罗马尼亚籍人口的两倍……如今，我们的城市分为两大阵营，一边是人数更多也更为富有的外国人，一边是人数寡少也更加贫穷的罗马尼亚人，城市代表们有义务在某种程度上偏袒罗马尼亚人，使他们假以时日也能和外国人一样富有。每个人都是先顾及家人，尔后才会照顾客人。之前的公社只给予罗马尼亚人3头牲畜的免费配额，没有任何人抱怨不公正……加内先生认为，即便以收费来限定居民在草场放牧的牲畜数量，还是会有不少人投机倒把。看到牧场收费低廉，就会一下带来三四百头牲畜，占满整片土地，有损公德。众所周知，每法尔切（译者注：旧时土地面积单位，约合一公顷半）很难容下3头牲畜；因此，最好设定一个限制，避免让大多数人和穷人吃亏。假设放牧的需求超出了牧场的能力，谁可以使用？谁不可以使用呢？需要预见这一可能性，以免到时让公社社长出面仲裁。……亚诺夫先生认为加内先生的担忧并没有充分依据。如果人们各带1000头牲畜来放牧，这对公社是利好的，因为除去3头的免费配额，另外997头牲畜是要收费的。……为了阐明原因，加内先生举例说道：3月15日，有人带着40头牲畜来了，如果社长没有采取任何限制，那么就是3头免费，其他付费。而5分钟后另外一个人带着10头牲畜来了，但是这不是7月份，没地放牧了，社长不许他进。这样，原本拥有草场使用权的人被拒之门外，投机者便会借机发挥。制定一项规章制度时要做到合理分配，以免为投机者创造便利，因此必须设定限制。"［《雅西信使报汇编》（第10卷），第49页，1877年5月11日首载］

在雅西市乃至整个摩尔多瓦公国，对于依靠一头小母牛得以果腹的贫困居民来说，不仅对公社牧场的使用权，就连住宅和土地的使用权都岌岌可危。《文学谈话》撰稿人团结一致采取行动，防止罗马尼亚人失去对国家领土的控制权。为此，在1880年12月1日的下议院会议上，尼库·加内、雅各布·内格鲁济和蒂图·马约雷斯库同其他议员一道提交了一项法案，针对购买农村不动产的非入籍移民处以罚款和监禁：

"1879年第232号通报颁布的宪法修订案第5条决定：'仅限罗马尼亚

人或罗马尼亚入籍者在罗购置农村不动产。'在此我们无须深究是什么原因促使修订委员会通过这项捍卫我国农村不动产的伟大原则。无论其政治背景如何，每一个罗马尼亚人都懂得，不存在领土掌握在外国人手中的罗马尼亚公国。那么一旦这项原则得以确立，我们就要尽一切可能保障施行，以免让其沦为一项载入法律的虚幻措施，日日遭到违背；我们今天就要设置真实而非虚幻的壁垒，针对我们在修订案第5条中禁止的现象。先生们，一段时间以来，一部分新入籍的外国人替那些没有入籍的外国人大规模购置农村不动产，毫无顾忌地使用他人姓名规避法律，进行交易，皆因我们的刑法典中没有一项针对这种案件立案追诉的条款。为了填补这一空白，不让宪法修订案第5条款成为一纸空文，我们将附加法案呈交下议院，还请加急审议。任何拖延都将损害国家利益；如果我们由往至今的政治纷争都以保护和捍卫民族性为首要目的，却在未来慢慢将与公民权利密不可分的领土拱手让人，那么这些纷争终究还是徒劳。"加内在1881年12月19日重申："农村资产日益流失，而米尔科夫河那边的大部分城市资产也已落入外国人手中，不要再眼睁睁地看着农村资产在罗马尼亚人的手中丢失，否则我不禁要问：哪里还有国家？再次恳请下议院在休会期结束后立即讨论这项议案。"1880年3月18日，加内、孔塔、雅各布·内格鲁济等人提交了一份关于外国人在罗马尼亚的居住生活法案，旨在限制移民。[①]

---

① "外国人在罗马尼亚居住生活法案第1条，未经相关公社委员会批准，任何非罗马尼亚籍人员在未来均不可在罗马尼亚任何一个公社内修建住宅。第2条，该许可仅授予向公社档案局提交过如下文件的外国人：1）最后一次进入罗马尼亚时使用的由原籍国家发放的护照；2）由主管当局开具的可证明已在原籍国家服过兵役的证明；3）由境外最后一个居住地的公社管理局开具的无犯罪证明；4）具有体面职业的书面声明，游商和捎客等中间人职业除外……"该法案由V. 孔塔、V. 西雷泰亚努、T. 邱佩尔切斯库、G. 默尔泽斯库、N. 加内、Gr. 乌尔济克、I.C. 内格鲁济、E. 吉卡、博贝伊克署名。

　　《文学谈话》撰稿人提交的法案中还包括在雅西建立一所商业学院，该法案在1879年11月获得I.C. 内格鲁济、T. 马约雷斯库、P.P. 卡尔普、C. 克里斯托杜洛－切尔凯兹、V. 孔塔、A. 帕帕多普洛－卡利马基等人的支持，同时也迫于民族贸易消亡和知识型失业的压力而亟须落实："在米尔科夫河以北的摩尔多瓦公国领土上没有一所商业学院。想必诸位已有耳闻，这一地区的国民商业正日益消亡，本就为数不多的罗马尼亚商业家很快也将消失不见，因为他们找不到能为他们管理账务、商业信函、盘点，同时又擅长根据当今知识准则核算业务的会计。因此，先生们，亟须在雅西成立一所特殊的商业学院，让从这里走出去的年轻人为民族贸易注入新的活力……在我看来，是时候将更多精力放在实践和理科教育上。在雅西，我们开设了大学、美术学院、音乐学院、军事学院、中学、预科学校；在人文科学教育方面，我们有很好的私立学校，但是理科教育领域，我们只有一所由公社成立但不享受国家补贴的职业学校，和另外一所也不享受国家补贴的私立女子职业学校。"

　　"在我们这里，学校只培养公共服务型人才；因此，这类求职者的数量与日俱增，而国家、县和公社提供的岗位数量却供不应求。这不是学生的错，他们在中学和预科学校无法获得其他领域的知识。"

　　"身无分文的他们来到当局诉说：是你们让我们接受这样的教育，你们有责任让我们以此谋生。因此，知识型无产阶级日益壮大，如何改变这一事态益发成为政治家们面临的问题，我举一个事例来说明。"

　　"在我工作多年的雅西县委员会中出现了一个二等誊抄员岗位缺口，为了避免过多的竞聘者，我决定只接受持中学毕业证书的人员前来应聘。如果我没记错，有27位中学毕业生竞争这个月薪仅为70到80列伊的小职位，他们角逐的内容不是荷马或是霍拉丘的诗文，不是拉丁文写作，而是谁的书法更规范。如此这般继续下去，事态将会变得非常危险。"①

雅各布·内格鲁济的民族主义和局限性爱国主义，伴随着他对世界性人道主义观念的明确反对，在他看来，这种观念是一个骗局，是技术进步的产物："贸易的普遍性加速并简化了不同民族间的交流，缩短了民族间的距离，让思想急速传遍世界的每一寸土地，这使得一些思想家认为，民族间存在差异是种腐朽的思想，而我们这个时代的目标是民族大同。上升至系统高度的一种人道主义哲学引发了世界主义这一思想，该思想的基础是一些表面光鲜的理论。然而，这个时代的事实已经证明，世界主义思想与人性背道而驰。特别是近些年，人类出于本性愤而反对民族大同趋势，竭力维护民族性原则，不仅设法保护民族性原则，排除异己，更试图确立更加完善的民族性原则以根据相同的民族性将人群按人类学模型划分。"［《文学谈话汇编》（第8卷第1章），1874年4月1日首载］

因此，《文学谈话》撰稿人无论是青年社成员、保守党党员，抑或是国家自由党党员（克塞诺波尔、孔塔），他们的自由保守主义都具有一定的历史渊源，基于罗马尼亚传统中对家庭②、教堂、习俗（甚

---

① 参见雅各布·内格鲁济在1882年3月4日、1882年12月21日以及1883年11月22日的发言。

② "在所有领域中，婚姻是最高尚也最重要的制度。它要求个体放弃原先的喧闹喜乐，为了家庭全新赋予的责任而牺牲一切个人利益。仅仅出于物质利益或其他利己考虑所履行的婚姻是徒劳的形式，没有丝毫道德基础，由此产生了众多腐害社会的灾难和后代。家庭意识、理想的爱以及个人尊严是一段婚姻中不可或缺的条件。波戈尔先生在最后强调，离婚是不道德且有害的，应当予以废除。"［《文学谈话汇编》（第5卷第5章），1871年5月1日首载］

至是遗产^①）认同的伟大价值观。例如，亚历山德里在1869年6月19日的议会发言中要求尊重祖辈捐赠修道院和捐助穷人的习俗，尽管功利实证主义和经济自由主义的浪潮威胁着罗马尼亚的旧规则："先生们，我在职业生涯的初期曾被任命负责慈善之家，结果我看到，救济金不仅发放给很多贫困家庭，连不少有钱人也可以领到这笔钱；然而慈善基金的援助对象仅限于非常贫困的人群。慈善基金会是一个行善的机构，渊源可追溯至我们公国最早的几位大公；彼时救济金机构还是一个时髦的组织。我们的祖辈有捐助穷人的基督教优良习俗，我认为，这一习俗和情感一直留存在后代心中。因此，先生们，我们应尊重先辈们的这个旧习俗，尊重他们的捐赠，并遵循赠与不求回报的罗马尼亚式原则。先生们，这些可怜的修女，我也认识她们当中的几位，在修道院财产国有化以前，多少享有一些与修道院相关的收入。国有化以后，修道院财产收归国家，这些修女被迫领取极少的救济金，如果现在将这笔钱砍掉，她们不仅会陷入极度贫困，甚至会面临饿死的风险。先生们，我们的祖辈曾给予这些可怜修女的捐赠数目没有大到值得在下议院中进行如此隆重讨论的地步，也不值得我们浪费时间，为此我恳请诸位，出于人道主义

---

① "I. 内格鲁济：先生们，在下想向尊敬的内务部长通报一件事。

众所周知，我们民族光辉时代的宏伟遗迹之一是所谓的内亚姆茨都城，一座邻近内亚姆茨市的小型城堡。长久以来，这座遗迹一直处于完全荒废的状态；城堡的石头被搬来铺设城市的路面。更过分的是：任何需要石头的人都跑去那里，加速了这座遗迹彻底的消亡。今天，我收到了来自县里的诸多投诉，在那个地区的公文中也看到了对这种不当行为的控诉。在我看来，先生们，为了我们的利益，我们确实在很多方面都打破了自身的传统。在我看来，维护这些来自光辉过往的遗迹也是对我们有利的！

另一处紧邻布科维纳苏恰瓦市的辉煌遗迹如今已荡然无存。处于异族统治下的罗马尼亚行政省中发生的这一悲剧决不能在我们的公国重演。我恳请内务部长先生，在采取其他措施之前，至少向地方政府下令将这些遗迹保护起来以不致其完全损毁。与往昔挥别已久的我们应当立刻行动起来，不要让他人说我们是一个不念过往、不期未来的民族（1871年6月16日会议）。"另参见内格鲁济在1887年3月21日提议在雅西大学成立斯拉夫语系的发言，该提议未得到通过。

情感和对祖辈的尊敬之情，保持发放这笔救济金，同时诸位不必担心她们能从这五到十肘长的粗呢面料中变得多么富有，以至于都不值得领取这笔救济金了。我赞同科格尔尼恰努先生的意见，让这些穷苦的修女享受我们祖辈给予的救济，以免被人说成是我们祖辈的后代夺走了她们的口粮。"

青年社讲座中人类学主题内容也阐释了此类保守主义。因此，当谈到"火"时，克塞诺波尔并未广泛分析火的经济作用、火对提升经济生产力的贡献，而是坚持阐释火对意识、文化和社会的形成作用："最初使用火不是为了取暖，而是为了驱赶隐藏重重危险的黑暗。对于原始时代的人类来讲，没有什么比大自然中的夜晚生活更可怕的了，在黑夜面前，人类是如此渺小。没有夜行动物视力的敏锐穿透性，随着光的消逝，人类就变成了盲人，对发生在眼前的事情无从而知；黑暗让人类的思维不再敏捷，而周围沙沙隆隆的声响让人类陷入无限的恐惧中。对于原始人类，夜晚无疑是个极大的折磨，某种能提供一小束光亮的元素都会使人类心生感激……当夜幕降临，山中的牧羊人便围绕在篝火旁，在光明的庇护下促膝长谈。白天，人们在山中和平原上踽踽而行。夜晚，他们成群结队。由此，人类社会便诞生在篝火旁，起初形成小家庭，尔后是大一点的村社，最后产生了国家。因此，炉火便被视为家庭。火是永恒存在的，就像天上的太阳、月亮和星星，周而复始地照亮和温暖着大地，又像是有求必应的天神。它生生不息，芳华永驻。它送走了前人，又继续照亮和温暖着后人，因为人类的死亡无时无刻、无处不在。往事在火焰的光明中世代口耳相传。火焰和烟雾的形状与脑海中的思想相交，产生奇妙的灵感。由此，在火的周围诞生了故事，从故事衍生出神话、传统和历史，在思想上将人类世代相连。这就是为什么在今天，故事一词最为古老的说法是'在火炉口'；夜晚时分，火苗在炉膛中跳动，孩子们围在老人身边听他讲'过去的故事'。故事依火而生，只要还有故事，它一定会在火畔。"［《文学谈话汇编》（第7卷第1章），1873年4月1日首载］

在克塞诺波尔关于房屋的讲座中也出现了人类学内容。雅西近十年的不动产投机交易导致众多故居性质的房屋（拉莱特、科斯塔凯等人的故居）消失不见，克塞诺波尔认为，房屋不应被视为不动产投机的对象，而应仅作为创作意识的矩阵："建筑学为私人住宅带来巨大改变，首先将光引入室内，再通过房屋结构来阻挡寒冷和炎热，让室内温度守恒，最后通过线条的和谐来扩充空间、美化居室环境，让身在其中的人品味愉悦。房屋，从原始时期人类糟糕至极的居住空间演变成了居住和休息的场所。人类的思想在室内比在户外要更加自由。房屋不再阻挡光线，不再扼住人类的呼吸，也不再因为墙壁边缘狭窄空间带来的压力裹挟人类的精神。房屋是喜人的、通风的、宜人的，在优势方面丝毫不逊色于空旷的大自然，也把大自然中的不利因素为我们隔绝在外。当房屋变成居住场所后，它便立即成了生活的中心：这里发生着最重要的事情。具有家庭伦理含义的私生活逐渐产生；女人开始变得重要，掌管着自己可以当家作主的小小帝国，只有那时她才成了真正的母亲和妻子，受到尊重和爱护，因为身为游牧民族中的奴隶，又或是身处男人主导的当局和叛乱中，女性无法掌控自己的精神与内心。"

"人类和这个有限空间的联结越发紧密，在那里度过了一生中最重要的部分。家赋予了人类灵魂一种全新的情感。人类喜爱小时候的成长环境，那里包含过去最美好的回忆。厌倦了外面的生活，人便回到家中；不仅在那里找寻安宁，平息生活中的不快，也躲避自然界中的狂风暴雨。家是最可爱的地方。家是人类及其心爱之人的避风港；那里蕴藏着一生的宝藏。因此，家是神圣不可侵犯的，对家的羞辱比对其个人的辱骂要更令人难过。"

"随后，家丰富了人类的思想，在家中可以安静地、不断地思考。缺少了这个与世隔绝的有限空间，便不会产生许多人类为之骄傲的伟大事物。美丽的诗歌创作于空旷的平原上和自由的天空下，但更具诗意的作品，以及伟大的科学发明、哲学体系、博学作品都是在家中完成，在书桌旁，在人类思绪得以集中而不被干扰的情况下产生的。"家是自我意识和他人思想的矩阵，同样，国家是一个民族得以不受干扰进行思考的地方："房屋是个人的家园，而国家是人民的家园。"［《文学谈话汇编》（第7卷第3章），1873年6月1日首载］

从这种结构化的思维中可以看到事物之间，以及具体计划和象征性计划之间的联系，可以理解彼此如何相互促进，这种思维为《文学谈话》撰稿人推动的现代化进程插上了翅膀，使之在推进过程中也成为一项肯定民族尊严的计划。"《文学谈话》不同派别"一致捍卫民族思想的方式比当今处于文明前沿国家的大多数民族的政治话语都更具启发性。我们不能要求19世纪《文学谈话》的老一辈撰稿人丝毫不偏离21世纪美国、欧洲和亚洲的重要领导人并不认同的政治上正确的规则和伪善。阅读这本书时，我们要谨行慎思，让自己置身于充满维多利亚时代特征的民族主义和以蒸汽为标志的现代性平和世界中，当然，这个世界不能脱离自然界的标志性物质而存在，必须在此基础上塑造成型。《文学谈话》撰稿人用"四八"革命精神实现的现代性罗马尼亚脱颖而出，皆因那一时代的杰出人士勇于制定腾飞计划，并坚持用有尊严且优雅的方式实施这些计划。

正如某次青年社讲座中的提示一样："课程十分受欢迎；大学礼堂里挤满了男男女女。然而我们注意到，由于听众没能在预定时间前到场，这对演讲者多有打扰。在讲座的中间，不断听到大门开合的咯吱声、椅子挪动的嗡嗡声、裙子发出的簌簌声，这一众声音终于让演讲者无法集中精力。下一次演讲开始的时间为下午1点钟，鉴于此，我们希望尊敬的听众能提前到场。"［《雅西信使报汇编》（第6卷），第15页，1873年2月7日首载］

D.C. 奥勒内斯库 – 阿斯卡尼奥和美好时代下的民族主义

1896年，《文学谈话》前撰稿人尼科莱亚·彼得拉什库领导成立了《罗马尼亚文学与艺术》杂志，杜伊柳·扎姆菲雷斯库、D.C. 奥勒内斯库–阿斯卡尼奥、尼科莱亚·约尔加、特奥多尔·谢尔伯内斯库等人纷纷在《文学谈话》杂志上发表文章祝贺杂志的问世。其中I.L. 卡拉迦列写道，他毫不怀疑新杂志的成功，特别是"来自上流社会的一些女士们承诺要给予杂志足够的关注"。然而，卡拉迦列也被一些不祥的预感困扰，他想起曾经见过多少杂志起朱楼、楼塌了："迄今为止，我已见过太多文学、科学和艺术领域的新枝在萌芽期就被冻僵。我曾埋葬了多少知识分子的'孩子'？从《文学交易》到《新杂志》，我曾看到有多少本杂志因不明原因而停刊！"

唯一抵抗宇宙熵增定律的杂志，为卡拉迦列解开了有关存亡的奥秘："它们当中唯一一本坚持下来，多么长命！诸位经常听说，在某个贫民窟的尽头总有那么一个将岁月抛诸脑后的老太太，她记得最强烈的地震、最激烈的暴动、最严重的瘟疫、最大的火灾，老太太什么都记得，而死亡似乎再也没有想起她。多少脆弱又美丽的姑娘，又有多少年轻少妇不是由她带去埋葬！这就是《文学谈话》杂志留给我的印象。有多少文学、艺术、纯文学艺术、学术性的杂志，附带插图或无，插图彩色或是黑白，就像年轻女子一般怜悯地望着不时打盹的老奶奶。她们来到过这个世界！如今她们又在哪里？而老奶奶一直健在，尽管她时而也妄想拥有一排新牙。因此，我没有更多良言赠与《圈子》等诸多杂志，唯有祝《文学谈话》健康长寿。"①

从1876年12月起，《文学谈话》的负责人雅各布·内格鲁济也忧郁地提笔谈起在《文学谈话》问世的第一个十年期内，众多出版物停刊。在这些趁青春绽放，只为最终凋零的"落叶"中，内格鲁济窥探到罗马尼亚文学生活缺乏活力的迹象。②不仅前两代罗马尼亚文学经典作家（从埃米内斯库、斯拉维奇、克雷安格、卡拉迦列到杜伊柳·扎姆菲雷斯库、布勒泰斯库－沃伊内什蒂、约尔加、萨多维亚努、考什布克、阿格尔比恰努、雷布雷亚努等等），连同两次大战期间的经典作家，都曾在《文学谈话》杂志崭露头角并长期发表作品。事实上，当我们试图诠释该杂志经久不衰之谜时会发现，在雅各布·内格鲁济及其继任者的引领下，《文学谈话》（通过正字法改革相关思想，通过推动各个罗马尼亚人居住地的方言文学，通过对民俗、神学、历史编撰学展现兴趣）延续罗马尼亚文化传统，并（通过针对罗马尼亚国家和经济有机发展的政治经济思想）持续捍卫民族利益。

在时间的维度上，"四八"革命者与《文学谈话》撰稿人之间并不存在明显界限，诸如切扎尔·博尔利亚克、尼古拉·伯尔切斯库、扬·吉卡、瓦西里·亚历山德里、迪米特里耶·博林蒂内亚努和米哈伊尔·科格尔尼恰努等人物，终其一生直至离世后都在《文学谈话》的作品中被称为1848年"民族运动的领头人"。因此，雅各布·内格鲁济和"四八"革命协作者看重的是参与民族复兴事业，而非对西方激进主义的同声附和。从时代出发，《文学谈话》的民族普世主义在此体现，

---

① I.L. 卡拉迦列：《一本新的文学杂志》，载保守党报纸《时代日报》，1896年11月19日。

② 雅各布·内格鲁济：《落叶》，重编收录于《汇编》（第1卷第2章），第338—342页。

尽管有蒂图·马约雷斯库反对，但像A.D.克塞诺波尔这样从青年社政团转投国家自由党的人，仍旧可以在《文学谈话》发表文章。《文学谈话》不是某个政治集团的文学杂志，而是一种民族普世主义的表达，它沿着历史的阶梯迈向深处，在文化统一为所有罗马尼亚人政治统一前提的基础上进行批判，但同时以爱国的姿态重新发现罗马尼亚的过往。事实上，蒂图·马约雷斯库创立的"新走向"理论不仅代表一个简单的美学方向，它更代表某个更加全面的价值论体系中的一个要素，充分展现那时被口号、意识形态标尺、酒后胡言乱语和自由复古派小说（西米瓮·伯尔布丘和某些极端自由主义者的作品，常常呼吁以"拉丁血统"为模板，证明各种舶来意识形态的合理性）掩盖的罗马尼亚现实。

在那时，有些人曾离开《文学谈话》，创立自己的刊物，或在青年社以外的团体组织开启政治事业。他们发表在杂志上的作品，最好地证明了具备民族根基的《文学谈话》杂志建制稳固持久。来自福克沙尼的作家、外交官、科学院院士D.C.奥勒内斯库–阿斯卡尼奥就是从《文学谈话》离开的人物之一，历史学家霍里亚·杜米特雷斯库曾为其撰写过一部广受欢迎的严谨专著。在1878—1895年同《文学谈话》合作期间，奥勒内斯库–阿斯卡尼奥发表了大量的戏剧作品、中篇小说、原创诗歌和霍拉丘的诗歌翻译。1878—1879年，奥勒内斯库为《罗马尼亚自由报》撰写戏剧评论，在该报文学副刊发表原创诗歌和霍拉丘的诗歌翻译。[1]1880—1890年，奥勒内斯库在自由党日报《民族意志》发表文学短评和戏剧评论。[2]马约雷斯库厌恶奥勒内斯库和国家自由党

---

[1]　霍里亚·杜米特雷斯库：《作家、外交官、科学院院士杜米特鲁·康斯坦丁·奥勒内斯库–阿斯卡尼奥（1849—1908）》，福克沙尼，帕拉斯出版社，2014年，第154页。

[2]　同上，第154—155页。

的合作，认定他是"在品行上一无是处之人"（A.D. 克塞诺波尔也遭受过同等对待）。[1]1892年，奥勒内斯库被选为罗马尼亚科学院通讯院士，次年接替尼科莱亚·彼得拉什库成为院士。1895年，他和尼科莱亚·彼得拉什库共同创立"罗马尼亚文学与艺术友人圈"，该社团汇集了文学、艺术和科学界人物，包括安格尔·德梅特里耶斯库、I.L. 卡拉迦列、G. 约内斯库-吉翁、建筑师伊万·明库、G. 考什布克、尼科莱亚·格里戈雷斯库、格里戈雷·珀乌切斯库、康斯坦丁I. 伊斯特拉蒂博士、格里戈雷·托奇列斯库。尔后，杜伊柳·扎姆菲雷斯库、哈斯代乌、德拉夫兰卡、St.O. 约瑟夫、迪米特里耶·安格尔、加拉·加拉特蒂奥、亚历山德鲁·弗拉胡策、塔凯·约内斯库、奥雷斯特·塔夫里、G.Dem. 特奥多雷斯库、蓬皮柳·埃利亚德也开始为《罗马尼亚文学与艺术》杂志撰写文章，并加入到"罗马尼亚文学与艺术友人圈"的聚会中。根据霍里亚·杜米特雷斯库所述，"罗马尼亚文学与艺术友人圈"的晚间聚会在伊丽莎白女王（卡门·席尔瓦）、佐耶·曼德雷亚夫人（尼科莱亚·伯尔切斯库后裔，其子与杜伊柳·扎姆菲雷斯库的女儿结为夫妻）、埃列娜·卡塔尔久夫人、埃列娜·格勒迪什泰亚努夫人、索菲娅·本杰斯库-达比扎夫人的沙龙里举办了十年的时间。[2]

总而言之，游走于各大沙龙的奥勒内斯库开展了外交（在伊斯坦布尔、维也纳、雅典和巴黎执行外交使命），成功获得女性的青睐。他热爱戏剧，也熟谙罗马尼亚和欧洲抒情戏剧史与戏剧性戏剧史；他翻译经典，广结好友。奥勒内斯库-阿斯卡尼奥的生活里满是和煦明媚、精

---

① 霍里亚·杜米特雷斯库：《作家、外交官、科学院院士杜米特鲁·康斯坦丁·奥勒内斯库-阿斯卡尼奥（1849—1908）》，福克沙尼，帕拉斯出版社，2014年，第167页。
② 同上，第96—97页。

致优雅。基于巴尔布·奥勒内斯库–奥伦迪提供的家族档案[①]，以及历史学家霍里亚·杜米特雷斯库细致的族谱式重建，可以说，作为古老贵族家族的后裔[②]，且父亲与布勒蒂亚努族人有亲缘关系，"神话一样的奥勒内斯库–阿斯卡尼奥"代表了19世纪至20世纪初奠定公国基础的罗马尼亚精英。这是维多利亚时代和美好时代罗马尼亚的优秀典范。有一类传记文学，通篇满是虔诚的失败主义式的陈词滥调，徒劳地在老一辈人和现代人之间进行比较，向我们灌输老一辈人无可挑剔的爱国主义。但霍里亚·杜米特雷斯库的这部作品不同，他的这些发现并没有使话题就此结束，而是由此进一步展开。巴尔布·奥勒内斯库–奥伦迪的祖父与D.C. 奥勒内斯库–阿斯卡尼奥是兄弟关系，话题便从巴尔布先生的陈述展开。巴尔布·奥勒内斯库–奥伦迪写道，奥勒内斯库–阿斯卡尼奥将公职人员的权能与诗人的幻想交织在一起，问题随之而来："他的成就只归功于其个人能力吗？是否是他周边的小环境、整个社会或是人民还有那时罗马尼亚的氛围成就了他呢？或是他眼中的一切事物都是美好纯洁的呢？……他的爱国主义既体现在对文化遗产的保护上，又体现在对罗马尼亚语、对罗马尼亚习俗、对祖国边境和独立、对罗人和土地，即祖产关系的保护上。"[③]

    奥勒内斯库–阿斯卡尼奥本可以随时扮演于斯曼小说中大都会花花

---

① 霍里亚·杜米特雷斯库：《作家、外交官、科学院院士杜米特鲁·康斯坦丁·奥勒内斯库–阿斯卡尼奥（1849—1908）》，福克沙尼，帕拉斯出版社，2014年，第11—43页。

② 巴尔布·奥勒内斯库–奥伦迪在其回忆录《本应如此》（布加勒斯特，人文出版社，2014年）中以批判的视角看待奥勒内斯库家族族谱，参见拉杜波尔托卡勒的文章《巴尔布·奥勒内斯库–奥伦迪：本应如此（但并非如此……）》，载cotidianul.ro网站，2014年7月14日。

③ 巴尔布·奥勒内斯库–奥伦迪：《前言》，收录于《作家、外交官、科学院院士杜米特鲁·康斯坦丁·奥勒内斯库–阿斯卡尼奥（1849—1908）》。

公子或玩世不恭的没落贵族角色[①]，事实上，正是爱国主义让一个像他这样的人物脱颖而出。借霍里亚·杜米特雷斯库的作品附录中的三篇文章用以举例：一篇是奥勒内斯库–阿斯卡尼奥入选罗马尼亚科学院院士时的演讲节选，即对其前任瓦西里·亚历山德里表达赞美之词；一篇是奥勒内斯库–阿斯卡尼奥在1901年5月11日罗马尼亚科学院会议上做的题为《（1900年）巴黎万国博览会上的罗马尼亚》会议报告；一篇是题为《福克沙尼人》的演讲，发表于1902年冬季福克沙尼雅典娜宫开馆时的讲演会。这三篇文章向我们展现了这样的奥勒内斯库–阿斯卡尼奥，他将西方"文明"标志和国家与地方参照点从容地交织融汇。同亚历山德里和罗马尼亚19世纪大多数知识与专业精英一样[②]，奥勒内斯库–阿斯卡尼奥的种种表现并非代表了东方弱势群体对西方进步的不屑一顾，而是罗马尼亚草根朝向欧洲"浩瀚天空"的文化式爆发（采用尼科莱亚·彼得拉什库描写瓦西里·亚历山德里的相同表述）。[③]

奥勒内斯库–阿斯卡尼奥创立了罗马尼亚文学与艺术友人圈，旨在将"民族文学和艺术品位"引入上流阶层，将"礼仪或至少是礼貌"引入艺术家的生活中。[④]戏剧——即那个时代的"电影"，成为文化阶层和大众阶层精神想象的"影像"；在罗马尼亚演出的法国戏剧演员由于

---

① 参见杜伊柳·扎姆菲雷斯库或马泰尤·卡拉迦列的事例。

② 例如，同样为贵族出身的《文学谈话》撰稿人约尔古·沃尔纳夫–利泰亚努，曾在德国求学并承担外交使命；在其位于利泰尼的庄园里，为农村儿童建立了一所学校，他本人也曾在这所学校执教，此外，他还建立了一所美术馆，用来收藏从国外带回的绘画作品。

③ N.彼得拉什库：《瓦西里·亚历山德里》，布加勒斯特，布科维纳印刷局，第92页。

④ 引自霍里亚·杜米特雷斯库：《作家、外交官、科学院院士杜米特鲁·康斯坦丁·奥勒内斯库–阿斯卡尼奥（1849—1908）》，第86页。

离开了巴黎公众而变得缺乏自我监督[①]，"从剧院办公室角落或舞台破烂儿深处纠集成群的"冒牌演员上演着"可怕的滑稽表演"[②]，为了让戏剧演出节目不遭受这些负面影响，瓦西里·亚历山德里为民族戏剧鞠躬尽瘁；因此，奥勒内斯库–阿斯卡尼奥对亚历山德里的戏剧编剧和导演工作表示赞赏也就不足为奇了。奥勒内斯库–阿斯卡尼奥由衷而言，亚历山德里的戏剧《萨达古拉归来的约尔古》让"那些在海外游历归国后指责和蔑视自己国家的贵族男女怒不可遏"。奥勒内斯库–阿斯卡尼奥继续写道："那时的大人物上演着这种不可理喻的狂热，身后也不乏众多效仿者，这种狂热在目光短浅的人群中更是变本加厉，而时至今日，仍旧有许多人将它信奉为极其正确的态度。"[③]对一切有关罗马尼亚的事物表示出奴颜婢膝式的批评和蔑视，这种荒谬的顽念被现代罗马尼亚开国元勋们称为该国殖民身份引发的一种症候群，随着国家独立和文化成熟，罗马尼亚人急于摆脱的一种民族童年疾病。

在关于罗马尼亚参加1900年巴黎万国博览会的会议上，奥勒内斯库–阿斯卡尼奥对如何在西方世界正确彰显罗马尼亚利益表现出同等的关注。1899年，奥勒内斯库–阿斯卡尼奥被任命为巴黎万国博览会罗马尼亚展区总代表，接替国家自由党党员彼得鲁·波尼。这一任命归功于尼科莱亚·弗莱瓦，他在G.Gr. 坎塔库济诺领导的保守党政府（1899年4月至1900年7月）担任农业和产业部部长。而内阁其他成员，诸如塔凯·约内斯库，则对奥勒内斯库担任罗马尼亚展区总代表一职持怀疑态

---

① 奥勒内斯库–阿斯卡尼奥为此对登博维察兴起莎拉·伯恩哈特式的拙劣演技提出批评。（参见霍里亚·杜米特雷斯库：《作家、外交官、科学院院士杜米特鲁·康斯坦丁·奥勒内斯库–阿斯卡尼奥（1849—1908）》，第194页）

② 霍里亚·杜米特雷斯库：《作家、外交官、科学院院士杜米特鲁·康斯坦丁·奥勒内斯库–阿斯卡尼奥（1849—1908）》，第177页。

③ 同上，第179页。

度。①出于对波尼被免职的愤怒，国家自由党成员发起了一场反对奥勒
内斯库的运动，称其不过是弗莱瓦的木偶罢了。他们指责奥勒内斯库用
贵族式的业余性取代了波尼在财务上的专业和严谨，挥霍公共资金：
"被任命为总代表的迪米特留·奥勒内斯库先生，是诗人、外交官、
奥拉丘法语作品的译者，但他并不像波尼先生一样熟谙工业问题。波
尼先生建立的部门经济架构被彻底解散了，原本波尼先生满意的几个
小职员全被解雇了，取而代之的是一个庞大的雇员群体，这些雇员形
形色色，老老少少，一些人拿月薪，另一些人拿日薪、津贴、考勤牌
和交通费。最意想不到的人被安排在这些岗位上，卡普莎人行道上的
小豪绅们，头等废物，他们的吃和行都记在国家账上。空前的以最小
心翼翼的方式隐瞒起掠夺；尽管如此，这些事情还是因他们全力掠夺
走漏了风声，安排在奥勒内斯库先生身边的这些公子少爷们，直到去
年他们还靠借钱不还来维持生活……波尼先生参与工作且业务熟练，
每日享受50列伊的国内津贴或100列伊的境外津贴。奥勒内斯库先生
不参与工作，且业务能力不及波尼先生的一半，却每天拿着75列伊的
国内津贴或150列伊的境外津贴。这一切就发生在弗莱瓦先生和他的
奴才们厚颜无耻地对国家自由党人隐瞒他们向展会部门支付大量薪酬
的时候！"②国家自由党人指责阿斯卡尼奥每年花费国家65700列伊，
而波尼创办的罗马尼亚展会简报也被弗莱瓦交到了他创办的《正义
报》编辑安东·巴卡尔巴沙手中。③

　　面对自由党反对派和保守党内阁几位成员共同发起的激烈投票，

①　N. 彼得拉什库：《D.C. 奥勒内斯库》，布加勒斯特，民族文化出版
社，1926年，第54—56页。
②　匿名：《街道政府资产负债表》，布加勒斯特，国家意志印刷局，
1900年，第96—97页。
③　同上，第99—100页。

奥勒内斯库–阿斯卡尼奥表示服从，随即领导了一场利于罗马尼亚的文化外交运动。为此，他举办了数场会议，向外交使团和法国及其他欧洲知识分子清楚诠释了罗马尼亚人的历史和罗马尼亚的新国身份。那时，奥勒内斯库被问到的不是罗马尼亚首都是否为布达佩斯，而是"去罗马尼亚是否经过布加勒斯特"。[1]面对缺乏有助于罗马尼亚文化宣传的书籍和印刷资料[2]，奥勒内斯库–阿斯卡尼奥提出了直截了当的批评，而罗马尼亚人民认为"债务标准是来自其他人的要求，压根儿不是我们自己的所求"[3]，这样的民怨让阿斯卡尼奥措手不及。另一方面，奥勒内斯库没有为粉饰某些法国知识分子和官僚看待罗马尼亚时抱有的文化进化论和沙文主义方式而辩解。他自豪地指出，罗马尼亚在1867年参加了巴黎万国博览会，展出了许多家用工业产品、食品、小手工制品和修道院或乡下作坊制品（从红酒、李子酒，到刺绣、毡子、木雕、石雕、裘皮等），以及彼得罗阿塞莱宝藏、修道院模型[4]，并对嘲讽罗马尼亚展品"荒蛮原始"的卢浮宫馆长阿尔伯特·肯普芬提出批评。[5]奥勒内斯库指出，罗马尼亚从1867年到1900年经历了一段漫长的道路，建立了一个拥有主权、和平的工业国家，罗马尼亚的产品在1900年博览会上荣获多个奖项，充分证明了民族的"顽强"。在博览会上，P.P. 卡尔普的麦田被认为是全世界小麦蛋白含量最丰富的良田，而科特纳里的红酒被誉为最好的佐餐酒和甜品酒之一。罗马尼亚的工业产品，从金属线到毡子、砖、钉子、搪瓷锌制品、书籍等等，也获得了

[1]　霍里亚·杜米特雷斯库：《作家、外交官、科学院院士杜米特鲁·康斯坦丁·奥勒内斯库–阿斯卡尼奥（1849—1908）》，第177页。
[2]　同上，第222—224页。
[3]　同上，第225页。
[4]　同上，第226页。
[5]　同上，第245页。

赞誉和奖章。①

通过这次参展，奥勒内斯库-阿斯卡尼奥看到了"富有、勤劳以及独立的罗马尼亚"的一次胜利。②但他同时指出，有利于工业殖民列强的博览会组建方式让罗马尼亚处于不利。商品展示规划是按产品类型，而非国家场馆来制定的："这种将我们的产品分散展出的方式可能有一定的好处，但也有它的不足之处。比如，那些参观过奥赛码头皇家展馆的人们，有几个还会继续走一公里多直到汽车展的尽头，看我们的粮食和红酒展呢？又有多少人在穿过森林展馆，厌倦了一直观看树干和木板后，还能在我们广受赞誉的木材前驻足呢？"如果说参观过1851年和1862年伦敦万国博览会③的俄罗斯作家们对他们的经历表示失望，甚至连陀思妥耶夫斯基都在谈论这些工业博览会上的乌合之众，大规模生产力的胜利让众人被工业的巨大规模和永恒表象压得喘不过气来，只好"让步和屈服，在杜松子酒和堕落放荡中寻找救赎，放弃对现有公正秩序的信仰"④，那么奥勒内斯库-阿斯卡尼奥的表述则是从实践出发，从促进罗马尼亚利益的角度出发。亚历山大·伊万诺维奇·科谢列夫记录道，当他穿过整个展会后，就没有心情进入某个展馆去详观展品了，这种经历让人不知所措，最终迷失方向⑤，而奥勒内斯库-阿斯卡

---

① 霍里亚·杜米特雷斯库：《作家、外交官、科学院院士杜米特鲁·康斯坦丁·奥勒内斯库-阿斯卡尼奥（1849—1908）》，第247—250页；N. 彼得拉什库：《D.C. 奥勒内斯库》，第57—58页。

② 霍里亚·杜米特雷斯库：《作家、外交官、科学院院士杜米特鲁·康斯坦丁·奥勒内斯库-阿斯卡尼奥（1849—1908）》，第235页。

③ 俄罗斯部分参与了博览会以击破德古斯汀在其《1839年俄罗斯之行》中传播的东方式陈规老套。

④ 大卫·C. 费舍尔：《1851年的俄罗斯和水晶宫殿》，收录于杰弗里·A. 奥尔巴赫，彼得·H. 霍芬贝格：《1851年万国博览会上的英国，帝国和世界》，奥尔德肖特，阿什盖特出版社，2008年，第123—145页。

⑤ 同上，第140页。

尼奥得出了和他相同的结论。从实践角度出发，如果说俄罗斯参观者因为展品的安排缺乏"理性的"分门别类而感到痛惜，奥勒内斯库则希望展品按照国别摆放，至少在较小的参展国范围内应该这样安排。然而，对参观者精神和视觉上的麻痹效果是相同的，分门别类的标准——按国别或是按领域——都只能突出体量，即物品和人的（按照陀思妥耶夫斯基的说法）乌合之众。奥勒内斯库–阿斯卡尼奥承认，研究了不同国家各个行业的业绩后，按产品类别划分适合专家："从这些角度来看，优势和方法都是无可争议的。但是对于大众来讲，有多少困难和不足之处？！……不为大众提供便利，也不激励他们进行深究，如果还不让大众对周围事物表示漠然，那会使他们感到厌倦。例如当人们进入到一个织物展厅。一开始，表现出兴趣，欣赏并表示赞叹，但是一直走下去，无论转身到了什么地方，看到的是源源不断的织物、衣服、衣服、还是织物，在眼睛没有模糊的时候习惯了这些织物，在不知不觉中穿堂而过，甚至不再好奇。在另一边的汽车、玻璃器皿、珠宝或图书和纸张展厅，走了整整几公里的路程，从一个展馆出来又进入另一个展馆，加快步伐或拖着脚步，看得脖子僵硬，累得腰部折断，最终无非是想逃离重复了几百次的相同事物的幻象，就如同幻影宫殿的镜子无限折射出的灯光和面孔。"据奥勒内斯库–阿斯卡尼奥观察，这种集市般的催眠，麻痹参观者的辨别能力，是对工业殖民列强有利的："由法方委员会制定的这一分类方法对大型工业国家有着不可否认的优势；这些工业强国来参展就是为了展示他们在所有国家中与竞争对手相比的优越性，当他们的产品与其他产品并列放置时，这种优越性越发明显。但对于我们来讲，参展的目的截然不同，如果按照产品独有的质量和制作工艺，有条不紊地将产品按照原定的夺目方式分类放置，这样分散摆放我们的产品对我们不利，如何引起众人注意？没法引起他们的注意，也没法促使他们详细研究我们的产品，公众注定会关注那些重要的、获奖无数的产品，我们什么时候才能与世界生产大国相抗衡！……"①

奥勒内斯库—阿斯卡尼奥意识到，在他写作的那个年代里，"财政或军事价值份额中的最小失衡，也比人类精神或行动上的最高表现更能给人留下愈加深刻的印象"②。正因如此，他要求用于出口的罗马尼亚农产品不要被伦敦、鹿特丹、安特卫普、维也纳和马赛的交易所，以及加拉茨与布勒伊拉的"投机者"的变化无常所裹挟。相反，奥勒内斯库建议，罗马尼亚的大型谷物生产商组成一个卡特尔（译者注：企业联合），为罗马尼亚粮食出口市场制定法规。③此外，他还指出，参加巴黎万国博览会的目的是吸引有助于罗马尼亚经济发展的外国资本。

和经济民族主义其他代表一样，奥勒内斯库—阿斯卡尼奥指出，只有在经济保护主义的条件下，吸引外国资本才对罗马尼亚人有利。为了避免自由市场与外国银行借贷之间发生负面关联④，奥勒内斯库—阿斯卡尼奥提出了贸易保护主义思想，吸引外资用于发展罗马尼亚的生产能力。如果说A.D. 克塞诺波尔谈论的是将国外引入的手工业者"本土化"，那么奥勒内斯库—阿斯卡尼奥谈论的则是资本"国有化"。"危险的不是债务的体量，而是债务来自国外这一事实。如果罗马尼亚向国民举债十五亿，这不过是国家财富体量的表现，同时，哪怕还本付息的利率比今天的标准还要高，也不会压垮国家，因为取之于民用之于民……我们利用外资的条件就不尽相同了，外资被我们土地资源吸引而来，将服务于工业企业。这些外资不仅创造新的生产价值，还会创造出

---

① 霍里亚·杜米特雷斯库：《作家、外交官、科学院院士杜米特鲁·康斯坦丁·奥勒内斯库—阿斯卡尼奥（1849—1908）》，第234—235页。
② 同上，第243页。
③ 同上，第263页。
④ 同上，第257页。

无数经济中心，并让经济中心周边的人群富裕起来。通过这样的应用方式，外资就会成为民族财富的自然元素，而通过使用途径，这些外资会和它们创造出的工业企业相融合。"[1]在罗马尼亚土地上，奥勒内斯库–阿斯卡尼奥希望蓬勃发展的产业包括：纸浆业和造纸业、化工业、玻璃、陶瓷、金属线、石油、羊毛（令奥勒内斯库感到痛惜的是，罗马尼亚人将未加工的羊毛卖给匈牙利人，后者将羊毛清洗梳理后当作匈牙利羊毛出口；现如今，由于罗马尼亚牧羊人找不到收购或加工羊毛的中心，羊毛都被烧掉了）、纺织、鞋类、食品/罐头和油。

说到这里，我们应该叹口气，耸耸肩，逆来顺受或是脾气暴躁地总结道，从前那样的爱国主义人士不复存在了。但我认为更加富有成效的是，尝试理解为什么19世纪的罗马尼亚历史带有爱国主义的烙印。如此多的爱国主义人士从哪里来？除了自由主义和保守主义之外，为什么爱国主义似乎一直是那个时代的公共正统观念，是对立意识形态选择得以调和的土壤？为什么爱国主义不仅仅是一种固定用语，也代表着一个时代的态度，就像今天出现的"欧盟主义"和"全球主义"一样？在爱国主义里，究竟什么才是不可避免的、有机的？当然，我现在只会提出一个假设，而不会尝试给出一个详尽的答案。

通常，19世纪的民族主义"意识形态"和西方引入罗马尼亚公国/罗马尼亚的意识形态，都被赋予了很高的价值。我认为，19世纪的民族主义是一个由经济精英、贵族和知识类精英共同构成的"体态"，这些精英与那个时代不期而遇，他们在罗马尼亚土生土长，在情感和理智上认为罗马尼亚是属于他们的，即字面意义上的世袭：就像从父母那里继承，又作为财产留给子女。19世纪的罗马尼亚爱国主义或民族主义

---

① 霍里亚·杜米特雷斯库：《作家、外交官、科学院院士杜米特鲁·康斯坦丁·奥勒内斯库–阿斯卡尼奥（1849—1908）》，第259页。

是一类精英的自然写照，（即便去巴黎度假或求学）他们知道自己曾经、现在以及未来都在罗马尼亚安居乐业。今天的爱国主义危机反映出一个事实，我们在被一群认为自己曾经、现在以及未来都不会生活在罗马尼亚的精英领导：这群精英或是近期（20世纪40至50年代）移民的后代，或是来自罗马尼亚社会底层，得益于这些年经济社会崛起的经济型人才，他们不认为自己继承了罗马尼亚，也不会将罗马尼亚作为遗产留给后人。底层人的生活方式总是急促、暂时、阶段性的。他们不具备持久的道德，他们的道德是阶段性的。甚至不存在穷人爱国主义，因为穷人就像是田垄上拔苗助长而结出的草莓。掠夺式精英、借用意识形态层面的精英和草莓型精英都是移民类精英，他们像离开发射台的火箭一般离开自己的祖国，进入他们眼中迅速崛起的社会上流阶层。他们不是家族式的继承派精英，而是一群精英强盗。

在这样的情况下，为什么《文学谈话》坚持以有机保守的方式为民族文化传统发声，为什么在至今四分之三个世纪的时间里，民族文化传统一直提供一条"中间地带"，使当今软弱的罗马尼亚伪政治二分法无法再掩盖损失，原因显而易见。与此同时，以留守和永恒作为中心思想与现实的民族世袭型精英，彰显出重生的极大可能性。D.C. 奥勒内斯库–阿斯卡尼奥曾是罗马尼亚民族正统性的一名杰出代表，象征着一种理应得到修复的民族文化DNA类型。

直线：保守党人彼得鲁·Th.米西尔和代议制国家

1. 成为一个完人

青年社成员彼得鲁·Th. 米西尔（1856—1929）注定会成为每一场罗马尼亚民族振兴运动的标志性人物之一。迄今为止，仅获得一小批专家的认可[①]，被尼科莱亚·约尔加称为一个"来自完人时代"的人物[②]，米西尔是一个保守的思想家，对他的重新认识与档案中的伤感主义毫无瓜葛。米西尔不是一个理应从遗忘中被剥离出的作家，而是一个能够将我们拖出遗忘症的思想家。

米西尔的生平令人印象深刻。1856年10月8日出生于罗曼市的一个亚美尼亚裔家庭，米西尔"完成"了中学和雅西法学院的学业。1879年在柏林大学以优异的成绩获得法学博士学位。作为青年社的成员，米西尔与蒂图·马约雷斯库和彼得·P. 卡尔普关系紧密，是I.L. 卡拉迦列的挚友，也是米哈伊·埃米内斯库生命后期的守护者。

他的职业生涯始于雅西的司法长官一职（1880—1884），后在雅西大学教授自然法、国际法和法哲学，在布加勒斯特大学教授国际私

[①] 参见丹·默努克为他而写的文章，收录于《从起源至1900年的罗马尼亚文学字典》，布加勒斯特，罗马尼亚科学院出版社，1979年，第581—582页；扬·布莱伊：《罗马尼亚保守党人与保守主义》，布加勒斯特，百科全书出版社，2000年，第559页；维克托·杜尔内亚：《C. 斯泰雷，新青年社时代的合作者》，刊《文化》杂志第47期，2008年11月27日，第12—13页。

[②] 尼科莱亚·约尔加：《曾经的人》，1936年，第三卷，第291—292页。

法。米西尔曾是"与土耳其贸易协定谈判委员会"成员，并代表罗马尼亚参加了1893年、1894年、1900年和1904年的海牙国际私法会议。出于其在这些会议上的表现，米西尔被选为国际法研究所准成员。1910年曾任参议院副主席。和N. 沃伦蒂以及A.C. 库扎一同创办了青年社周刊《新时代》（1889—1900），该周刊从1891年起成为亲宪法党的出版物，宪法党是一个由青年社保守派成员彼得·P. 卡尔普领导，由蒂图·马约雷斯库、亚历山德鲁·马尔吉洛曼、特奥尔多·罗塞蒂、雅各布·内格鲁济组成的少数派团体（1900年该团体并入保守党）。米西尔曾和《法律与社会学杂志》有过合作，并撰写了17本书籍和手册，其中几本是与C.G. 迪塞斯库或塔凯·约内斯库合著完成。1926年，他当选为罗马尼亚科学院名誉会员。米西尔的第一部个人文集，包括已出版和未出版的文章，与他的鸿篇巨制《文学与政治作品集》（雅西，文学谈话出版社，2010年）几乎同时问世。其中，文学史学家利维乌·帕普克以其一贯的严谨态度和老派的优雅风格为该书作序，上述生平资料也从这篇导论中总结而出。

　　同任何一个真正的保守派一样，米西尔关注现实，反对意识形态造假，对现实事件感兴趣，而现实与一个民族的过去、现在和潜能，即民族的意义息息相关。①米西尔监督了针对罗马尼亚人"现代性"生活

---

① 罗伯特·佩恩·沃伦曾写道，由于任何身份随着时间的推移而发展，对过往的不屑一顾会带来一个虚拟的个人或国家身份（例如，受到"宪法爱国主义"和"国家项目"支持者拥护的身份，被贬低为"牧民式的""法西斯式的"，等等）。沃伦指出，对历史的漠不关心、遁世主义或机会主义会让世界上任何的"意义"或"重要性"化为乌有："在一个持续当前状态的世界里，如果消极状态被对意识知觉与新鲜事物的强烈忌讳维持下去，而意义在其本质上涉及的是过去和未来，那么意义会变得微不足道。"（《诗与民主》，剑桥，哈佛大学出版社，1975年，第56、87页）沃伦写道，"公众"是唯一可以在全球化背景下，即在一个通过"空间"取代时间和地点、为了经济发展将历史连根拔起的世界里永恒

的造假，并对他那个时代用于诠释罗马尼亚现实的政治术语进行审查。因此，他不仅谴责无内容的形式，也反对无形式的内容，不仅批判空洞的思想，也对空虚的生活表示不满，不仅检举法律腐败，也同实际的腐败作斗争。纯粹的意识形态或机会主义政治通过一套理论假定或与民族目标无关的迫切要求歪曲了现实，正是出于对其的反对，米西尔专注于代议制国家问题，从政治、经济和文化的视角来看待这一问题。

从词源学的角度看，（罗语的）"代表"一词来源于拉丁语动词repraesentare，具备两种释义：1. 代表缺席的某物或某人出席；2. 体现抽象的价值观和概念。①自此衍生出民主代表制国家的两个含义：

_____

存在的实体。按照全球化新殖民主义决定论的说法，"公众"是一个抽象且不承担责任的实体。沃伦引用克尔凯郭尔的话指出，不同于一个个人或民族，"公众"无法被代表："1846年，索伦·克尔凯郭尔在其论文《当前的时代》中谈到了公众的性质及其与自我的关系。他指出，'公众是一个不能被审视、也不能被代表的实体，因为它是抽象的'。"正如克尔凯郭尔所讲，当我们所处的时代"在任何具体事物上都组织无序且具有破坏性时，公众就成了一切，且假定可能包含一切"。随后通过对抽象本质的深究，克尔凯郭尔继续谈到什么是"公众"："一代人、一国子民、一众人、一小组人或是一个人都会对自身负责，并且可以做到当他们缺乏坚韧与忠诚时感到羞愧；然而公众却还是公众。当一个人'成为真正的自我时，就不再属于公众。当公众由一群无关紧要的个体组成时，它就像巨人般存在，像一个抽象又空荡的深渊，但同时也无足轻重'。"（沃伦在《诗与民主》中引用克尔凯郭尔的观点，第61页）因此，在最近二十年中，不仅是"大人物"，连媒体打造的"倾销式精英"也推动将罗马尼亚人转化为"公众"，这导致我们敷衍塞责。作为一个民族，我们要对自己的选择承担责任。作为"公众"，我们则不必如此。因此，没有任何一个推动将罗马尼亚人从民族转换为"公众"的人有权说罗马尼亚人是"有罪的"。被迫生活在一个空间和时间都被废止、仅由空洞的决定论所占据的阶段中，罗马尼亚"公众"无须承担任何责任。关于为使铁路时间表标准化而取消当地时间问题，参见杰克·贝蒂：《时代的背叛》中《金钱在美国的凯旋，1865至1900年》一文，纽约，诺夫出版社，第3—6页。"该死的范德比尔特的时间！我们想要上帝的时间"，美国公民咆哮道，他们坚信随着操控时间，大财阀们会和国家联手成功将一切标准化。

① 关于代表一词结合价的词源偏移，以及回顾该词的政治学模型，参见汉娜·费尼切尔·皮特金：《代表的概念》，伯克利，加利福尼亚大学出版社，1972年，第241—252页。

1. 当公民忙于工作和家庭生活而缺席政治决策时，代表公民出席政治活动的义务；2. 代表公民体现社会或国家的价值、能力和品格的义务。由我们在罗马尼亚议会共和政体下选出的国家代表，既要以我们的名义、又要为了我们而采取行动。第一层，要代表我们的意愿。第二层，要代表和体现我们的价值观。在第一层中，他们的行动有明确的局限性：代表的权责受选举人的限制，或更为确切地讲，我们的代表只能做人民所想，为人民实现人民的愿望。在第二层中，代表的权责不受我们的意愿、而受我们的价值观限制，他们代表我们的价值观，当我们遗忘了自己的价值观或是我们的意愿无视我们的价值观时，代表会将它再次置于我们眼前，让我们恢复对它的记忆。

在米西尔看来，关于代议制国家的政治观点确定了如何在政治上反映现实而不扭曲现实。米西尔描述了一个（政治、行政精英等）价值观循环系统，或是"这一（代议制宪政）系统如何与它所应用的社会联系起来，即这一系统赋予了多少政治权利，以及将权利赋予给谁"[1]。从米西尔的保守观来看，如果一个国家是代议制国家，它便身具文化使命，即专注于代表的真实性以及注重发扬现实性。[2]从经济的维度审视代议制国家，我们便知道如何发扬现实性，增强现实性的价值以改善公民的生活。而从文化的角度审视又能告诉我们什么是现实性，哪些价值观和生活方式需要在国家层面获得政治代表。与任何的保守观念一样，以上三种视角都是从质、而非量的方面进行考量的。在《文学与政治作品集》中，《代议制》《雅西大学1888至1889学年开学论述》《代议制政党》具备政治视角。经济视角尤其体现在《文学谈话》上发表的批

---

[1]　米西尔：《文学与政治作品集》，利维乌·帕普克整理出版，雅西，文学谈话出版社，2010年，第156页。

[2]　同上，第157页。

判保守党人P.S. 奥雷利安和A.C. 库扎或是卡尔·马克思的长篇大论中。最后，文化视角贯穿于发表在《新时代》周刊的作品，例如《政治讨论中的真理权威》，当然还包括许多利维乌·帕普克在雅西文学博物馆档案室找到的、未曾发表的关于民族主义的作品。

2. 代议制国家政策

米西尔的政治观点是以有机主义和非个人主义的人类学概念作为其元政治的参照系。尽管他说过"个人"是"社会生活的基石"，因为"每个人都有自己追求的目标并拥有自己的领导力"，米西尔补充道："如果不和同类产生联结，人类几乎没有愿望，也无法实现愿望。这些联结关系影响着对人类起到激励作用的愿望，同时也影响人类实现愿望的手段。"[1]换言之，尽管人类是自由且负责任的，而责任又源于自由，但个体的自由仍体现在社会产生和维护的一些立场和价值观（传统、审美准则、价值论层级等）的参考领域："事实上，无法要求人类拥有个人愿望的同时不去考虑实现愿望的手段。这些手段也涵盖了最为亲密的社会关系协作。因此，作为人类，无法将自身的愿望与他所处社会层级的需求和利益分隔开来。一旦工人所期望的好事受到整个工人阶级的条件限制，其个人愿望的形成如何不受同类人群偏好的影响呢。"[2]或者，正如特拉杨·赫尔塞尼在讨论埃米尔·涂尔干时所说："我们把那些只能将其与社会联系起来才能理解的现象，用社会学的词汇进行命名。道德与法律是社会性的，因为它们在社会以外没有存在的基础。（自然不被、也不能被司法所界定，孤立的个体也不例外。）经

---

① 米西尔：《文学与政治作品集》，利维乌·帕普克整理出版，雅西，文学谈话出版社，2010年，第157页。
② 同上，第163页。

济现象也是如此，它们假定了一个社会由生产者和消费者组成，受到法律或习俗的认可。"①

个体自由在集体责任的范围内运动："橡树不常见，杂草遍地生。"②我们作为一个国家/教区/家庭，而非作为"公众"，对我们坚持的价值观以及发挥个体自由的势力范围负责。对保守主义者和社会主义者来讲，任何事实都是一个"完全的社会性事实"（马切尔·莫斯），这个事实牵连并代表着整个社会、整套社会价值观与个人立场的体系、整体文化。但对于自由主义者来讲，一件事实仅代表某一孤立原子的能量散发。从自由主义的角度看，一件事实就是一个完全的个体事实，它不牵扯任何一种社会团体：例如，认为失业"构成犯罪"以及认为个体应完全为每一起犯罪负责。③从（新）自由主义的观点出发，可以而且必须从量的维度去理解一个事实（劳动了多少、挣了多少、消费了多少、议会中妇女的代表席位有多少、教育的花费有多少，等等）。然而当一个自由主义者谈论在某一环境下货物堆积的数量，并坚信福特工厂的工人要比太阳帝工厂的工人生活优渥时，另一个社会主义或保守主义有机论者谈论的却是生活的质量。从社会有机论出发，可以且必须尤其要从质的维

---

① 特拉杨·赫尔塞尼：《社会学专论》（1934年），收录于迪米特里耶·古斯蒂、特拉杨·赫尔塞尼、亨利·H.施塔尔：《专论——理论与方法》，布加勒斯特，教育出版社，1999年，第79页。
② 米哈伊·埃米内斯库：《寻求解释……》（载《时代日报》，1881年8月6日），收录于《时代日报》1997至1999年杂志汇编中由卡西安·玛利亚·斯皮里东编辑的《政治作品》（第1卷），第45页。"半野蛮是另一回事，是一种由外来环境引发的病态，在沼泽地种下一棵橡树，强迫其适应普通柳树的生长条件，衰败就此产生"，埃米内斯库在其文章《"半野蛮状态"中的"伪罗马尼亚人"……》中继续这一思想（载《时代日报》，1881年10月25日），收录于《政治作品》（第1卷），第68页。
③ 关于个人主义自由刑法中的人格主义学术替代方案，参见图多尔·阿夫里贾的深度作品《社会危害、个人过失、刑法归责，罗马尼亚刑法的另类理论诠释》，布加勒斯特，沃尔特斯·克鲁维尔出版社，2010年。

度对一个事实进行分析（生活得好不好、工作得好不好、吃得好不好、孩子在学校学习好不好、一个国家不论其大小是好还是坏，等等）。

因此，米西尔对政治算术不感兴趣，而是更多地关注代议制是否成功成为"忠于一切社会利益的表现形式"，而非仅代表某一社会阶层或寡头政治集团。这是保守主义者与社会主义者之间的第一点区别。社会主义者在工人阶级中洞察到了标志性阶级，即具有普遍代表性的社会阶级。[①]但是，出于对工人阶级的声援，社会主义者偏离了反功利主义、反理性主义的出发点，因为工人阶级是某一生活方式/经济体系的产物，是基于将劳动力合理化与生活坐标量化的所谓"资本主义"的"完全社会事实"的产物。当寄希望于一个社会阶层时，保守主义者倾向将社会主义者赋予无产阶级的角色交到农民或贵族的手中，这与反理性主义和反功利主义的出发点更加一致，因为传统上，农业是最难在技术发明背景下通过分工与劳动转化实现"合理化"的职业。另一方面，基于基督教神意目的论、而非基于阶级斗争的传统具有更加广泛的含义，保守主义者并没有借助政治提喻法以偏概全，而是接受了所有社会阶层利益共存，这里所说的阶层不是按照马克思主义观点、根据其与生产资料的关系进行划分，而是按照文化上提炼的经济社会含义、由常态或皮埃尔·布迪厄所谓的"身体化的历史"、在文化上被吸收并转变为一系列倾向的社会结构所定义的。[②]因此，对于保守主义者米西尔来

---

① 关于法兰克福学派如何摧毁"无产阶级"民粹主义神话，从而为假定资本主义社会具有确定而稳定特征的专家治国宿命铺平道路，且资本主义危机只会带来工业社会的多样性，对根本性的改变没有丝毫作用，参见乌尔里希·贝克：《生态启蒙：风险社会的政治学随笔》，新泽西，人文出版社，1995年；保罗·格特弗里德：《马克思主义的离奇覆灭：新千年中的欧洲左翼》，哥伦比亚，密苏里大学出版社，2005年。

② 为从历史编撰学角度更好地回顾整场辩论，参见扬·戈德斯坦：《枪法与马克思：对近期历史学术中阶级的语言学结构的一些反思》，收录于《近代思想史》，2005年，第87—107页。

讲，"理想的现代化国家"的社会秩序"要把个体平等与特殊社会利益
所要求的援助差异融为一体"。换句话说：国家必须在自由度上对公民
一视同仁，但也存在一些例外，在目标、利益、理想层面区别对待。

无论是出于人口原因（太多的公民），还是出于社会原因（太多
的公民出于对未来的担忧而无法清醒地投身政治），全民公投的直接民
主是不可能的。对代议制的需求就此产生，因为根据米西尔的说法，群
体需要将代表和捍卫其生活方式的权利委托给某人："原则上，代议制
是指通过其代表进行干预从而向社会保证行使国家使命的组织。代表们
为当局的行动出谋划策，指引其更加贴近社会的需求与利益。"①

米西尔指出，根据阿道尔夫·普林斯《民主与议会制》一书中的
观点，这种委派代表的方式为政治舞弊在反映现实的过程中提供了机
会。普林斯（1845—1918），布鲁塞尔自由大学刑法学教授，托克维
尔式有机论者，他发现，经济和政治自由主义导致了政治表达中缺乏宝
贵的人才与思想，由此引发出混乱，为此他提议组建行会性质的国家作
为补救，即公民不按行政区划而是按行业进行分组投票。这样一来，议
员们将不再代表个人，而代表同行公会，即他们不再代表选票的数量集
合，而代表一种技能和一些特殊的利益。②普林斯发现，工业上的个人
主义自由社会使人类凌驾于社会之上，剥夺了其具有有机创造性的凝聚

① 米西尔：《文学与政治作品集》，第208页。
② 欧内斯特·马海姆：《比利时的经济与社会科学》，收录于《经济学
杂志汇编》（第5卷第19章）（1895年9月首载），第465—466页；约翰·W.
伯吉斯：《〈民主与议会制〉书评》，收录于《政治科学季刊汇编》（第2
卷第2章）（1887年6月首载），第341—343页。参见莱顿·B. 雷吉斯特和
纳撒尼尔·坎托关于由路易斯·沃顿和让·瑟韦在1934年编辑出版的《阿
道尔夫·普林斯文选》的书评，分别收录于《美国政治和社会科学学会会
刊》，1935年第181期，第198—199页，《美国刑法和犯罪学研究所》1935
至1936年汇编，第158—159页。普林斯在其专著及其演讲《犯罪与社会状
态》中反对自由刑法的个人主义，比利时，亚历克斯·伯克曼出版社，
1890年。

力。[1]在谈到政治代表性不足与经济赤字间的联系时，普林斯还发现，前现代时期欧洲的旧代议制议会旨在"缩减和控制公共支出"，而现代议会似乎只有批准国家赤字巨幅增长的唯一使命。[2]普林斯分析认为，政治生活寡头化与延期性赤字之间联系的产生是由于真正的民主、村庄和同行公会内鲜活的民主，被公社/村社财产私有化以及被破坏城乡特有自由的"行政统一的裹尸布"扼杀掉了。换句话说，普林斯指出，"如今，即便是最小的村庄也是一个法人；可以轻松地捍卫自己的事业，进行买卖；在这方面，村庄和首都是平等的；同时，和首都一样，村庄也是法律的人为创造；但村庄不再是一个现实，不再是一个有机体，不再具有生命。"[3]经济和政治自由主义将人口、资本和权威集中在权利的几个节点内，使生活、自由和影响力的周边黯然失色。

　　根据普林斯的分析，米西尔指出，尽管"代议制宪法制度不会产

---

① 阿道尔夫·普林斯：《民主与议会制》，布鲁塞尔，欧洲书店出版社，1890年。

② 普林斯：《民主与议会制》，第21页。普林斯提到的民主国家与延期性公共赤字间的关系，在大卫·斯塔萨维奇：《公共债务与民主国家的诞生》中也得到探讨，剑桥，剑桥大学出版社，2003年。进步自由主义政权强迫人们以被动、而非主动的模式来承受真实或假象的债务和罪行，因此，对以往的继承只能选择性的进行。在新自由主义政权下，我们从以往继承的只是"我们欠下的债务"。以往不仅"罪行深重"，还"负债累累"。如果我们承认民族与历史之间严格的财政关联是不道德且不合法的，那么我们或者宣称从以往继承的事物优劣兼备，或者每十年宣布（罗马尼亚）国家的道德与物质破产，从零出发，摆脱以往的"负担"。在新自由主义的影响下，罗马尼亚人民被那些不承认昨天与今天、今天与明天以及言行之间存在任何连续性的人群牵着鼻子走，已经达到了历史记忆缺失的程度，我无法接受生活在一个"永恒的当下"，却要偿还昨日欠下的债务。然而，我们的精英在昨日对罗马尼亚人民说出的话语、做出的承诺和承担的义务，谁来如期兑现呢？如果无人兑现，为什么罗马尼亚人民要去偿还那些昨日里不代表罗马尼亚人民、而代表罗马尼亚寡头政治债权人的人所签订的债务呢？关于保守派的国家世袭制观点，参见伯纳德·塞梅尔：《乔治·艾略特与民族继承政治》，纽约，牛津大学出版社，1994年。

③ 普林斯：《民主与议会制》，第46页。

生真正的民主"，因为"政治力量没有、也不会掌握在人民手中"[①]，
"对于证明社会代表选举模式的合理性，人民主权的设想是有据可循
的，同时也可作为国民代表面对当局时的权利身份"[②]。因此，尽管人
民没有实际参与到治国当中，尽管他们对于立法和行政机关的影响力微
乎其微，占据主导地位的法律理论和政治意识形态仍然利用卢梭的"人
民主权"设想并声称，例如，人民拥有他们应得的、由他们独立选举出
的执政者。

       为了表示对卢梭学说出发点的认同，米西尔通过以下条件界定了
人民的主权："人民必须在没有代表的情况下直接赞同当局的一切行
为，制定自己的法律，并组建必要的公务员队伍以执行自己的决定。而
后者，无论他们的称谓是什么，都不过是被雇佣的仆人，当他们表现糟
糕时可以被开除。"[③]但正如米西尔指出的那样，这种直接民主是不可
能的，因此便出现了代议制民主的呼声。卢梭为代议制民主的良好运行
所提供的解决方案是有限的职权，当选者仅在预先严格设定的问题上和
界限内代表选区内的意愿。[④]米西尔没有考虑到代理代表的可能性，却
注意到自由民主歪曲人民意志的方式。

       首先，米西尔表明，人民主权理论中隐含的选民政治平等是虚构
的，因为社会阶层的差异影响在公共空间和政治舞台上表达与捍卫，即
代表某些利益的能力："事实上，政治平等体现在社会群体中，而不是
以两种不同的方式表现出来。有些人在捍卫自身权益方面处处平等，即
便他们不擅长，具备时间和物质手段参与政府事务的人们都处于同一社

---

① 　米西尔：《文学与政治作品集》，第165页。
② 　同上，第168页。
③ 　同上，第161页。
④ 　参见卢梭应波兰贵族之请起草的波兰宪法草案。

会阶层，且他们无一例外地谋求捍卫相同的地位。对另一些人来讲也存在着一种完美的政治平等，这些人在时间和物质方面一无所有，即便他们非常清楚需要做什么来捍卫自己的权利。然而，同一类人一般是平等的，这种平等也体现在不谙世事方面。"米西尔总结道："然而，当他们在愚蠢与无能上不平等时，就会在无法被他们这一社会阶层中的当选者顺利代表方面保持平等。这是一种政治平等，代议制政权以其所选择的制度为基础，有助于维护这种平等。"①

产生代表性造假的原因在于，尽管社会由"个体"组成，但那些"个体"却被有机地分组在阶级、行会、家庭、社区、乡村、教区中。但是米西尔发现，现代代议制民主拒绝代表这些有机团体的利益，拒绝代表个人，并通过个体投票的方式仅将个体纳入考虑范畴。人民主权的法律拟制基于个体人类学虚拟之上，个体即指脱离了任何有机关联和任何社会关系的人类原子，而这些关系恰恰是需要被代表的："它（代议制）为某一团体（主权人民）的权益寻求代表，而团体只在惯于抽象的思维中真实存在。为什么这个政体要掩盖社会的具体部分呢？而这些具体部分的权益只能借某种笼统之名被代表，诸如人民或民族这种笼统不具象的名义。"②

与那些比民族国家更确信公民国家存在的人不同，米西尔强调了虚假的代议制下民族国家的现实与公民国家的虚构："人民、民族和国家，这些词汇非常适于泛指在民族学或历史学意义上具备明显标志的人群团体。然而，一旦谈及一个民族的独特意志，即日常生活中积极和决定性的因素，我们必须就该意志归于哪个集体或有机存在的问题达成一致，因为已知的是，个体意志是唯一可以进入这种组合的真实行为。那

---

① 米西尔：《文学与政治作品集》，第171—172页。
② 同上，第173页。

么，当人民具备某种意志时，那些具备意志的人是谁呢？"①米西尔指出，永久地将人民虚拟为其当选人代表的独特意志，其目的不是人民主权的永久化，而是权力精英的自我永久化。米西尔通过普林斯引用了卢梭在18世纪英国案例中的发现，人民只有在投票的那一刻拥有主权："在选举日里，人民拥有主权也只是为了给予当选者通往权利的自由卡片。"②人民通过投票将对主权的行使托付于人，即事实上他们没有任何的权利："事实上，社会团体毫无保留地将其权利委托给当选者，选民在将选票投入票箱的那一刻是具有主权的，一旦社会的代表由选举产生，社会团体便对该委托人在其任期届满之前没有任何的权利。"③

由于被剥夺了社会定性标准的代表资格，竞选者只能以党派，即政治上特有的团体进行分组，将接管和行使权利作为他们的目标，和选民的日常生活缺乏有机的联系，因此，僭越行事也时有发生。政治辩论的开展如同在意识形态层面下国际象棋，其战术手段暴力复杂，战略利害关系为零，这降低了许多公民参与投票的可能性。然而，选举缺席与

---

① 米西尔：《文学与政治作品集》，第214页。

② 同上，第177页。卢梭的分析获得托克维尔的默契采纳，他在《论美国的民主》中谈到了现代国家的"温和"专制主义，这种政治专制塑造、操纵公民，妨碍任何领袖型精英竞争力的展现，它"打压""激怒""浇灭"和"挫败"公民的反应能力，而公民仅存的自由便是借选举之机，脱离"片刻的依赖以指定统治者，为的是重返"梦幻（第2卷，第6章，第265—268页）。关于卢梭的分析，参见《社会契约论》（第3章），第15页。关于站在非保守主义/非自由主义立场，针对包括欧盟在内的现代管理型（超级）国家所施行的"温和"暴政的讨论，参见保罗·A. 拉赫：《温和的专制主义，民主的漂移：孟德斯鸠、卢梭、托克维尔与现代前景》，纽黑文，耶鲁大学出版社，2009年。该书具备惯用的新自由主义界限，即谴责"大政府"，却对"大企业"和经济问题避而不谈。参见安妮莲·德·迪恩：《从孟德斯鸠到托克维尔的法国政治思想：等级社会中的自由？》，剑桥，剑桥大学出版社，2008年。同样值得注意的是，托克维尔着手撰写其关于旧政权和法国大革命的书，意在展示道德如何影响制度，他的收官之作是一本关于制度（绝对集权君主制）如何腐蚀道德的书。

③ 同上，第174页。

政治无知阻碍了人民意志的发声："政治表达无法给与个体任何的激励，反而占用了其工作和生活的时间，个体对政治表达的漠不关心让大量的声音保持沉默。另一方面，大多数参与投票的人无知且天真，使得大部分的声音在相反的领域迷失了。"米西尔就此得出结论："因此，基于选民主权意志的代议制，在政治舞台上以政党为载体，只支持来自统治阶级的绝大多数声音。这是该体系的全部关键所在。"①

　　当谈到贵族——资产阶级——人民这个三位一体的字眼时，米西尔警告说："解除贵族寡头制并不意味着人民当家作主。"②因为"中产阶级"仅仅是利用人民主权原则，他们声称代表人民，为的是削弱有机精英和贵族的权利，并加强对人民的统治，但面对权力精英以党制形式的攻击却显得束手无策："然而事实上，整个社会，尤其是构成被领导阶层的劳动阶级占据了社会的绝大部分，没有通过代议制的引入获得任何保证，即国家权力不会被掌握它的那些人用于作为领导者施加于被领导者的统治工具。相反，领导权自然而然地被国民代表中占多数的一个政党掌握在手中；对于政府来讲，只有政治廉洁和政府与政党成员对法律和真相的尊重才能提供道德上的保证，使社会中的绝大多数人给予其支持。"在这点上，米西尔强调了代议制所要求的财政实力与机构数量激增之间的不均衡，以及对这类民主的投资与其结果之间的不均衡："然而，当代议制机构全速运转，借助社会公正的最高原则、人民主权和人人平等的理想，为的是达到这种微不足道的结果，不免可笑，社会最终得到的不过是政府中各统治阶层所给予的薄弱保证。"③

---

① 米西尔：《文学与政治作品集》，第174—175页。
② 同上，第165页。铲除"齐奥塞斯库集团"也并不意味着我们就生活在一个民主国家。
③ 同上，第175—176页。

米西尔将代议制民主定义成为广义争论与宣传选举谎言制度，认为其不如旧制度。[1]事实上，面对执政者的权力滥用，除了宪法机制易被腐化且屈于权力外，如果人民仍旧能够拥有道德上的保证，那么旧制度更为可取，原因在于：1. 旧制度的开销更低，因为无须维护一整套在保护公民方面实际并无用处的国家机构；2. 旧制度以宗教为载体与保证公民安全的道德有机相连。换言之，如果一切都归结于道德，那么最好道德是自我构建的，且不与执政体系产生关联：即让道德成为一项执政原则，而不是某个敬畏上帝的部长心甘情愿的个人贡献。如果道德观念作为保证公民自由的最后一道公共防线，那么道德就不能被私有化，宗教也不能被内在化。当"敬畏上帝"成为社会延续的条件时，对这种美德（以不同的教派形式，但不违背拟议的目的）的培养就不能不受到国家的保护。

政党政策对获取资金来源的依赖导致：1. 没收被金融寡头称为"政党"的选举机器；2. 政党没收国家机构并将其政治化，政党需要对积极分子进行奖励。因此，人民的意志就是"统治阶级"的意志，是"少数派的真实意志"。任何政府都不过是"默许少数派所有意图"的一种形式罢了。[2]寡头对政党的控制体现在政党对国家机构的控制，而国家机构被政治化，这里挤满了虔诚的分子，对寡头意志保持默许。寡头意志成为法律，而"法制成了政党的工具"："在缺乏道德规范的国家里，执政党政府让步于其归属企业的政治需求，这种屈从延伸至国家活动的所有范围。整个国家机构都根据政治抱负而运转。这种做派有时

----

[1]　埃米内斯库也持同样的观点。参见《在……的集会上》，载《时代日报》，1880年5月28日，收录于《政治作品集》（第2卷），第437—439页。

[2]　米西尔：《文学与政治作品集》，第215页。在此，米西尔让我想起莫斯卡对"议会主义罪恶"的批判，因为这两位都读过普林斯的作品。参见加埃塔诺·莫斯卡：《统治阶级》，汉娜·D. 卡恩译，亚瑟·利文斯顿编辑，纽约，麦格劳·希尔出版社，1939年，第260—261页。

过于偏激，以至于合法性都成为政党的一种工具。最明显的武断行为、对朋友和忠臣的偏爱、对反对者的迫害，都狡猾地披上法律的外衣，让法律服务于其政治诉求。"①缺乏明确的原则催生出一种议会封建制度，创建了基于效忠领导而非忠于原则或国家的权力金字塔："目前，从这一制度的实施中得出以下结论：一方面，哪怕是最低级别的国家职能都被交到忠于那些原则的人手中；另一方面，所有国家的议会多数派成员都应利用其对政府的影响力，为把自己人安排在部长的职位上找到极佳的借口；最终，通过这样的手段找到稳定的职位并从国家得到好处的现象，将加入政党的嗜好引入社会。一旦这些影响存在，它们就反过来成为持续维持同样状况的决定性原因。"②他们鼓吹寡头政治带来的后果，是将自由政治与政治经济变成古典意义上"自由主义国家"最大的敌人："一个诚信的政府体制、一个基于廉洁和公正的政府体制、一个真正拥有圭恰迪尼所定义的自由的政府体制的存在，是对捍卫我们称之为私人权利的最佳保证。圭恰迪尼将政治自由定义为'掌管个体欲望的法律与公共决策'。"③

　　建立一个依附贵族的国家型政党，以及通过贿赂腐化选民，是托克维尔、罗伯特·米歇尔、莫斯卡等古典政治理论家所谴责的现象，类似的现象还包括托尼·布莱尔领导的英国工党政府④以及罗马尼亚救国

①　米西尔：《文学与政治作品集》，第200页。
②　同上，第23页。
③　莫斯卡：《统治阶级》，第130页。要分析现代国家不仅需要服从，还需要来自公民的理解、赞同和自愿合作的模式，以及这种"民主化"导致的国家管理性行为和社会手段增加的模式，参见约翰·普拉梅纳茨：《民主与幻觉：对现代民主理论某些方面的考察》，伦敦，朗文出版社，1973年，第52—92页。相反，普拉梅纳茨，一个亲英的巴尔干贵族，曾是一位"冷战分子"和反马克思主义者。
④　詹姆斯·斯莱克：《工党如何秘密地为大规模移民敞开大门，以打造一个多文化的英国》，载《每日邮报》，2010年2月10日。

阵线的不同分支——从罗马尼亚社会民主主义党到罗马尼亚民主自由党——所推行的 "卓有成效"的腐败形式。在米西尔看来，罗马尼亚当前的政治景象证实其后果是毁灭性的：1.无能官僚和腐败傲慢的公务员群体激增，这些人认为自己对国家毫无亏欠，对自己的庇护人感恩戴德；2.无处不在却从未被遵守的原则遭到废止，裁判和遴选的标准消失不见，玩世不恭，蛊惑人心，最终在公共道德坍塌的冲击下，私人道德也随之沦丧；3.现存法律不适用所引发的立法增多，米西尔做出了清晰的阐述："（1）一些公务员无暇顾及其就职部门的专业知识，他们把工作完成得一塌糊涂。这样一来，优秀官员的工作热情降至与同事同等的水平，公共事业也无法得到改善。最好的法律在他们手中也会成为罪孽。这是针对至少诚实的官员。（2）在社会上，谈论原则就像谈论一种普通的谋生手段一样稀松平常，鼓励不诚实的投机，冲淡了指责谎言的自然情感，由此，不诚实从政治转移至私人生活。人们不再像往昔那样信守诺言。当年轻一代看到原则的用处，便对眼前可实现的理想失去了信心，到更为广阔的乌托邦中寻找慰藉。（3）当国家代表们思考国家的未来和他们的职权时，眼见事情进展得越糟糕，就越是要制定一套又一套的法律。"①

　　根据代议制国家的含义和要求，米西尔不满足于得出这样的结论，即时下在罗马尼亚流行的说法，腐败的民众会催生出腐败的精英，即"我们拥有我们应得的精英"。米西尔指出，在多数情况下，人民与不相称的精英连根共树。依靠少数派的意愿登上权力舞台的精英，会打着"民意"的幌子，影响、伪造，甚至忽视人民的意志和社会的真正利益。米西尔表示，政治精英无法代表人民。然而，精英不仅扮演着代表

---

① 　米西尔：《文学与政治作品集》，第24—25页。

人民的角色，还要代表并体现人民的某种价值观。精英在多大程度上体现人民的价值观，就在多大程度上代表人民，如同摩西履行其先知的职责，斥责犹太人忘记上帝而膜拜金牛犊：精英提醒人民要铭记真理。精英代表着人民的真理，也在人民忘记真理并堕落腐化时展现真理。"公共道德的腐化是私人道德败落的肇因，不可避免的后果还有国民性的受损和国家权力的削弱"，米哈伊·埃米内斯库写道。[1]

　　米西尔深谙此道，意识到罗马尼亚的现状无法通过借鉴立法增多的模式得到改善，而只能通过"长期且诚恳的实践"[2]，他拒绝得出当今十分流行的结论，特别是在以静寂主义"内在教堂"思想为主导的环境中，即我们必须等待变化由"内"而来，从人民开始。这种论调的依据是，既然腐败精英是腐败人民的表现，那么改变精英的唯一途径就是从内部改变人民。在此之前，我们可以安于情境合理的犬儒主义与相对主义。但是，既然我们个人的微小卑鄙被广义的大范围卑鄙合理化，那么由此，既然我们将邪恶社会化，又怎么会将美德私有化呢？既然我们承认存在某些生活环境，这些环境将邪恶、卑鄙、机会主义、偷盗合理化或减轻其罪责，我们为何不承认存在某些有助于发扬善行的境况呢？我们为何不去分辨那些境况，为何不努力拓宽为自由增色的社会视野呢？矛盾的是，宗教和道德的"内化"并没有改变公共领域、相反却将私人领域整顿得更加公正、一致、有力。当今的新自由主义政治尚未因对公共秩序实行更加有效且中立的监督，而将宗教和道德从公共领域中撤出。公共的混乱与腐败伴随着对个人"内在"越来越具侵入性的立法。国家和团体的腐败没有受到挑战，相反，"排外"的笑话与"宽

---

① 　米哈伊·埃米内斯库：《我们社会的病理学》（载《时代日报》，1881年1月4日），收录于《政治作品集》（第2卷），第177页。
② 　米西尔：《文学与政治作品集》，第25页。

容"之间却相互斗争，再比如对父母与孩子间的关系、对教堂的布道用警察手段加以监督。公共领域的中立化并没有导致其正常化，就如同对两次世界大战之间（知识、专业、农民、教士）精英的铲除一样，并非以建立一个"更加良好和公正的社会"为目的，而是单纯为了杀害那些精英。基督没有被钉在城中而是城外的十字架上，与城隔绝。当今的新保守派/新自由主义者似乎已经完全放弃了"公共秩序"的概念，也背弃了捍卫这一秩序的国家使命，甚至不惜以"伪善"为代价。秩序的"内化"只是为了给国家和权力精英提供一个侵入人类灵魂的借口。

例如，米西尔拒绝等待来自人民内部的变化，考虑到精英阶层人士更具瞩目性，便赋予精英开辟先河、树立诚实榜样、创建框架、提供无私典范的使命。有这样一群人，他们论辩道，道德与法律、罪恶与违法是两种不同的事物。因此，私恶对公德没有影响，不能就道德问题进行立法。尔后，他们又通过公民的私人腐败为公共腐败进行辩解。同样是这群人，却在公民的投票下代表公民，这不是很奇怪吗？如果国内的妓院与崇高的新自由主义公共道德无关，为什么精英们要进行自我辩解，或借由公民的私人粗陋行为为公共堕落寻找借口？公民暗藏的私人陋行不能免除精英阶层树立生活典范的使命。

米西尔意识到这一使命、这一责任。他没有从人民素质的角度来衡量（政治、经济或文化界的）权力精英，而是从一个精英所具备的彰显某种价值观的责任层面对其进行判断。例如，精英必须为米西尔口中的"长期诚信践行"树立榜样。任何以检视人民内部变化为由，对履行该义务的推诿搪塞都是不合法的。振兴必须"自上而下"地发生：借助个人典范，而非社会工程。如果一个社会的发展、变化必须是有机的，那么具有代表性的精英阶层的道德责任便刻不容缓。没有紧迫的道德责任感，就不存在有机的发展，有的只是"无政府主义暴政"（山姆·弗朗西斯）。对于君主制时期的罗马尼亚保守派来说，政治温和是以道德坚定为条件的。对于后共产主义时期的罗马尼亚"右翼"精英来说，政治激进主义——即国家的"现代化"，与向"最低限度国家"转型的计划——与道德机会主义、接受党派腐败、以党派目的将国家工具化相辅相成。道德"温和"得到政治激进主义的辩护，而事实上，政治现实主义应与道德坚定并驾齐驱。但米西尔明确指出，真正的"温和"在于现实主义，在于对背景环境的关注，而不在于对道德责任的推诿搪塞。换言之，保守主义意味着具备将现代性融入罗马尼亚字眼的坚强品性。当今的伪保守主义只剩下腐败这一卑劣行径，以致用全球交易所式的后现代性字眼来诠释罗马尼亚①，还要收取佣金。我们今天的"右翼"领导人们没有宽以待国、严于律己，而是对罗马尼亚粗暴无情，对自己仁慈宽厚。真正的保守主义情感耦合了自下而上的政治有机论与自上而下的道德坚定。换句话说，精英代表人民，也为人民树立榜样。现如今，我们的精英代表自己，腐蚀人民。在这一点上，米西尔坚定地指出精英阶层道德责任的紧迫性："难道要等待公共道德自行发生改变，直到振兴的潮流会自下而上地进行渗透？就像文化传播的遥远成果一般？当这一使命可以高效地然而却是自上而下在我们眼下开始被执行时，相信没有人会将它留给遥不可期的未来。"②

　　米西尔为罗马尼亚代议制民主改革设想的解决方案是，在尽可能接近可靠且广泛认同的选拔标准基础上，尽职尽责地重建罗马尼亚政治生活。但米西尔旗帜鲜明地指出，在选举期间，胜任力无法通过宣传性

---

① 参见瓦列留·斯托伊卡和德拉戈什·保罗·阿利吉克在《右翼的重建》（布加勒斯特，人文出版社，2009年）中疾呼的全球化口号，即新自由主义右翼。
② 米西尔：《文学与政治作品集》，第206页。

手段得以证明。现代选举过程的心理倾向于把选拔的时刻同化为选举的时刻，把决定投票给某一候选人的时刻与实际投票的时刻拉近。例如，党派在投票前百米冲刺阶段的媒体轰炸。这一情况的发生仅仅是因为，选举人与被选举人之间除去传媒圈与竞选编织的虚拟睦邻外，一般并无交集。竞选人展开的攻势无处不在，意在营造一种睦邻关系，甚至是和选举人之间虚拟的亲密无间。这一联盟在选举结束后即刻瓦解。[①]换句话说，选举人与被选举人通常在选举期间才会同心协力。因此，政客们便沦为永居在每四年"粉刷一新"的虚拟世界中的实践精英阶层。而对于米西尔来说，真正的民主以选拔的时刻远早于选举，即早于向票箱投入选票的时刻作为前提条件。选举中的判断力与专业辨识力息息相关：

"如果在选举代表时采用相同的程序，则各阶层的社会利益均可获得更好的支持，任何自诩为团体的社会群体也会自行使用这一程序……众所周知，在任何社会团体中，在人们互相了解和较量后，最有能力的人会脱颖而出。德高望重者毋庸置疑会在位微言轻者中间树立道德威望。但显而易见的是，一旦不要求人坦言自身的位微言轻，则此人很容易变得颐指气使……为此，同僚间展开的遴选往往在沉默中进行。可见，只有在共同利益领域使其在技能、精力和道德威信层面进行较量，才能完成对杰出人才的选拔。一旦这种机制得以建立，德才兼备者自会脱颖而出，每个团体无须开启冗繁讨论便可随时推举出最忠实贤能的代表……在此情况下我们可以说，如果不是在需要委任代表时才做选举，而是将选举提前至选拔结束后就进行，那么选举就不再是团体成员的意志行

---

① 参见米尔恰·普拉通和格奥尔基·费多罗维奇的合著《丈量时代：对正规化的敦促》（布加勒斯特，普雷达尼亚出版社，2009年）第256—272页中格奥尔基·费多罗维奇引用的参考文献：《作为一门正统政治神学基础的睦邻关系》。

为，而是对被选举人权利的印证。"①

　　总之，米西尔肯定了专业生活与政治生活间共生关系的重要性。只有在一个围绕明确的标准与价值观生活和工作的群体中，才会有对价值的有机认同。换句话说，一个由失业者、永远需要"再培训"群体和移居他国的人组成的国家不可能是民主的国家。依赖性与机会主义的盛行缘于缺乏专业精神。实践派相比空谈派要更容易辨识出领导者，因为现实让人们在特定的目标、手段和领导者问题上产生心照不宣的共识。沉船上的人要比讨论沉船的人更易找到他们的领导者。从这一点出发，与现实的触碰让问题的解决变得刻不容缓。与现实的背离助长了伪造、虚假的斡旋、模棱两可的翻译，这些现象无法被验证或拒绝被验证。由此看来，实干派民族是能够选出他们的代表的，因为他们善于辨别贤能，惯于解决现实问题。一个民族在通过专业性活动熟知了职权的理念、标准和榜样后，就会知道应如何辨别对公共和社会利益有益的理念、标准和代表。例如，米西尔在涉及政治自由、手工业行会与专业协会间的联系时指出："由此便形成了不同的团体、社群、行会和公会，这些机构忠实地捍卫委托予其的利益，甚至连一般的州郡和国会都以同样的方式构成。"②而地方性的辨识力与自由可以蔓延至整个国家。③

3. 代议制国家经济

　　只有适应良好生活秩序的民族才能发展健康的政治本能，假设将其作为职业与政治间关联的必然结果，则米西尔支持小企业家成为罗马尼亚的主人。因此，同诸如P.P. 卡尔普等其余青年社保守派一样，米

①　米西尔：《文学与政治作品集》，第159—160页。
②　同上，第161页。
③　普林斯：《民主与议会制》，第135页。

西尔是贸易保护主义者，反对保守党拥护的贸易自由。米西尔的观点认为，罗马尼亚的主要问题是"改善本国农民的状况"①。为此，米西尔谴责19世纪中叶施行的土地改革是被政治工具化的名义上的土地改革："罗马尼亚人民的经济利益极少被纳入国民经济范畴，而是更多地服务于某些政治原则……即便在给予农民土地所有权上也是如此，我们的立法者仅在豁免徭役方面改变了他们的立场，却没有为他们创造的这一新局面提供给农民额外的支持。"②

按照米西尔的观点，国民经济利益要求国家注重"在其领土上产出尽可能多样化的生计手段，哪怕不能通过出口带来财富，至少在物质上保证其辖内的社会福祉"。米西尔指出，自由贸易学说是一种意识形态武器，工业发达国家通过它强行进入最不发达国家市场。真正字面意义上的温和政策会避免对自由主义进行先验的、无条件的、意识形态上的采纳："事实证明，国与国之间的自由贸易和贸易自由理论是优良工业用来开拓国外市场的武器，相反，贸易保护制度是抵御国外竞争的保护手段。今天，这两类体系均被认为具有科学性，供不同国家根据其本土生产利益进行采用。"③铁路的修建和与奥地利签订的自由贸易协定对国民经济产生了负面的影响，使其遭受商品进口的冲击："修建铁路对于国民经济是一项重大举措，尽管利弊互见。同一种运输工具，既为我国产品的出口带来便利，同时又让国外的工业和手工业产品充斥我国

---

① 对于小农户问题敏感的社会主义视角，参见C. 斯泰雷：《社会民主主义还是民粹主义？》（1907—1908年系列文章汇编），米哈伊·温盖亚努编辑，加拉茨，波尔图-佛朗哥出版社，1996年。

② 米西尔：《文学与政治作品集》，第25页。对于米西尔谴责的土地改革之前的罗马尼亚农业状况，参见阿波斯托尔·斯坦：《徭役后期的罗马尼亚农业，1831—1864》，布加勒斯特，罗马尼亚科学院出版社，1994年。

③ 同上，第26页。

市场，而罗马尼亚没有足够的国际独立性，无法用关税保护自己。出于外交政策原因与奥地利缔结的贸易协定为奥地利商品进入我国市场开辟出一条更为广阔的道路，在我国，无论是外国商品还是普通手工艺产品都不存在本地竞争。"[1]

对于国家自由党人P.S.奥雷利安的《如何在罗马尼亚建立工业》一书，尽管米西尔持保留意见，仍对其作出了正面的评价，他记录下几项任何鼓励国民经济发展的政府都需要采取的措施。其中包括：1.成立职业学校，或可从国外引进能工巧匠作为师资；2.在孤儿院和监狱开展职业培训；3.通过展览、奖励和奖金的方式鼓励优秀的手工业者，使其知道自己的劳动受到国家和社会的高度评价；4.为手工业者进口的原材料和高性能机器免征税费；5.对特定的工厂给予年度补贴；6.为振兴特定的行业和工厂，国家有针对性地下产品订单；7.对有本地竞争的进口商品征收关税；8.重新成立手工业协会、行会和行会下属的学徒制学校；9.向小工匠和小实业家提供便利和低息贷款；10.同行会和公社开展合作，为手工业者提供价格低廉的作坊和厂房，这样，村里的年轻人就可以实现本地就业，因为年轻人口的外迁会导致乡村老龄化。米西尔表示，这些措施的成效取决于应用的方式，它们或能提升产品的数量和质量，或只能让某些与国家携手的生产者更加富裕。[2]然而，米西尔同奥雷利安一道，追随弗里德里希·李斯特的脚步，认为这些措施是绝对必要的，正因如此，既然一个负责任的国家无法免除这些使命，这个国家就应当由一些负责任的人来领导，以便让罗马尼亚人在适当的情况下享

---

① 米西尔：《文学与政治作品集》，第26页。
② 同上，第27—34页。

有"国家直接干预的好处"①。

米西尔肯定了奥雷利安的观点，认为经济繁荣的开端必须建立在现有基础之上，因此，重点是小型工业："应当根据我们所处的环境来建立工业体系，它由家庭和手工业作坊模式下的中小型产业构成，因为大型工厂所需的条件无法在一朝一夕间实现。"②同时，国家还应拟定一份现有产业及其运转条件的清单，以便了解在何处可以提供帮助。米西尔引用奥雷利安的观点指出，在选择生产类目时须遵循两大原则："1. 应当以国有原材料为基础开展工业……2. 鼓励生产受罗人追捧的物品。"米西尔同奥雷利安一并表示，"罗马尼亚可以发展（基于亚麻和羊毛加工的）纺织工业、木材和食品工业，以及满足占'罗消费人群'大头的农户所需的机械和冶金工业。"③罗马尼亚从奥匈帝国进口面粉的事实引发了奥雷利安的愤慨，米西尔引用道："我们出口的原材料被磨碎后再重返我国，1879年的面粉进口额接近200万列伊，而那时我们具备一切创办磨坊业的条件，因为在1863年我们只进口了价值25000列伊的精面粉。甚至在布勒伊拉就曾有一家工厂出口面粉。奥雷利安先生将磨坊业的衰落归因于准许匈牙利面粉以零关税进入我国的贸易协定。"④米西尔还借助奥雷利安书中的内容，列举了其他本可以在罗马尼亚生产的进口产品：葡萄酒、食品油、工业用油、肥皂、毛皮、纸张、火柴、织物、蜡烛、陶器、玻璃器皿、家具、板条箱，甚至四轮

---

① 米西尔：《文学与政治作品集》，第325页。另见大卫·施韦卡特在《反对资本主义》中提出的分析和解决方案（剑桥，剑桥大学出版社，1993年），第280—314页。
② 米西尔：《文学与政治作品集》，第29页。
③ 同上，第30页。
④ 同上，第31页。

马车。①

　　米西尔对生产、工匠、小企业主、农民家庭的重视完美契合了保守派的现实主义。正如美国历史学家迈克尔·林德所说，在那个时代，你可以是"亲大财团"也"亲大政府"的，或是"反大政府"但"亲大财团"的，又或是"反大财团"但"亲大政府"的，但任何"反大政府"也"反大财团"的企图都会被贴上"法西斯"的标签，②冷战将美国的保守主义军国主义化，将其扭曲为军工产业的附属品，而在此之前，至少自埃德蒙·伯克时代以来，保守主义与社会主义具有社会学论述上的共性，即不仅仅是个体，社会也是重要的。社会主义家长制，社会主要由横向联结定义，是保守主义父权制的技术官僚版本，而保守主义父权制社会主要由纵向历史联结来定义。社会主义者对于传统更具选择性，像自由主义者一样选择性地、以目的论的方式借鉴历史，而保守主义者则将传统视为有章可循的宝库。保守主义者更加注重阶级和谐，而社会主义者则赋予人民或无产阶级救世主般的色彩。但无论是保守的有机主义者还是爱国的社会主义者，两方都承认根据横向和纵向定义、按照属性和种类划分的社会价值。在极端情况下，非基督教社会主义者和保守主义者神化了社会，宣称其为"神圣"和"道德"的源头。③如果说新保守派的玛格丽特·撒切尔可以愤愤不平地宣称她不知

---

① 米西尔：《文学与政治作品集》，第32页。

② "事实上，两党一致认为，民粹主义与国家主义，除去它们专有的变型模式，两者间的任意结合都是'法西斯主义'。反大政府但亲大财团，或者反大财团但亲大政府，这都是可以被接受的。但根据反民粹主义的左派国家主义者和反国家主义的右派民粹主义者的观点，既反大财团也反大政府的坚定的民粹主义者是潜在的希特勒。"（迈克尔·林德：《拿着干草叉的农民在哪里？》，载《沙龙》杂志，2010年10月26日）

③ 参见社会学家埃米尔·涂尔干在《涂尔干文集》（第3卷第2章《宗教，道德，失范》）中关于社会和神圣的概念，巴黎，午夜出版社，1975年。

道什么是"社会"，那么保守派的亚历山德鲁·马吉洛曼则直言不讳地说："保守主义是社会性的，因为它是一项真正的政策。通过对现状的真实研究，保守主义承认了形而上的虚无；在阶级差异如此之大的情况下不可能存在博爱；没有经济平等，就不可能存在真正的平等；当人没有最低生活保障时，就不可能有真正的自由；保守主义由此具备了社会性。而在所有国家，对生产人群的捐助运动倡议都归于保守主义。"[①]马吉洛曼在一个时代的延伸章节中写道，在那个时代，由本杰明·迪斯雷利和奥托·冯·俾斯麦领导的保守党在创建最初的社会援助体系（路德教信徒俾斯麦称之为"实践基督教"[②]）中扮演了重要的角色。如今，这一体系是痴迷于最低限度国家理念的新自由主义者想要摧毁，而新左派人士希望并且已经部分成功将其改造为"另类"的生活和艺术"风格"所用。[③]

根据对真正的即社会性的保守主义的主张，米西尔起草了一份相

---

① 亚历山德鲁·马吉洛曼：《保守主义》（1923年），编入劳伦丘·佛拉德：《罗马尼亚保守主义：概念，思想，方案》，布加勒斯特，内米拉出版社，2006年，第114页。马吉洛曼还认为，社会为了社会利益、即所有人的利益而"奉献"财产。随着人进入社会状态，财产也应运而生（第113页）。如果是这样，那么就不能把行使财产权视为一种反社会的行为，根据当代全球新自由主义团体主张的理论，要把社会保障的权利与面对该权利赖以存在的社会的义务剥离开来。对于团体对社会毫无义务的新自由主义论点的经典说明，参见米尔顿·弗里德曼：《增润是企业的社会责任》，载《纽约时代杂志》，1970年9月13日。

② 莫里茨·布希：《俾斯麦：一些历史上的秘密篇章》（第2卷第1章），纽约，麦克米伦出版社，1898年，第282—283页。

③ 有关这段历史，参见保罗·戈特弗里德：《自由主义之后：管理型国家中的大众民主》，普林斯顿，普林斯顿大学出版社，2001年。有关对非正常与混乱现象实行国家补贴，而对正常现象处以罚款的当代例证，参见詹姆斯·查普曼：《工党税收体系如何惩罚已婚夫妇》，载《每日邮报》，2008年1月21日；汤姆·怀特黑德和克里斯托弗·霍普：《遭税收体系惩罚的已婚夫妇》，载《每日电讯报》，2009年1月1日。另见威廉·D.盖尔纳：《反对家庭的战争：一位家长对威胁众人的政治、经济和社会政策大声疾呼》，多伦多，BPS图书出版社，2007年；乌特·格哈德、特鲁迪·克尼恩和安雅·韦克沃特：《欧洲的职场妈妈：政策与实践的比较》，切尔滕纳姆，爱德华·埃尔加出版社，2005年，第136页。

当克制的报告，介绍了其同道中人A.C. 库扎的遵循科学的行为，后者于1900年被任命为雅西大学政治经济学系的教授。米西尔于1900年1月在《文学谈话》杂志上发表了关于库扎作品[①]的研究，对库扎奉行的种族主义不以为然。米西尔指出，种族主义扭曲了库扎的思想，否则，他会是一位在经济、政治和人口统计学专业领域的佼佼者（和奥雷利安持不同观点，例如，米西尔批评库扎在人口统计学方面缺乏统计数据）。米西尔抨击了库扎的经济种族主义的虚假经济前提。他指出了库扎是如何步马尔萨斯的后尘，用米西尔的话说，马尔萨斯所支持的理论是："人口的流动总是取决于生存手段。一个国家存在多少生活资料，人口就增加多少。"[②]米西尔指出，从马尔萨斯的理论出发，库扎总结出："为了国家内部的风平浪静，为了人民的深入发展，成为某片土地的唯一主人是绝对必要的，即包围这片土地，且对这片土地拥有历史权利。"[③]既然人口的增长导致食品资源的减少，那么在库扎的科学观念中，一个民族保护其赖以生存的领地是正常的。米西尔绝妙地驳斥了这一论点，他指出，马尔萨斯受到重农学派的影响，将"一切生产力归因于土壤的肥沃程度，完全忽视了人类劳动对产品的贡献"[④]。事实上，重农主义者认为只有农业才能产生新的财富，工业或贸易只是现有财富的转化或流通。[⑤]除杜尔哥和米拉波侯爵外，重农主义者的论点既受到

---

① A.C. 库扎：《关于人口的统计、理论和政治的经济学研究》，雅西，1899年。

② 米西尔：《文学与政治作品集》，第78页。

③ 同上，第83页。

④ 同上，第79页。

⑤ 除本人在《民族意识与代议制国家》中《分配主义与代议制国家》一文的参考书目外，参见乔治·韦勒斯在《法国重农运动》（1756年至1770年）（第2卷）中对于重农主义的经典概括，巴黎，阿尔康出版社，2000年。

该学派创始人弗朗斯瓦·魁奈医生宗教思想的影响，即借自然神论的
"普世伦理"和自然法则的"专制"之名反对基督教启示，又被他们试
图说服路易十五和路易十六国王的努力所左右，即对真实财富，也就是
农业财富征收单一税费便可使法国的财政井然有序。[①]将工业和贸易拒
之门外，限制了税收基础，重农学派的财政自由主义导致了法国财政赤
字的增长，而英国政府将工业和贸易囊括在内所实行的更为沉重的税收
制度却为国家带来繁荣，为自由主义带来声望，从历史的角度出发，这
与低税收之间产生了不合理的联系。[②]

　　米西尔反对马尔萨斯主义，表明财富并非独立于人类劳动而增
长。人口的增长不仅意味着对财富的消耗，还意味着财富创造力的提
升。至少，如果鼓励 "长期的诚实工作"和"生产要素"："人力增
加所带来的劳动力提升不仅仅体现在数量上。个体劳动力与生产紧密相
关，而任何形式的联合，其力量都大于协作的个体力量的总和……那么
大脑的创造力和发明力就真的是无穷无尽了。"[③]米西尔的结论是，库
扎的种族反动主义嫁接到了马尔萨斯的经济反动主义上，后者的经济学
说为当权者的利益和政策进行辩护："根据这一理论，贫困是人口增长
过快和生计增长过慢的必然结果。因此，赤贫状态不是任何不良财富
分配体系的结果，也不是任何社会险恶的结果，相反，它是大自然的
结果。在简单的人口流动理论的良性表象下，马尔萨斯向世人提出了
一个社会问题的果敢解决方案，然而，这却是为有产阶级量身打造的反

---

① 迈克尔·夸斯：《特权和18世纪法国的税收政策：自由、平等、税
收》，剑桥，剑桥大学出版社，2000年。

② 18世纪，法国引入一定的税收种类只因这些税种已经在自由的英国开
征，为法国树立了在军政殖民国家发展的背景下，税收不减反增的榜样。

③ 米西尔：《文学与政治作品集》，第85页。

动方案。"①

　　因此，库扎的种族主义错误是由马尔萨斯的社会学错误引起的，而马尔萨斯的社会学错误又是由重农主义者的经济学错误导致的（后者源于自然神化的神学错误）。米西尔没有为涉足神学或宗教人类学问题而离开社会人文科学领域。受益于斯宾塞、涂尔干、罗雪尔和普林斯的观点，米西尔在人类学和社会学领域的认知具备实证主义特性。然而米西尔的贡献在于，结合罗马尼亚的背景阐明了人类学与政治经济学之间的关系，以及政治学与社会学之间的关系。对此项事业的持之以恒将米西尔引向一种保守主义，抵触任何"经济学人"喜爱的简化人类学读物。米西尔拒绝将人类尊严降低至可以用数量（多少选票、多少物品、多少权利）来衡量的程度。如果在政治学领域，保守主义特别提出了质量、能力、原则、诚实、价值的真实表达的问题，那么在经济学领域，保守主义则对消费主义狂热和潮流意识形态敬而远之，它拥抱的是一种不会把人化作简单商品的真正的经济学价值理论。②

　　由此可见，除重农主义、马尔萨斯主义和种族主义外，米西尔也反对马克思主义，他从马约雷斯库"无内容的形式"理论角度，用来自"优雅世界和多瑙河畔商人箱中"的装饰性思想在罗马尼亚的流行来类比马克思主义在某些罗马尼亚知识圈的承袭："在这里，它作为最高品

---

① 米西尔：《文学与政治作品集》，第80页。
② 例如在20世纪70年代，福特公司发现，由于油箱的安装位置问题，福特斑马轿车即便在低速碰撞下也会起火。福特做了效益成本分析：在汽车和卡车上安装小型防火及减少死亡的装置，或对事故遇难者及其家人做出赔偿。福特在分析后得出的结论是，出售没有（价值11美金的）小型保险装置的汽车效益更佳。对遇难者的赔偿金额会达到4950万美元，而安装保险装置的费用总额是13750万美元。为此，福特将没有安装防低速碰撞爆炸装置的斑马轿车投放市场。1971年至1977年间，有500人死于福特斑马起火事故。参见格里·斯宾塞：《毫无正义可言》，纽约，企鹅出版社，1989年，第200—201页。

位的作品被生产或再生产，而在巴黎或是其他地方，它却曾带来绝望，甚至可能摧毁了将它付诸实践的制造商。"①具有讽刺意味的是，在过时的思想面前，同步主义者却是永恒被谴责的对象，同步主义人士推行的地方"现代性"总是落后于大都市的现代性和罗马尼亚的永恒性，形成后两者事实的有机发展逻辑当然和类人猿般的模仿逻辑所产生的反馈不同。米西尔指出，尽管社会主义有其可取之处，也因其诚恳地阐明了"对思想与行动中诸多虚假之处的抗议"而应受到尊重，但由于缺少严密、深入及令人信服的"理论阐述"，以及"实际利益阶层和相关拥护者"的缺席，即缺乏社会主义思想和人物所代表的社会现实，社会主义在罗马尼亚遭遇了水土不服。②此外，米西尔指出，由于缺少哲学词汇和抽象外来词汇，1883年的罗马尼亚语还是一门局限于具象词汇的非常保守的语言，并不擅长表达抽象意识形态。刚刚从乡村、历史和宗教仪式的摇篮中被孕育而出的罗马尼亚语与具象事物密不可分。它曾是一门仅用于家庭成员间交流的非官方语言。③"罗马尼亚语中的科学术语没有经历用博学表象掩盖内容空洞的折磨。这是那些尚未拥有充分表达意识形态和抽象思辨功能的语言所具备的优势"，米西尔根据这些发现，强调了同步主义和煽动性激进主义之间的联系。④

　　除了推翻马克思作品与1880年罗马尼亚国情之间的相关性外，米西尔还否定了马克思的价值理论。他认为，对于马克思和大卫·李嘉图来说，"价值仅来源于人类劳动"，那么一件事物的价值就是由投入到它身上的劳动量所决定的。该价值随后会受到使用价值（产品效用）

① 米西尔：《文学与政治作品集》，第114页。
② 同上，第115页。
③ 这种现象一直延续至康斯坦丁·诺伊卡、杜米特鲁·斯特尼洛阿耶、伊万·亚历山德鲁·索林·杜米特雷斯库、甚至是尼基塔·斯泰内斯库时代。
④ 米西尔：《文学与政治作品集》，第127页。

和交换价值（其市场价值，即产品价格）的波动与伪造的影响。根据马克思的观点，"经济的灵魂具象成物品"，赋予事物使用价值和交换价值。米西尔捕捉到这一公式中的黑格尔主义，它承载劳动、精神，在物品中以"两种价值形式"展开，在世界中以命题与反命题的模式运行。[①]为阐明其理论，马克思列举了空气和钻石两个例子。空气拥有很大的使用价值，但它不是劳动产品，也没有交换价值。钻石的使用价值"微不足道"，但基于打磨它所付出的劳动而拥有巨大的交换价值。

米西尔不赞同这一价值理论，具有讽刺意味的是，作为一名真正的保守派人士，这位青年社成员利用一只母鸡反驳了空气和钻石的例子。米西尔指出，有些未经人工处理过的物品我们是无法免费获取的，尽管它们的效用不是人类劳动的结果。因此，人类劳动无法覆盖产品的全部价值，至多是增加物品质量："例如，在一只母鸡的支付价格中，刨去消费者间竞争所产生的部分后，当然包含一部分饲养者的劳动价格。但毋庸置疑的是，在这件物品（母鸡）的效用中，（物品）本性的占比最大，那么，劳动所带来的物品效用最小，即产生一只母鸡的经济价值中最小的部分。然而，（一只母鸡）其余的经济价值从何而来呢？"米西尔笑称，既然马克思理论无法为我们答疑解惑，那就意味着它是一个伪价值理论。米西尔继而指出，你所青睐的政治制度取决于你定义事物价值的模型。错误的定义、对经济价值的曲解，将导致对社会和国家的认知畸形。米西尔认为，马克思将全部经济价值归于劳动，是为了在此简化法的基础之上否定私有财产。同样，将"精英"的价值简化为智力，则导致了对其品性及其在社会建设中所发挥的作用的忽视。马克思理论将一切简化为投入产品的"劳动"，而另一些伪经济学理论

---

① 米西尔：《文学与政治作品集》，第119页。

将一切简化为投入产品和国家的"资本",或投入政治和学术生涯的"智力",罗马尼亚社会被马克思理论所摧毁,也无法基于伪经济学理论而崛起。米西尔的保守主义观点认为,存在不同质量的劳动:"事实上,在任何情况下都不存在抽象概念上与马克思理论一致的劳动,只有根据质量划分的具体劳动类型。"[①] 继而存在不同质量的资本和智力。劳动、资本和智力的数量无法弥补其低下的质量或不良的初衷。在罗马尼亚,对于我们当前的文化精英,其高额的"智力"交换价值和其投入仕途的"劳动"与其应用价值毫无关联。

因此,在《价值观》一文中,米西尔发展出一种比马克思和李嘉图理论更为复杂的价值理论。在这一理论中,米西尔考虑到了某些产品的"极端稀缺性",这种稀缺性并非总能通过劳动来摆脱。[②]此外,米西尔对不同劳动质量进行了探讨,他指出,"在以生产为目的的极端体力劳动和极端脑力劳动区间,劳动质量千差万别"。对这些差异的分类,可以初步依据三个标准:1. "根据其特有的品质";2. "根据其持续的时间";3. "根据其强度"。[③]物品的升值在物品交换时发生,它不仅与我为生产一件物品而付出的劳动有关,还与他人为生产我想要的物品所付出的劳动有关。他人的劳动让我们免于自身的劳动,也使我们免于克服一些困难。因此,一件物品的价值由我们被免除的劳动,即为获得这件物品我们所要做出的工作所赋予:"我们为获得一件劳动所得需要排除的困难越大,这件劳动所得的价值就越大。"[④]而这些困难来自:1. 生产一件物品所需的劳动;2. 物品的稀缺性;3. 社会阻碍。当

---

① 米西尔:《文学与政治作品集》,第123页。
② 同上,第145页。
③ 同上,第146页。
④ 同上,第148页。

一件物品已经是社会结构的一部分时，其所有权具有复杂性，不能在例如偷盗的情况下被占用。回到米西尔的母鸡示例，根据米西尔的保守主义观点，除去饲养一只母鸡所付出的劳动和（母鸡）本性所赋予的效用外，一只母鸡的部分价值和价格归因于"社会阻碍，它对我们造成的负面事实是，这件物品已被私人占有，只能用一般等价物予以交换"。[①]李嘉图马克思主义价值理论将社会关系从理论中剔除，或仅仅将这一关系解读为生产关系，进而将其简化为劳动，得出了错误的结论。最终的平均主义只是在社会关系缺失的前提下得出的结论，一切都被简化为抽象意义上的平等劳动，而社会关系也被简化为生产关系。

杜林的读物成为米西尔和19世纪美国伟大经济学家亨利·凯里之间重要的纽带。如果说米西尔坦言其借用了杜林的经济学价值理论，而杜林的理论则是来源于亨利·凯里这位伟大的保护主义经济学家。米西尔价值理论中的反马尔萨斯主义和经济民族主义均在凯里的著作中有迹可循，而凯里的思想是通过杜林在欧洲发扬光大的。[②]因此，为准确理解米西尔（或是克塞诺波尔，他也是凯里的热心读者）理论之间的相互关联，必须要借助凯里来重建米西尔更为广阔的知识领域。

亨利·查尔斯·凯里（1793—1879）出生于费城，是爱尔兰移民马修·凯里（1760—1839）的儿子，凯里的父亲曾在巴黎的本杰

---

① 米西尔：《文学与政治作品集》，第152页。

② 阿诺德·W.格林：《19世纪社会学家亨利·查尔斯·凯里》，费城，宾夕法尼亚大学出版社，1951年，第49页。亨利·凯里在欧洲的弟子之一是德国经济学家舒尔茨·德利奇，他反对社会主义，是合作社和大众合作银行的奠基人之一。参见唐纳德·斯基尔·塔克：《人民银行的演变》，纽约，哥伦比亚大学出版社，1922年。亨利·凯里在美国的另一位门徒是基督教社会主义者史蒂芬·科尔威尔，他曾宣称："政治经济学，从严格意义上讲，既与基督教相对立，也与社会主义相对立；换言之，相较基督教与政治经济学，社会主义与基督教之间存在更多的共同点。"亨利·C.凯里：《史蒂芬·科尔威尔回忆录》，费城，1871年，第24页。同时，涂尔干也曾阅读过凯里的著作，并对其观点进行过引用。

明·富兰克林印刷厂做学徒，回到爱尔兰后创办了一家报纸。新闻工作让其锒铛入狱。结束监狱生活后，马修·凯里乔装成女性以躲避当局，他离开爱尔兰前往美国。他在费城定居，并获得相识于巴黎的拉斐特的资助，开设了一家印刷厂和一家出版社，这家出版社后来成为美国最大的出版社之一。马修·凯里还活跃于经济学领域，从1820年起，他撰写了一系列手册，并作为民族工业促进会的骨干成员成为贸易保护主义的拥趸之一。[1]作为贸易保护主义的推动者，马修·凯里接触到了1825年至1832年间流亡美国的德国保护主义经济学家弗里德里希·李斯特（1789—1846）。1817年至1819年，李斯特在蒂宾根大学教授政治经济学和哲学，后由于其民族主义思想而被迫辞去教授职务。1822年，李斯特因其在德意志各邦关税与经济改革上力主的联合主义、民族主义和保护主义思想而被判入狱。在拉斐特的帮助下，李斯特举家移民美国，在宾夕法尼亚州的一个农场定居。由于宾夕法尼亚州当时是美国保护主义的思想中心，李斯特曾为民族工业促进协会工作过一段时间，马修·凯里是该协会的主席。李斯特在1827年以协会的名义发表了一些短篇论文。1832年，李斯特回到故土，1833年，他的德意志关税同盟思想付诸实施，1841年，其经典著作《政治经济学的国民体系》问世。

尽管在民族主义和贸易保护主义的氛围下长大，亨利·凯里还是以曼彻斯特学派英国自由贸易推动者的身份首次亮相。[2]然而，亨利·凯里逐渐开始质疑李嘉图学派和自由贸易主义思想。在《社会科学

---

① 乔治·索尔：《伟大的经济学家思想》，纽约，维京出版社，1952年，第105—106页。

② 除格林的《19世纪的社会学家亨利·查尔斯·凯里》外，参见A.D.H.卡普兰的《亨利·查尔斯·凯里：美国经济思想研究》，巴尔的摩，约翰·霍普金斯出版社，1931年；罗德尼·J.莫里森：《亨利·C.凯里和美国经济发展》，费城，美国哲学学会出版社，1986年。

原理》一书中，凯里认为，价值"衡量获取所需物品而必须消除的阻力"，米西尔也沿用了这一理论。^①凯里在《过去，现在和未来》中总结道，随着社会的进步，农业生产力也在不断提高，因为人们首先在贫瘠的土地上工作，随着人口的增加和农业技术的改进，土地才会变得更加肥沃。凯里的观点放在美洲大陆殖民史上是正确的，让其得以反驳马尔萨斯的悲观主义，他认为，随着人口的增长，人们的生存手段也在改善。^②由于这一发现，英国关于自由贸易和国际化分工的重要性和收益的观点也被凯里一同摒弃了。他写道，自由贸易的结果是世界经济体系的构建，在这一体系中，只有一个生产国，其余都只是供应国，人力资源和原材料从供应国出口到唯一的工业化国家中："所有的原材料都不计运输成本地流向唯一且面向全球的工厂。"凯里指出，这个经济体系为了一个国家而抑制了其他所有国家的经济发展。^③殖民地宗主国和中间商是它的主要受益方，中间商将原材料运送到殖民地宗主国，将加工好的商品运送到殖民地或半殖民地周边地区。

_____

①　巴斯夏在《经济和谐》中抄袭了凯里的这一观点，这导致了凯里和巴斯夏之间的激烈交互，这场针锋对决被记录在1851年《经济学人》杂志117期第28章第38页和第29章第43—44页中。法国经济学家查尔斯·吉德认为，巴斯夏应该接受贷款的存在。有趣的是"自由贸易者"窃取和挪用支持贸易保护和小型产权的保守派人士思想的方式。和任何意识形态一样，全球性的自由贸易需要一个与事实相关的真实前提，随后在此之上发展出一套错误的系统。若要冒着减弱本文应用价值的风险，我会说，诡辩与意识形态之间的区别在于，诡辩将谎言变成真理，而意识形态将真理变成谎言。意识形态始于一项观察或一个真实的前提，尔后对其进行扭曲和伪造。而诡辩始于一个虚假的前提，随之以严谨的态度将其发展为"真理"。意识形态伪造论据，诡辩伪造前提。两者对立共生。
②　帕林顿：《美国思想主流》（第3卷），第105—111页；格林：《19世纪的社会学家亨利·查尔斯·凯里》，第51—54页。米西尔也持相同的观点。
③　格林：《19世纪的社会学家亨利·查尔斯·凯里》，第147页。参见当今德国对欧盟小国的负面影响。

因此，凯里反对国际化分工，或者说全球化，他认为的理想状态是各国独立自主发展，即每个国家都要发展出一套综合经济体系，其产业相互交织、生产得益于国内市场。凯里认为，这不是纯粹的经济学问题，而是人类学话题。出于对人类本身而非对"经济人"的兴趣，他指出，一个只专注于消费的人是未经发育的幼儿："机会造就人。每个社会都有巨大的潜力以待发挥；因此，在没有职业多样性的社会中，智识力量在多数情况下是被浪费的，因为它不产生任何结果。"[1]经济类企业和专业协会的多样性为人类带来能力的发展与社会的繁荣，而从经济学角度出发，作为全球化产物的供应国文化单一，不可能拥有上述的多样性。在此维度之上我们便可理解，为什么保守派人士特奥多尔·C.罗塞蒂在《论我们进步的方向》（1874）中谈到，通过赋予农民土地财产权的农业改革"创造一个民族"。事实上，国家是被"创造"出来的，但并非在卢奇安·博亚的解构主义层面。罗马尼亚民族以公民属性而非种族属性诞生于19世纪，在"经营罗马尼亚"这项现代自由的"事业"中，农民法也被赋予了一些"股份"。罗马尼亚农民是土地的主人，而非奴隶："可以说，根据这部法律，只有罗马尼亚人民这个词开始拥有具体且实际的含义。这部农村法律的关注点仅放在由没有土地财产继承权的农民来耕种土地上面，除经济改革的近期目标外，该法律还要满足社会和政治改革的更高诉求，简而言之，就是要创造出一批死气沉沉的工人。"[2]

支持贸易保护的自由派人士凯里，和青年社保守派人士米西尔一

---

[1]　亨利·凯里：《社会科学原理》（第3卷第1章），费城，J.B.利平科特出版社，1858—1860年，第54页。

[2]　劳伦丘·弗拉德：《罗马尼亚保守主义》，第155—156页。

样，都洞察到土地、产权与自由之间的关系。[1]凯里甚至提出了农业与工业共生的想法，这一想法至今仍根植于近代和当前的经济思想中。[2]凯里指出，农业区与工业区的融合会带动农业区附近销售市场的建立。由于运输、冷藏和防腐成本下降，"本地"食物更健康、更新鲜、也更便宜，而土壤也因果实产生的肥料而不会变得贫瘠。[3]

即便凯里与米西尔之间的关联在此无法得到诠释，也可在《文学谈话》撰稿人的作品中寻得蛛丝马迹。[4]一些青年社成员通过杜林的授课也接触到了凯里的作品，这其中就包括A.D.克塞诺波尔，他提及其在柏林求学期间，曾"竭力研究过美国经济学家凯里和德国经济学家弗里德里希·李斯特的学说。将他们的理论应用于罗马尼亚，我提出了一些当时在我国几乎不为人所知的原理和学说，这就是在克拉约

[1] 参见埃米内斯库的文章，关于在自由主义兴起以前，罗马尼亚农户所实行的和谐一体化经济："他以前的家业，无论多么单薄，总归涉及不同领域。除了地里的农活，他还拥有冬日里全家人一同参与的家庭式产业；祖祖辈辈流传下来的美好习俗，就像文字和语言，在某种程度上代替了缺失的文明。今天，那些习俗已消失大半，取而代之的是灵魂的空虚，这比贫穷要更苦涩、更难以忍受。我们的人民对语言不通的外国盟友不再抱有任何希望，在酒精中失去人性，被注定不幸的种族宿命论所束缚。"[《当我们谈论……》，载《时代日报》，1881年2月21日，收录于《政治作品》（第2章），第476页]
[2] 除重农主义思想外，参见约翰·海因里希·冯·杜能的《孤立国》理论，以及近期涉及不同"深层经济"形式的丰富文献。
[3] 凯里：《社会科学原理》（第1卷），第273—274页。另参见查尔斯·纪德、查尔斯·里斯特：《重农时代至今的经济学说史》，R.理查兹译，波士顿，D.C.希思出版社，第282—285页、332—346页。
[4] 参见扬·勒杜卡努：《亨利·查尔斯·凯里——经济民族主义奠基人与罗马尼亚的精神指引1795—1879》，布加勒斯特，官方通报与国家印刷出版社，国立印刷所，1944年，第15—20页"罗马尼亚科学院回忆录"；里扎利亚·基西、西蒙娜·布塔：《保护主义与"婴儿"产业，理论方法》，收录于《加拉茨下多瑙河大学年鉴》（第1册）：《经济学与应用信息学》，第173—180页（遗憾的是，尽管文章作者谈到了马诺伊列斯库对保护主义一般理论的贡献，但并没将凯里与19世纪下半叶的罗马尼亚保护主义者们联系在一起）。

瓦出版的《经济研究》（1882）如此成功的原因"[1]。杜林的另一位学生埃米内斯库也阅读和援引过凯里原版或法文和德文译本的作品。埃米内斯库在一篇笔记中写道，他正在编写一本政治经济学词典："我买了大版面的凯里著作，用隔行纸夹着，删掉无用的章节，翻译那些适合作为概念的词句。对于李斯特等其他我认同的经济学家的作品也如是。"[2]埃米内斯库提到的"无用的"章节可能与凯里用于阐明其社会理论的机械类比有关。然而，尽管相较于机械类比，埃米内斯库更加青睐有机类比，凯里仍是其政治经济学论述的基准之一。埃米内斯库支持农业和工业的重要性大于贸易，认为自主经济发展优于全球化，他指出："然而，我们与凯里背道而驰，认为商业越是在某种程度上提升一个民族的劳动力和技能，它便越是有用的。商业越是在某种程度上削减一个民族的劳动力和技能，它便越是有害的。奇怪的是，低买高卖既是商业的优点，也构成了其劣势，并且在二律背反中变得针锋相对。没错，仁慈的凯里说过，为寻求获得垄断，他反对任何不经干预而进行的交易；要让食品商用面包换来尽可能少的呢料，让呢料商用呢料换来尽可能少的面包。同样，对重农主义者观点的借鉴于我们也是徒劳。事实上，重农主义者在生产优于商业的观点上妙笔生花，但引用讽刺小品作家伏尔泰的作品以反对魁奈的流派也并无多少说服力。即便贸易平衡就像科学上的异端邪说一般遭到抨击，对于农业国来讲也具有真实而痛苦的意义。但总体来讲，政治经济学是一门如此实证且绝对的科学吗？它就像数学一样包含绝对的真

---

[1]　A.D. 克塞诺波尔：《我的思想史》，收录于I.E. 托罗乌丘：《文学研究与文献》（第4卷《青年社》），布加勒斯特，布科维纳平面艺术学院出版社，1933年，第368—428页。托罗乌丘指出，或许A.D. 克塞诺波尔是从杜林那里听说了凯里。

[2]　《手稿》（第31—33卷），罗马尼亚文学博物馆出版社，2001年。

理，像自然科学一样几乎接近确定性，以至于可以凭其新建立起的概念轻松运行？但对于基本概念之一的'价值'，每个杰出的经济学家都有自己的定义。对我们来讲，凯里对'价值'有确切的定义：'价值是衡量劳动节省量的手段。'那我不禁要问了，被视为时间和地点产物的白酒，以何种方式贩卖能节省农民的劳动、时间和肌肉力量？以何种方式引入进口商品能节省我国工匠的劳动？没错，这样一来，我们的农民和工匠就会有很多的时间，很多无所事事的时间、不知所为的时间、贫困而亡的时间。现代流派的经济学家们没有将人视为完美的造物，而是以一种令人厌恶的形式将人视为一台机器、一头动物，注定为最无情也最狡猾的人而劳动。一位年轻的社会科学专业学生在《东正教卫士》杂志上给出我们答案。他的内容含混不清，但这不是我们所关心的。我们不会过多地讨论从德国书籍中借鉴的内容，而只限于进行更正。《东正教卫士》称，与社会主义者相距不远的美国人凯里也（针对中间人）持相同的观点。远或不远，凯里都不是社会主义者。如果社会主义者尤金·杜林利用凯里的思想来反对马尔萨斯的民粹主义理论和李嘉图的地租理论，这不能证明凯里在同社会主义者打交道。把每个从事社会问题的人都称为社会主义者通常是很庸俗的。社会主义在于社会问题的特定解决方案具备专有性与革命性，而不在于对这些问题的认识、研究与立法。我们国家的犹太人问题是社会性的；但着眼于这个问题，找寻符合罗马尼亚国家和种族利益的解决方案的我们不会成为社会主义者。这位年轻的学生最好在阿德勒的优秀德文译本中请教凯里本人，而不是直接引用杜林的原文。"①

---

① 米哈伊·埃米内斯库：《既有"天平"又有"捍卫者"……》（1881年10月31日首载），收录于《埃米内斯库全集》（第12卷），布加勒斯特，罗马尼亚社会主义共和国科学院出版社，第386—387页；另见第10卷第9页的文章《法国局势》（1877年11月18日首载）。

　　米西尔、埃米内斯库和凯里之间的联系至关重要，因为它向我们展示了埃米内斯库某些民族主义言论的确切含义和目的，这些言论被当今的一些思想家视为"仇外的"。因此，如果埃米内斯库写道："今天，自由主义使我们成功地将罗马尼亚变成一个新的美洲，一片殖民的土地，在这块土地上，罗马尼亚民族正通过简化劳动、双手奉出市场、重赋带来的赤贫而消亡。"①这不意味着埃米内斯库是一个单纯的农民、怀古者、党卫军的前身，而是用他那个时代最复杂的经济学解读参与政治经济辩论的人。保守派社论家埃米内斯库谴责罗马尼亚在某种形式上的"美国化"并指出，通过亚伯拉罕·林肯的经济顾问团队负责人凯里，我们的手头上有了美国经济现实的案例，即另一种国民经济发展的模式。②埃米内斯库批判全球化，支持罗马尼亚小型工业，抵制国外大型卡特尔及其在（摩尔多瓦和蒙特尼亚公国统一的）小罗马尼亚的扩张手段。③埃米内斯库在提示罗马尼亚民族会因"简化劳动"而消亡的

---

①　米哈伊·埃米内斯库：《明天，星期天，是决定性的一天》，载《时代日报》，1878年10月8日，收录于《埃米内斯库全集》（第10卷），布加勒斯特，罗马尼亚社会主义共和国科学院出版社，1989年，第136—137页。

②　参见埃米内斯库在《同仁们是如此的沉着……》一文中对美国保守派保护主义示例的巧妙引用。载《时代日报》，1882年9月4日，收录于《埃米内斯库政治文集》（第2卷），第535—536页。

③　参见《工业展览会……》一文中对罗马尼亚小手工业主及奢侈品行业的赞扬，载《时代日报》，1881年1月1日，收录于《埃米内斯库政治文集》（第2卷），第507页。另参见《经济和知识解放……》，收录于《埃米内斯库手稿》，第2257页，《埃米内斯库政治文集》（第2卷），第262页。当谈及全球化在罗马尼亚的声势时，埃米内斯库提示道，罗马尼亚政府正趋于成为"一个剥削蒙特尼亚公国的匿名组织……就像黑手党和卡莫拉一样"。参见《我们的理论……》一文，载《时代日报》，1881年8月17、18日，收录于《埃米内斯库政治文集》（第1卷），第55页。任何想了解罗马尼亚经济不发达与德意志帝国政策强势路线之间的联系，应阅读米哈伊·埃米内斯库的文章《〈罗马尼亚人〉的词穷……》，载《时代日报》，1882年1月15日，收录于《埃米内斯库政治文集》（第2卷），第272—274页。其后再与经济学家拉杜·戈尔班在《罗马尼亚农民的毁灭与第三帝国计划》一文中描述的纳粹针对罗马尼亚采取的政策进行对比，载《正确新闻》，2011年1月21日。

问题上，借鉴了凯里的思想，即一个社会不应成为全球资本主义体系的一个齿轮，不应为了单一生产国的利益而服从国际分工，而是要成为一个发展自身经济主体的国家，在这个过程中，也有助于发展公民的自由、人格与尊严。①

4. 代议制国家文化

从埃米尔·涂尔干的《社会学方法的准则》（1895）出发，米西尔断言，民族特有的文化、传统、偏见、神话、继承下来对特定事物的反应以及随时间推移而沉淀且不会简化为个人意志的模式，这些存在是人与人之间在一定条件下某种持续性社会接触的结果："继而我们意识到，社会关系百年不衰，个体就像浩瀚无边的海洋中不断流逝的波浪，而社会是永恒不变的存在，个体在其怀抱中出生、生长和消亡。"这些"义务"，即思考、感受及行为模式都以社会的形式预先形成并继承下去，独立于个人意志甚至喜好，是"客观建立在自我以外且先于自我"，是"让每个社会拥有其集体意识与精神的社会现象，与作用于人的个体精神和意识相区别"。②

习惯于这种带有社会性质的客观性，尊重日积月累的现实中某一特定的社会结构，在面对长久以往的真理时，在真理与当下共识和当今

最后，将所有内容与本人在《就地遥控！》一文中所描述的德国针对罗马尼亚和欧元区外围政策进行比较。从19世纪至今，除冷战时期外，德国没有将罗马尼亚视为一个民族国家，而是将其视为一片聚集着"吃货"与"懒人"的土地。减少"吃货"的数量是殖民的必要步骤。

① 参见埃米内斯库的精彩文章《亚历山德里亚，从前……》，载《时代日报》，1882年7月2日，收录于《埃米内斯库政治文集》（第2卷），第655—656页。关于埃米内斯库经济保守主义的共情观点，参见米哈伊·马诺伊列斯库：《摩尔多瓦天才的悲惨宿命》，雅西，摩尔多瓦出版社，1993年，第50—72页。

② 米西尔：《文学与政治作品集》，第227—228页。

时尚相对立时，自然会习惯性地对这样的真理保持客观与敬畏。因此，尊重传统，意识到"客观"、独立于自我意志的真理的存在，会带来对真理的敬畏。尊重社会真理的人会拥有对抗"集体精神"一时疯狂的力量，会意识到一个社会，就像一个个体，会暂时性受到操控，自私地盲从或屈于卑劣的机会主义。但米西尔发现，一旦我们习惯了承认客观真理的"思维秩序"，我们的头脑就会"感受到一种精神上的需要，即只肯定它所相信的，并相信它所肯定的"。①将社会性和个体性纳入通盘考虑，与此背道而驰的是拒绝将人和社会作为真理的基础，即对所有诡辩保持开放，采纳无事实依据的思想，将意识形态幻象实体化，以及湮灭真相。

　　强加于罗马尼亚社会团体的"浮于表面的夸夸其谈"引发了"公共性眩晕氛围"，社会不再根据自己的脉搏与本性听从真理和集体意识。②马约雷斯库揭露的"无内容的形式"仍是米西尔思想的主线。"无内容的形式"之一便是对抗民族主义，打击热爱民族和祖国的空洞人道主义。在当今首次公开的文章中我们发现，米西尔可能同样追随涂尔干的脚步，将民族主义看作博爱，对人类同胞的爱："人类在地球上千秋万代，而个体不断更迭，在人类与个体之间还存在另一种元素，它既没有永恒的生命力，也不处于繁衍更替的状态，它有着属于自己且独一无二的命运，一个注定要自我救赎且一路向前的命运。这一中间元素就是民族，正如其所示，它也必然会在世界的浪潮中迷失。因此，在享受生活的同时，必须要设法利用时间以实现其在这世上必须拥有的目标。"③在指出地域的特殊性是如何在某个特定人类群体中导致语言、

---

① 　米西尔：《文学与政治作品集》，第230页。
② 　同上，第231页。
③ 　同上，第383页。

文化和兴趣的差异后，米西尔将"民族"描述为浑然天成的结构："每个民族所特有的精神被称为民族精神，而存在于个体与民族间、精神与精神元素间的关系被称为民族性。"①既然民族的存在是一种"基于自然"的事物，米西尔自然认为"那些将民族性视为仇恨萌芽的人是出于不正当的利益和不公正的考量"。他声称，世界主义者错误地否定了人与民族间的联系，并要求个体仅为人类福祉而工作："然而，这一主张是过于利己主义的结果，让个体为实现人类的目标而奉献，这一个体也可以什么都不做，因为人类是永恒的，奉献不是迫在眉睫的事情，同时他会认为，他没有做的事情自会有其他人来做，而一个为民族有限的生命而奉献的人则不会有这样的想法。"②将民族主义视为爱和人类活动的形式的这种解读也见于涂尔干。对于全球人道主义和全球民主宗教讨伐，涂尔干一直持怀疑态度，他曾说，共享一种文化的人们才能团结一心。或者说，不存在一种全球性的文化，因为不存在一个全球化的社会。

　　1989年后，罗马尼亚的世界主义大环境和全球化声音大力嘲讽了"民族精神"理念，然而事情并非这么简单。首先，即便是全球化、新自由主义、跨人文主义的支持者也会嘲讽民族主义或种族主义的陈词滥调。其次，最伟大也最反法西斯的社会学家，诸如马塞尔·莫斯，也曾谈及民族特殊性和文化特殊性的存在，并承认民族因素而非种族因素在创造这一特殊性上的重要性。米西尔认为，民族归属感绝非野蛮的表现，而是"对组成一个民族的任何个体来讲的文化元素"。③事实上，民族主义的横向地理与纵向历史弧线是文化的一个要素，它使个体摆脱

---

① 米西尔：《文学与政治作品集》，第385页。
② 同上，第385页。
③ 同上，第386页。

了当代单核家庭的利己主义。正如维多利亚时代的思想家考文垂·帕特莫尔所写，那些撼动民族根基的人没有意识到他们在失去什么："尽管他不知道，在他还是伟大民族的一员时，他的日子好过得多……如果他没有感到失去了自己的民族生命，满足于做一条腐烂发臭的蠕虫，和其余堕落腐化的群体一同蚕食民族的身躯，对于他是多么的悲哀。他的麻木不仁是对其徒劳的终结。"[1]因此，罗马尼亚的文化危机也源于民族历史的去神秘化，破坏了这一"大众"历史文化形式。在一个不再有真理容身之地的国家，我们缺乏一种团结，一种重聚真理火焰的团结。

根据米西尔的说法，任何受过教育的人都是民族主义者，因此任何反民族主义者都是没有受过教育的人。米西尔认为，任何未受教育的人上台执政都会"缩短"一个民族的寿命，他指的是官僚滥用权力、贪污、专制以及无法确保国家的独立。[2]因此，精英不可能是反民族主义人士："具备文化素养的个体会出于对民族的关注和与民族的联结而为民族奋斗。"[3]领导一个国家不是简单的能力与专业问题，因为领导一个国家不仅需要方法，还需要面对某些危机的勇气和拒绝某些诱惑的毅力。除了米西尔要求的能力之外，政治家还需要民族主义作为"权力"的来源。米西尔将民族主义、对民族的热爱、爱国主义、对故土的热爱以及对"田产"的热爱做了区分。因此，作为真正的民族主义者，一个具有历史敏感性的人，米西尔并不认为对民族的热爱是整个罗马尼亚历史的主要动因。"尔后，在斯特凡大公和勇敢的米哈伊统治时期，罗马尼亚人民凭着对本民族的满腔热血与土耳其人奋战。这里我们注意，对

[1] 考文垂·帕特莫尔：《云中弓箭》，塞文欧克斯，费舍尔出版社，1996年，第115—116页。
[2] 米西尔：《文学与政治作品集》，第395—410页。
[3] 同上，第399页。

民族的爱不是战争的主要动因，战争的发起主要源于对田产的爱，或对国家的爱，以及宗教差异……在捍卫宗教时不存在良知与民族性。然而，当威胁者和他们拥有相同的宗教信仰时，这样一个未曾开化的民族会有什么抵抗的动力呢？"米西尔在思考"俄罗斯入侵"问题时不禁在心中发问。①

　　一个民族的精英阶层是一群彰显民族真实状况的人，正如行业精英是在工作的过程中而非在讨论和选举的基础之上脱颖而出的，这种优异是基于精英阶层相对于他人的高质量工作的自然结果。一个活跃国家的精英阶层体现了这个国家的真实生活状况。米西尔指出，"领导不是选举出来的，也非鼓吹而来，他们是脱颖而出的。"②因此，领导人的脱颖而出缘于其彰显着一个民族的生活准则。而一个民族的生活准则即为道德准则，那么精英阶层永远不可能是不道德的。按照米西尔的说法，要同蛊惑人心的宣传和不加掩饰的爱国主义谎言作斗争："一旦上层人士自诩将道德畸形和滑稽小人视为美好的典范，就无所谓在该国公民心中培养高尚情操，也不要谈及自上而下的道德再生问题。"③

　　如果说民族主义是对共有语言、文化和祖先社会的归属感，那么爱国主义则可以被理解为对这一归属感的培植，对这一情感的表达。米西尔认为，爱国主义作为对民族主义的价值，制度和宪法的体现，意味着对肩负国家生计的农民与普罗大众的责任感，而除感激之情外，面对农民与普罗大众，精英阶层也有明确的义务："我们从劳动人民手中拿走数百万元献祭在科学圣坛上，却没能让劳动人民完成基础教育，连他

---

①　米西尔：《文学与政治作品集》，第398页。

②　同上，第260页。

③　同上，第283页。另见第334页。

们的物质生活也没有得到明显的改善。"①对普罗大众的尊重与对罗马尼亚深层次的爱息息相关，②这是一种由青年社成员逐步培养起来的、和带有乡土气息的罗马尼亚之间的联结关系。如果所有的机会主义者都梦想成为人上人，如果所有的"人物"都奔赴中心、首都，那么米西尔把地方主义表述为，为了成为有原则的人而拒绝成为"人上人"。自诩为人物的人与被认为是人物的人之间的距离使得青年社成员仍然是具有"道德观念"的人。乡土中有机的罗马尼亚取代了首都温室里的罗马尼亚："（由米西尔和A.C. 库扎担任编辑的）《新时代》刊载的一篇文章写道，卷心菜叶，一位首都生意人口中土里土气的小叶子，不管怎样都是在市场上买不到的菜园体系的收获，这篇文章如果不是在P. 卡尔普先生的直接指导下而完成那就说不通了。"③与首都之间的距离并非就意味着尘土飞扬的地方主义，而是代表机遇，指明了一种远离席卷国家中心"无内容的形式"的思想独立。④从这一角度出发，地理距离代表道德距离。传统与地方主义一样，允许批判、超然、客观的态度，与混乱和腐败的当前保持某种距离，甚至在道德上有所区别："保守党在过去的传统中发现了这种引领品行风尚的道德力量。"⑤传统不是在过往中逃避现实，传统是鲜活的，在此时此地供人参照，它所蕴含的真理刺痛着国家的敌人："从马约雷斯库先生对文学中的空话与谎言的尖

① 米西尔：《文学与政治作品集》，第289页。
② 同上，第380—382页，参见段落文章《河流》。
③ 同上，第295页。
④ 欧金·西米翁：《青年尤金·尤涅斯库》，布加勒斯特，罗马尼亚文学博物馆出版社，2009年。作家尤金·尤涅斯库似乎也是这当中的一员，在我们看来，他是一名现实主义者，一名"边缘人士"，但不是一个与时俱进的人。参见例如第348—349页中尤金·尤涅斯库的一篇文章认为，布加勒斯特的现代化或西化铸成了灾难，尤涅斯库期望保持布加勒斯特这座城市的人文性。
⑤ 米西尔：《文学与政治作品集》，第322页。

锐批判开始，斗争一直延续至青年社的政治主张，它们一脉相承，之间的联结一直延续，特征越发显著。遇难者们的呼喊声向我们证明了这一点。"①

5. 结语

米西尔，这位亚美尼亚裔的民族主义者与爱国人士，时至今日他优秀在哪里？米西尔向我们展示出真诚话语、简明犀利表达的力量。米西尔告诉我们何谓一个正直的人。米西尔向我们证明，19世纪的罗马尼亚保守主义运动是一场批判运动，即一场直言不讳的运动。19世纪，罗马尼亚进行了土地改革和语言文学改革。土地财产权与文字属性相辅相成。罗马尼亚民族是"创造"而来，并非发明而来。罗马尼亚人不是现代历史的一项编造，列强的一个玩笑。也就是说，土地和语言是罗马尼亚民族所拥有的财产，罗马尼亚人民世纪耕耘而来的土地和语言被记录在案，变得神圣不可侵犯。②因此，保守主义运动是一场为摆脱无内容的形式的运动，在某种程度上要比"四八"革命自由主义运动更加声势浩大。

---

① 米西尔：《文学与政治作品集》，第335页。
② 在赋予罗马尼亚人语言文学财产的人当中，有两位在今天受到了忽视：迪米特里耶·博林蒂内亚努和彼得·伊斯皮雷斯库。

雅西——战时之都与"罗马尼亚民族的凝聚"

题铭:"一位(俄国)军官惊讶于我们国家是如此之小,他豪言道:'这就像一盒糖果,你拿一个,拿两个,就见底了',这是在影射我们那些一座紧挨一座的城市。"(埃列娜·Th.埃曼迪:《苦难的岁月》,1919年)

"诚实的撰稿人在布加勒斯特的问题上也缄默了。'中欧'主张用德国思想与利益拷问着罗马尼亚的良知,而被这一主张玷污的撰稿人依然存在。"(欧金·洛维内斯库:《时代的分水岭》,1919年)

在成为大罗马尼亚(译者注:摩尔多瓦、蒙特尼亚和特兰西瓦尼亚三个公国的统一)前,1859年形成的小罗马尼亚(译者注:摩尔多瓦和蒙特尼亚两个公国的统一)在1916年秋天失去了一部分领土,直到1918年的春天,比萨拉比亚并入罗马尼亚。罗马尼亚军队在1916年10月的战败导致大批来自国家南部的难民迁移至摩尔多瓦,而罗马尼亚的南部处于德、奥、匈、土、保的统治之下。斐迪南国王成了"贫穷荒芜的摩尔多瓦的国王"。[①]由于缺少盟国的支持,后勤供应吃紧,加之战役之初的掌舵将领们大多只擅长纸上谈兵,罗马尼亚军队在1916年秋天遭遇惨剧,这也成了以下四类回忆录文学的题材:1.前线手记或战争回忆录;2.战俘手记或回忆录;3.罗马尼亚德占区平民回忆录,以

---

① 欧金·洛维内斯库:《时代的分水岭,战争笔记》,布加勒斯特,社科出版社,1919年,第57页。

及战时囚禁在特兰西瓦尼亚和布科维纳的平民回忆录；4.摩尔多瓦或俄
罗斯流亡记。另一条丰富的主线是驻罗马尼亚外交官和军事使团成员的
回忆录。其中，最叫好也最畅销的是前三类题材。以摩尔多瓦或俄罗斯
流亡为题材的回忆录书籍相对不那么受欢迎，被翻印的次数也较少，尽
管如果仔细研读，我们会从中清晰地看到一个世纪以前罗马尼亚国家与
民族的脉络。在摩尔多瓦流亡标志着一段罗马尼亚君主制危机，引发了
或多或少歇斯底里的政治争吵，但同时也体现了一个民族及其精英的清
醒程度。[1]

　　1916年11月至12月间，宫廷、议会和政府在布加勒斯特被占领后
迁址雅西。1917年初，摩尔多瓦为100万难民和100万俄罗斯士兵提供
了庇护，[2]1912年摩尔多瓦的常住人口数量仅为200万出头。[3]突如其
来的状况让雅西地方当局不得不确保罗马尼亚王国基础管理架构良好
运转，一夜之间，雅西的城市人口数量从不到10万（根据1899年的人

---

① I.G. 杜卡：《回忆录》（第2卷第2章），布加勒斯特，马基雅维利出
版社，2015年，第99—100页。杜卡写道，清醒客观的主要来源之一是编年
史家们的作品，摩尔多瓦大主教皮门曾在其下榻处开办过一段时间的避难
所，收留了一些编年史家："读着老一辈编年史家的作品，我在脑海中反
复以哲学的角度思考这些想法。对这个国家悲惨过往的回忆使我们今天的
苦难降到了真实的程度……机缘巧合，在兴致勃勃地阅读从皮门大主教公
寓桌上找到的那些编年史书籍的同时，也交替阅读了在我匆忙离布时不知
怎么就带上的瓦西里耶夫斯基写的叶卡捷琳娜二世史。大国，我们的轻蔑
盟友腐朽辉煌，具有欺骗性的至高无上，与此形成鲜明对比的是罗马尼亚
民族坚持有机发展，具有健康活力，使得卑微、渺小、遭受嘲弄的罗马尼
亚民族的百年悲剧渐行渐远。"同时，1916年12月16日，皮亚·阿利默内
什蒂亚努在日记中写道："你在哪里？编年史家内库尔塞？为悲惨的蒙特
尼亚公国哭泣吧，就像你曾为摩尔多瓦哭泣一样，那时摩尔多瓦被蛮敌侵
占，或许比今天的敌人要少一些？"（阿利默内什蒂亚努：《德国占领期
间的笔记》，第34页）。
② 扬·阿格里戈罗阿耶伊：《从首都迁往雅西，到马拉塞斯蒂的史
诗》，收录于《雅西，"抵抗到底之都"，1916—1917》，雅西，青年社
出版社，2016年，第109—172页。
③ 同上，第133页。

口普查，雅西当时的人口数量大约为8万）增加到40万左右。在《雅西——罗马尼亚民族统一的摇篮，模糊记忆与记事》（雅西，时代和文学谈话出版社，2018年）中，N.A. 波格丹用残酷的笔触向我们再现了雅西这座罗马尼亚抵抗中心与饥饿中心的氛围："难民们蜂拥涌入咖啡馆、食堂、餐馆和犹太人的酒馆。他们在普通豆子汤和日常炖土豆出锅前的两个小时就挤在桌前，生怕那天没有食物果腹。在饥饿的序曲后，等待我们的时光不难猜测。超过40万人挤在这个简陋又不宽敞的市场，所有人都是为了一口吃的。"波格丹的书写于战时和紧随其后的几年间，这部手稿在历经大约一个世纪后，在雅西历史学家扬·阿格里戈罗阿耶伊（再编发起人）、利维乌·帕普克和奥尔格伊·约尔达凯（两位德高望重的手稿编辑）的共同努力下，才于2018年1月付梓成书。

　　尽管书的题目听起来略带有"雅西式"的老套，毕竟这不是一本喜庆甜蜜的书。它没有菩提花香，也没有盛开的樱花枝条。这是一本带有明显的"摩尔多瓦式批判精神"的作品，这一精神理论由《罗马尼亚生活》的加拉贝特·依布勒伊莱亚努创立，时常在《文学达契亚》、《文学罗马尼亚》和《文学谈话》泰斗们的笔下得以彰显。《雅西——罗马尼亚民族统一的摇篮》根据重大事件写成，是一本以新闻精神、历史智慧、行政实用主义（波格丹在1917年退休前一直担任助理市长）写成的书，尤其带有清醒的爱国主义精神。在很多方面，波格丹都让我想起青年记者查尔斯·狄更斯的《博兹札记》，1833—1836年，狄更斯潜入伦敦社会底层，借助《博兹札记》揭示了神话般的人类学景观。

　　此外，波格丹撰写此书正是由于拥有狄更斯一般的个人经历与学识。1858年出生在一个小贵族与低级别祭司相结合的家庭里，波格丹在扬·克雷安格学校念了小学，此后在好人亚历山德鲁初中和国立高中学习。16岁时，波格丹成了孤儿，随即放弃了高中课程，进入雅西音乐学院就读戏剧艺术专业，并以优异的成绩毕业。尔后，波格丹广泛涉猎罗马尼亚地理和社会领域，练成了我们在本书中所见到的狄更斯或巴尔扎克式的双眼："我被高中教师维克托·卡斯塔诺聘为文书和翻译，这让我在法语和其他古典学科上多有长进；后来，我为雅西上诉法院执达员团队做了三年的秘书；我还在科普国家剧院和摩尔多瓦的其他剧院，以及布科维纳和比萨拉比亚的剧院里做过临时演员，在统一前的大约12年的时间里，我还做过不同的工作，摩尔多瓦和其他公国城市的各大报刊和杂志社的撰稿人、编辑和通讯员、卫生委员会秘书、速记员、市政府秘书、注册登记官和雅西助理市长，直到1917年从雅西公社退休。"波格丹撰写过历史专著和戏剧、喜剧、长篇小说、中篇小说、政治或消费类期刊文章。根据他自己的表述，在B.P.哈斯代乌作品的启发下，他还创作过色情文学作品。①雅西档案管理员和图书管理员的工作使波格丹对大量公国内外的文库进行了研究，并得到了无数的文化殊荣。除此之外，波格丹还获得了罗马尼亚国王斐迪南一世授予的司令军衔勋章，并于1925年被授予公共指导官员殊荣，以表彰其为法国撰写的作品和提供的服务。波格丹于1939年去世，正值大罗马尼亚解体，也是我国加入第二次世界大战的前夕。

波格丹在1859年小罗马尼亚统一的前一年出生，他去世一年后，大罗马尼亚的边界再次瓦解。随着1848年民族运动的开启，罗马尼亚废除了农奴制，罗马尼亚人民团结起来，在1918年完成了统一大业，

---

① "我将大量的脑力产品公之于众，如果我一直忙于不断地称重，这些产品到今天不知会有多少公斤……在这些产品中有……长篇小说、戏剧和戏剧、严肃或幽默的新闻作品，甚至色情作品，这多亏借鉴了伟大的罗马尼亚文人哲学家B.P.哈斯代乌的一些作品。"（N.A.波格丹：《亲爱的家》〈代替前言部分〉，收录于《六部历史特色作品》，雅西，优佳出版社，1927年，第299页）

这一辉煌一直延续到1940年夏天，波格丹的一生正是在这一美好时期中度过。然而，作为雅西人的波格丹也被故土虚幻的社会现实折磨着，雅西为民族事业做出的牺牲并没有得到布加勒斯特精英们应有的重视。Gr.T. 波帕在1931年举行的一次会议上表示，直到1859年，雅西"对罗马尼亚人来说都是一流的政治中心，是我们国家历史的开创者。罗马尼亚民族的统一、民族意识的觉醒、文化的繁荣，无论这些成就将来会如何倒退，都曾以雅西为基础才得以实现"。正如波帕所说，雅西的"政治意义"在1859年后 "急速衰落"： "从统一后的迁都一刻起，雅西就走向了政治消亡，徒有'第二首都'空名的雅西在很长一段时间里垂死挣扎。罗马尼亚持续了70年的中央集权制进一步加速了雅西的政治衰退。"[1]

抵达雅西的玛丽王后"心情极度糟糕"，她不仅放弃了位于布加勒斯特的府邸，还包括1916年11月离世的年仅3岁的米尔恰王子的坟墓，[2]但她并没有忽视雅西人民的痛苦，在《吾爱之国：一个流亡者的回忆》一书中写道： "慷慨的雅西为我们提供了庇护，尽管我们当中的很多人在和平繁荣的时代对它漠不关心。"[3]玛丽王后将雅西视为"骄傲的首都，它曾为布加勒斯特的荣誉做出牺牲"，雅西对布加勒斯特保持着一种"特别的反感"，就像一个贵族城市面对另一个暴发户一般的城市。[4]玛丽王后写道，1916年的秋天，摩尔多瓦的首府必须立即为那些几十年来漠视它、边缘化它的人们提供庇护： "它尽

[1]　Gr.T. 波帕：《雅西的过去和现在》，收录于《批判杂志文集》（1932年4月—12月），第81—121页。
[2]　杜卡：《回忆录》（第2卷），第101页。
[3]　玛丽王后：《吾爱之国：一个流亡者的回忆》，玛丽·贝尔扎译，布加勒斯特，人文出版社，2016年，第121页。
[4]　同上，第138页。

其所能接待我们，但有限的资源使其难以面临考验。"[1] I.G. 杜卡也将雅西市长乔治·默尔泽斯库在面临几十万平民和士兵涌入城市时所付出的"超越常人的努力"记录在案。杜卡写道，雅西人起初"对于我们来打乱他们城市的和平安宁感到非常厌烦"，在雅西人的灵魂中"重燃了对在1859年统一中受益的蒙特尼亚人的仇恨，这种仇恨面对布加勒斯特人尤其明显，是他们掠夺了雅西昔日的辉煌"。根据杜卡所写，"直到后来，在数月的共生共存和共历苦难之后，关系才变得更加亲密，更接近于他们从一开始就应该有的样子。"[2]康斯坦丁·阿尔杰托亚努得出的结论是，鉴于这种情况，雅西人的表现堪称楷模："有很多关于我们在雅西遭受冷遇的谈论甚至是文字。无可争辩的是，摩尔多瓦人，尤其是雅西人，把我们这些来自蒙特尼亚的难民视为一场灾难。这是正常现象，因为我们的到来，无论在形式上还是在其他方面，都像是一场真正的入侵。在毫无准备毫无秩序的情况下，人流从火车车厢中一股脑地涌出，接连几天又从车站涌入城市，像是席卷一块被征服的领地。出于一种天然的反应，人们把自己关在家中，也关在他们的利己主义里，害怕被人流淹没或被逐出家园，这段时期他们的日子也不好过。但随着人潮被安置下来，随着财产充公的风险平息下来，雅西人开始对我们发出邀请，最终证明了摩尔多瓦的热情好客不是空穴来风。"[3]

康斯坦丁·巴卡尔巴沙叙述道，布加勒斯特人"艰难地忍受着战争的不幸""物资的匮乏"以及"道德的动荡"，他们成长于一个富

---

① 玛丽王后：《吾爱之国：一个流亡者的回忆》，玛丽·贝尔扎译，布加勒斯特，人文出版社，2016年，第121页。

② 杜卡：《回忆录》（第2卷），第106—107页。

③ 康斯坦丁·阿尔杰托亚努：《献给明日之人，昨日的记忆》（第3卷），布加勒斯特，人文出版社，1992年，第81页。

足、宁静、长盛不衰的时代，他们措手不及："尽管灵魂的深处并不懦弱，但长期以来的富足与无忧无虑让所有人在大事面前脆弱不堪。被安宁呵护许久的人们在命运的首轮锤炼下爆发。严厉有序措施的强制，生活成本的上涨，物资的匮乏，放弃舒适生活的需要，以及后来战场连连传回的噩耗引发了深深的不满情绪。在军事战线的后方，完好无损的布加勒斯特如今成为了'失败主义'的阵线。"①难民潮从罗马尼亚南部涌入雅西，在那里"他们无事可做，整日在街上游荡，吵吵嚷嚷，唉声叹气，等待最新消息，他们评论消息，歪曲消息"，把城市变成了"一座颓废时代的集会广场"。②杜卡一针见血地指出，局势的艰难不仅是由于难民人数众多，更多是因为源源不断的难民潮所造成的不稳定："可怕的是，不存在任何的井井有条。当你知道你在和谁打交道时，你是可以采取行动的。但数字每天都在变化，在你为一些难民找到住所和食物后，突然发现自己又面临一股更加庞大的难民潮，你所有的规划都被打乱了，必须从头再来。1916 年的最后几周都是如此。前线尚未稳定，逃难没有停止，难民潮一拨接一拨地涌来。我们生活在永无止境的杂乱无章中。"③

　　战争孤儿的出现是促成两战期间政治激进化的战争遗留问题之一，大批失去父母的年轻人在各种极端政治派别（左派或右派）中寻求"家庭"，而这些政治派别在两战期间的激增不仅是因为资本主义制度的经济缺陷，第一次世界大战造成的个体和社会的异化也是原因之一。波格丹谈及了当地政府和（来自东正教妇女组织、雅西天主教

---

① 康斯坦丁·巴卡尔巴沙：《敌人占领下的首都，1916—1918》，布加特斯特，时代出版社，2017年，第7页。
② 杜卡：《回忆录》（第2卷），第107页。
③ 同上，第137页。

会、上流社会的女士包括奥尔加·斯图尔扎组成的）不同志愿组织为
战争导致流离失所的青年提供物质和精神方面的保护。[①]在仓皇避难
的情境中，命运对于孩子和老人来说是最为残酷的，埃列娜·埃曼迪
写道，沿路"经常会看到饥寒而亡的孩童被遗弃在冰冻的平原上，他
们的母亲疲于赶路，甚至没有时间埋葬他们，为他们在坟墓上竖立十
字架……特别是很多儿童和青年，由于害怕被敌人抓住而匆忙撤离，
从奥尔泰尼亚和蒙特尼亚的偏远地区徒步而来，他们衣衫褴褛，脚上
的高筒皮鞋斑驳不堪，在雨水和泥泞中勉强前行。很多时候，在他们
到达城市后就精疲力竭地倒在街上，双眼微睁，意识模糊，在得到任
何援助之前便放弃了自己的灵魂"。[②]亚历山德鲁·I.V. 索切克叙述
道，在冻雨和泥泞中徒步而行，穿过废弃的村庄，没有补给，一队从
布加勒斯特去向摩尔多瓦的2000个孩童，在到达湖西后，就只剩下
47人还在勉强前行。[③]火车站的拥挤也让埃列娜·埃曼迪印象深刻，
她写道，为了躲避入侵者而匆忙逃离，来自国家南部的罗马尼亚人置
身于火车站的炼狱当中："人们挤满了车站，而车厢中已经密不透
风，经常有孩童因此窒息而亡，必须把他们的尸体扔出窗外。"[④]雅
西火车站在波格丹的眼中成了但丁《神曲》里地狱的一环："火车站
的玄武岩大广场就像是一个震耳欲聋的集市，人头攒动，动物、小包

---

① "条件最好的慈善安置所之一是在雅西市长G.G. 马尔泽斯库的倡导下，
东正教妇女协会主席奥尔加·斯图尔扎公主下令在当地体操协会的馆舍内建
立一所孤儿院，刻不容缓地接收了在战争中伤亡战士的遗孤，除去提供必
要的保护和养育外，还为孩子们提供了相应的指导。
　　下令暂时在救济所收留所有失去母亲的儿童，包括在母亲工作时间里
被迫留守家中的儿童，以及所有父亲可能在战场伤亡的婴儿。"
② 埃曼迪：《苦难的岁月》，第80—81页。
③ 亚历山德鲁·I.V. 索切克：《1916至1918的艰难岁月和阿尔杰什战役插
曲》，布加勒斯特，平面艺术学院出版社，1928年，第68—69页。
④ 埃曼迪：《苦难的岁月》，第78页。

裹、箱子熙来攘往，形成了一张黑色的画布，它不像死亡的海洋，却恰似一片地狱之海，当潮水退去，露出了占据底部的奇怪生物，像是爬虫，又像是植虫，总之像是一大群熙熙攘攘的杂交动物，最终不过是一群蜂拥的人类！"嗡嗡的喧闹声、动物的吼叫声、军队的喇叭声、汽车的鸣笛声、马车夫和孩子的喊叫声及辱骂、诅咒、徘徊在人群中寻找家人发出的绝望叫喊声，在一片震耳欲聋的混乱中，被突如其来的灾难吓坏了的人们辗转挣扎着，俨然一派地狱般的场景……没有人听从指挥，也没有人遵守秩序，连火车的去向也无人问津……没等车厢的门打开，月台上的人就蜂拥而至，急不可待地想要跳上一列火车，尽管从第一列火车中没有下来一位乘客，而从第二列火车的窗户、门和车顶看去，满是穿着制服的军人、马、马车、运水车和各种军事用品。那些率先冲向车厢的人被车门或是车里乘客的手臂推开，压在身后人群上。后来者为了躲开撞击，蹲下随后又撞向再后来的人群。不断有人受伤，命令、辱骂、被踩在下面的人发出的尖吼声此起彼伏，所有人都置若罔闻，不惜一切代价拼命地试图登上一节车厢。当前方的列车再次开始移动时，月台的一端传来了更为响亮的尖叫声，与此同时，人群的涌动也更加急促起来。众人一阵沉默，很多人还想朝叫声更加惨烈的方向跑去，但拥挤的人群不允许他们这样做。车站指挥官带着几名宪兵在拥挤的人群中艰难地挤出一块地方。

"那边怎么回事？"一个高大强壮的军官大声问道，他的声音压过了沸腾的人群。

"什么事也没有！"一个爬上行李架的宪兵回答道。一个怀抱孩童的妇女掉进了车轮中间被碾碎了。

"好的，好的！让火车继续走！"指挥官说。

《雅西——罗马尼亚民族统一的摇篮》一书记录下像雅西这样的

文化城市，其薄弱资源如何因难民和俄罗斯及罗马尼亚士兵的涌入而枯竭，并分析了战争如何削弱雅西的自治权，特别是这种自治权在事实上曾因中央当局的忽视而像恬静绿洲般幸存下来。波格丹的这本书并不是一本简单的逸事集，而是系统地、未经润色地展现了雅西人民在战争带来的经济、政治和行政影响下的各色生活。书中对于持续扩张的中央政府利用任何机会和借口破坏当地自治权的关注，除了略带狄更斯或巴尔扎克式的现实主义色彩，我们也隐约窥见了托克维尔式的智慧。从这一观点出发，1916至1918年的雅西是山姆·弗朗西斯口中"无政府主义暴政"的典型示例，即通过结合中央集权手段与无政府状态的大规模涌入来瓦解地方（或城市、或同业行会）的有机自治权。尽管波格丹不是一个自私的地方性爱国主义人士，但他始终强调，伟大的成就需要牺牲，他也没有天真地逃避一个事实，即战争机器一旦运转，将影响小罗马尼亚雅西人民享有的那种自由：在有个性的外省城市中，一种小资产阶级贵族的自由，就像茉莉花丛在乡间的边缘地带含蓄绽放。这种自由受到所有在第一次世界大战期间具备历史编纂学价值的现象的干扰，而波格丹的功劳在于捕捉到了这些现象，将其进行了系统化的整理、分析，在这个过程中既充满激情又保持冷静。

　　波格丹具备前现代化即旧制度文化和存在的视野，是第一次世界大战的重要见证人。他既不是宫廷知识分子，也不是竞选型政治家。他既不精于权力，也非满身书院气。正因如此，波格丹没有将城市视为一个可以操纵、具有无限灵活性的"系统"。作为老派的"当家人"，他是最早对社会工程学进行分析并提出反对观点的历史学家和政论作者之一，哪怕正值一场伟大的爱国主义战争之际。波格丹对人类所知的第一次工业战争带来的改变非常敏感，并对雅西城市安宁的消失表示遗憾，他并非出于简单的一时兴起，而是出于直觉上的模糊预感，这种预感来源于田园牧歌般、在很多方面老派的生活与战争强加于雅西的飞速现代化之间的比较。[①]这是一段"凄惨的摩尔多瓦遭遇"或"悲剧"，它将摩尔多瓦的编年史家置于与其过往经历完全不同的本体论敌人面前。在利用几近虚构的童话般语言勾勒鞑靼人和其他入侵者形象之后，[②]波格丹用精确和分析性的语言描述了第一次世界大战的群体性运动。如果说波格丹在描写旧时雅西的笔法让我想到彼得·伊斯皮雷斯库（另一个"善于言辞的老头儿"，他在人类学领域和作为新闻工作者的敏锐性伪装在其童话般的无时间性下），而当波格丹对当代事件进行分析时，又化身为一个刻薄的人文主义者，就像任何一个面对荒诞的智者，被迫做出"疯狂的赞美"。

再比如，荒诞和某类"疯狂"似乎是罗马尼亚舆论的基调，在保持中立的两年时间里，罗马尼亚的舆论受到不同使团的操纵，又被不同的幻想安慰着。如果说，C. 巴卡尔巴沙谴责了布加勒斯特人民"懒

---

① 在第一次世界大战中，雅西还失去了位于科普的百年大树："雅西的两大美好事物被祭祀在民族统一的圣坛上，科普的森林和利瓦莱的公园。那几天，百年大树倒在了无情的板斧之下，在这个城市里，除了逃难、疾病和饥荒带来的痛苦之外，现在又添上了一种折磨人的寒冷。"［杜卡：《回忆录》（第2卷），第139页］德国人想砍掉位于西斯米久的树木，但他们改变了主意（巴卡尔巴沙：《敌人占领下的首都》，第64页）。取而代之的是，在1916年圣诞节，他们砍掉了卡罗尔公园里的500棵冷杉。（阿利默内什蒂亚努：《德国占领记事》，第31页）

② "然后，在相隔不远的时代，各路外来入侵者接连沿着城市所坐落的绵延山脊鱼贯而入：鞑靼人、哥萨克人、波兰人、匈牙利人、土耳其人以及其他禽兽不如的侵略者，国家的统治者走马灯般的轮换，每一个统治者都试图对臣民行使自己的义务，或者只为自己的利益着想，这样一来，雅西本地贫民的生活和财产常常遭受无情的掠夺、践踏和挥霍"。

惰的乐观主义"在图特拉坎战役后让位于恐慌，[1]那么波格丹则讽刺了布加勒斯特新闻媒体和非政府组织对"公共舆论"的垄断，首都的这座"杜撰工厂"（巴卡尔巴沙口中的"平民团体"或来自首都的"舆论"[2]）声称其代表整个国家发声。利用言论武器的典型还包括第一次世界大战欧洲各国在工业领域进行扩散的官方谎言。波格丹也谈及了法国人所说的洗脑，即通过官方宣传控制民众的情绪和思想，[3]以获得战争所必需的"思想一致性"。[4]在各种官方的、半官方的或是别有用心的消息源中，罗马尼亚人只能从经过审查的媒体和不同小圈子得到来自前线的虚假新闻："各种令人担忧的谣言每天成倍增加，人们口中谈论着位于摩尔多瓦山口、戈尔吉、登博维察和阿尔杰什的与德国人和匈牙利人的战争，谈论着从多布罗加的系统撤军，然而，谈论最多的是笼罩在布加勒斯特居民上方的恐惧——那群被置于政治爱国行动前沿的英勇

---

[1]　康斯坦丁·巴卡尔巴沙：《敌人占领下的首都，1916—1918》，布加勒斯特，时代出版社，2017年，第8页。巴卡尔巴沙在这个同样困扰着波格丹的问题上改变了想法："我之前说过，布加勒斯特人不配作为罗马尼亚王国首都的居民。他们从小养尊处优，深居简出，过着平静的日子，既不从事体育运动，也不关心除美好生活外的任何事情，再近的距离也要坐马车，却支付低廉的车费，既没有锻炼身体的打算，也没有良心上的不安……我们的布加勒斯特人只学习现有的东西，他们不明白我们参加战争是为了成为一个更伟大的罗马尼亚，他们只关心我们的战后伤亡数字是否为零。与真正的爱国主义情怀密不可分的牺牲精神却缺席了。当然，我说的那部分平民……社会地位显赫、煽动战争的政客们已经开始收拾行囊……火车每天忙着运送他们的家人。高级官员、高等将领、富人们都走了。"（巴卡尔巴沙：《敌人占领下的首都》，第20—21页）

[2]　巴卡尔巴沙：《敌人占领下的首都》，第142页。国家自由党半官方刊物《未来》在1916年7月谴责了对立刊物的"新闻堕落"，指出其制造了"大批具有倾向性的新闻"服务于国家利益。参见拉杜·图多兰恰：《家园防线，第一次世界大战期间罗马尼亚的宣传、态度和舆论潮流》，布加勒斯特，圣像出版社，2015年，第28—29、131页。

[3]　洛维内斯库：《时代的分水岭》，第34—37页。

[4]　"官方公报所提供的来自战场的消息，一时与雅西的严谨来客们带来的消息，以及军队、首都、边境城市、特别是整个多布罗加的情况完全不符"。

人士，他们有权代表整个民族发声，从塞维林堡到多罗霍伊，他们毫无
防备地暴露在齐柏林飞艇的枪林弹雨之下，不知该躲在哪里才好，只能
更快地行进，奔向一个更加安全的庇护所，以躲避突如其来的死亡！"
在我看来，巴卡尔巴沙是布加勒斯特人当中的N.A. 波格丹，他写道：
"从9月12日到撤离那天，布加勒斯特居民日夜生活在德国空军的恐怖
之下，白天是飞机，晚上是齐柏林飞艇。"①

到达雅西后，一些来自"卡普萨"（译者注：位于布加勒斯特的
豪华饭店）的"懦夫"要求立即加入战争，但（根据瓦西里·珀尔万
的说法）他们在"参加动员时被吓得四散而逃"，②成了酒桌上的战略

---

① 康斯坦丁·巴卡尔巴沙：《敌人占领下的首都，1916—1918》，布加
勒斯特，时代出版社，2017年，第6页。

② 瓦西里·珀尔万：《民族变节者的观点》，布加勒斯特，卡罗尔·戈
布尔出版社，1914年，第11—12页。珀尔万写道："有些不良的爱国人士
立即要求我们孤注一掷，只为了拯救法国与文明。拯救法国决不能践踏罗
马尼亚的身躯。而那些在动员时因害怕四散而逃的懦夫，却面对村长和邮
政要职乞怜摇尾，他们是国家的罪人，与此同时，另外一批人则四处叫嚣
着'我们要立即开战'。"康斯坦丁·加内也对"门面爱国人士"提出了
强烈的批判，在推动罗马尼亚加入战争后，他们却收拾行囊准备在塞纳
河畔或挪威峡湾作战。参见康斯坦丁·加内：《穿过河床与旷野，1916—
1917》，布加勒斯特，民族文化出版社，1922年，第80、172页。加内的
女儿埃列娜嫁给了外交官特奥多尔·埃曼迪（1868—1942），她在战时回
忆录中写道，出征时，农民兵态度坚忍，而军官们则更情绪化："火车站
里，人潮难以形容，月台上容不下的人坐在车站周围的人行道上，在那里
耐心地等上几个钟头，等待开拔的命令，尽管他们被家人簇拥着，却感觉
与家人已相隔万里。所有人都保持沉默，似乎对一切都漠不关心，除了托
付给他们的装有作战武器的行囊。然而，当出发的哨音响起，便是分离的
时刻，也可能会与这世上最亲爱的人永别，几乎看不到他们眼中的泪水，
也听不到他们的哀嚎和抗议：他们互相拥抱握手，但感觉在他们心中涌起
一股无声的痛苦，他们越想控制它，它就越发令人难以忘怀。相同的辞别
场景却并不常见于军官家庭，很多次我在他们的车厢前听到的都是撕心裂
肺般的失声痛哭，难道他们的感情更加丰富？我不这么认为，但他们中的
大多数可能在人生的第一次苦难面前无法控制自己，而其他人则世世代代
都生活在各种苦难中，糟糕的日子多过美好的日子，面对再次袭击他们的
无情命运，他们自言自语道：'这是我们命中注定的'。"（埃列娜·Th.
埃曼迪：《苦难的岁月，生活片段》，巴拉德，C.D. 卢帕什库印刷局，
1919年，第41—42页）

家，"在'凉阴'酒店的战壕里发动战争"，[①]阿奇博尔德（吉策·勒杜列斯库）写道。而另一些人，根据国家自由党参议员格里戈雷·普罗科皮乌在追忆雅西议会氛围时所写的，则陷入了沮丧当中："在因战败而造成的精神压抑状态下，议会的氛围同样笼罩在阴霾之下。那些在过去因为害怕错失参战良机的好战人士，现在也低声议论着要脱离政府的好战行动。"[②]在匆忙撤离中，前几批立法人员似乎乘坐的是"由运送动物的车厢组成的所谓议会专用列车"撤离至雅西，这加剧了在罗马尼亚众议员和参议员中的沮丧情绪。[③]

　　雅西的氛围和难民的故事不仅催生了悲剧文学，还带动了讽刺文学的成功。因此，布加勒斯特I. 布勒尼什泰亚努出版社出版过两个版本的押韵纪事体小说《"布加勒斯特——雅西"，布加勒斯特人的遭遇》。这本书是匿名的，（署名"？"的）作者在序言中宣称他无意冒犯任何人，本书仅包含"在血雨腥风的1916年，生活在雅西的我所收集到的骇人印象"，同时，"鉴于当时的境况"我恳请读者不要"为这些记事的匿名作者冠以恶名"。[④]注明日期的文章《布加勒斯特——雅西，1916年10月》发表于布加勒斯特撤离行动的同期，或德国占领的初期；换言之，我们不知道它代表了言论自由的最后一丝曙光，又或是叛国通敌行为的先导。"？"塑造的难民形象更为尖酸刻薄。从而

① 阿奇博尔德：《旅行印象：巴黎——兰斯——凡尔登——马拉斯蒂——马拉塞斯蒂》，布加勒斯特，平面艺术学院"医学书籍"出版社，1924年，第107页。

② 格里戈雷·普罗科皮乌：《流亡中的议会（1916—1918），回忆、笔记和印象》，勒姆尼库沃尔恰，"未来沃尔恰"罗马尼亚有限公司印刷局，1920年，第21页。

③ 普罗科皮乌：《流亡中的议会》，第35页。

④ ？：《"布加勒斯特——雅西"，布加勒斯特人的遭遇》，布加勒斯特，I. 布勒尼什泰亚努出版社，第5页。

我们得知，大多数富人去了避难所，而穷人和小手工业主则留下来继续工作："在月台上/太太/上了年纪的胖夫人/车厢/水泥管/卡车/通心粉盒/军用水壶/和另一些禽兽不如的人/然后，卡拉卡什/博尔卡什/二流子，马贩子，财主/和另一些小偷儿/去了雅西的/然后是租客，工匠，穷人/侦察兵/滑头/弱者和胖人/没去雅西的。"①在雅西，在车站的月台上，气氛被犹如乌尔木兹拼贴画般的辞藻所描述："你被困在油罐车里/穿缎子裙的女士/亲吻，麻烦事，腌菜汁/马车短缺/你骂人！你看，法国人和俄国人/可疑的人/侵入者/店铺掌柜/中间人，和祖鲁人一起的太太们，/一袋袋的樱桃李。"②在雅西，旅行者能识别出啤酒馆和甜品店里逃难的知识分子："在'图拉真'/阿曼！都溢到天花板了！/霍尼格曼，/古兰，波格丹，/特奥多里安，I. 伯尔桑/Dem. 卡扎班/又是一位绅士/喝着冰咖啡配槽子糕。/同时吃着夹香肠的热牛角面包/外交官，使节，代表，/盟友，/有学位的人，/文学家，/豁免和改革！在'塔夫利'/坚持住！显要人物，内阁首领，/会计，/部长，/吃着果子露/面对面/和阿道夫·克拉奈特/谈论着田产收入，英勇地/并制定战略/用火柴棍！！/作家们，在角落里/主任/冒名顶替者，/政客/麻痹患者，/以及众多的批判家：/洛库斯泰亚努，科德雷亚努，依布勒伊莱亚努，/莫尔多韦亚努，I. 布勒蒂亚努，B. 丰多亚努/卡斯塔尔迪，奥尔泰亚努，斯滕库莱亚努博士/拉内蒂和策拉努/然后，N. 巴努，乔巴努，奥罗韦亚努/以及扬库·布雷泽亚努！/露台上的人，住在'卡普萨'的人，/帝国主义者/象征主义者/塔凯

①　？：《"布加勒斯特——雅西"，布加勒斯特人的遭遇》，布加勒斯特，I. 布勒尼什泰亚努出版社，第14页。
②　同上，第18页。

支持者/巡警/你没有地方可挪动。"①在另一家餐厅你遇到了"来自
伯伊科伊，梅赫丁茨，菲耶尔宾齐的/土财主/皮特什蒂人，久尔久
人，/利波万人/蒂基莱什蒂的贵族/意大利人/文人雅士/和一百万的烈
士"，而在"洲际"和另外一些高级酒店里住着"科恰，伊斯特拉特
/米努列斯库/弗洛里卡·弗洛雷斯库/特纳塞，科尔内斯库/扬和米哈
伊尔·德拉戈米雷斯库/诺娜·奥特斯库/继而是奥勒拉舒，拉斐尔，
科尔贝斯库，马尔泽斯库/以及一大群的埃列娜，交际花，大礼帽/插
有羽毛的帽子"。②在这种情况下，其余的人被作者安排去了一波尔
（译者注：货币单位）一晚的饭店，在那里他们"横铺一张草席/旁边
一个高个子男人/国有的"。③人潮的聚集自然导致食物的匮乏："在
饭店/一片破败！/肉排……/在小饭馆/鱼子酱，洋葱，酒精，和橄榄核
/特别精美！/热葱菜卷/扁豆汁配西葫芦……/油渣，和蜡烛还有碎布
头/烟蒂，/在洗过的卷心菜上……/小骨鸡肉饭/猫舌饼干/青蒜炖羊肉
/就着钢筋水泥灰尘/配细挂面/配白炖鸡/配牛肚浓汤/配香肠/你也会
吃刨木花/只要你能离开雅西！"④

　　德国当局引入布加勒斯特的食品卡⑤就是波格丹口中第一次世界大
战催生出的"队列"，一种不再脱离罗马尼亚人的机制，在波格丹和其
他恼怒于这一强制罗马尼亚现代化的副产品的作家们看来，这种现象与
排队者的素质无关，而很大程度上归功于其自身的动力，这种自我愚弄
的机制将人们置于乌合之境。波格丹明确指出了以队列为代表的社会革

①　? :《"布加勒斯特——雅西"，布加勒斯特人的遭遇》，布加勒斯特，I. 布勒尼什泰亚努出版社，第20页。
②　同上，第23页。
③　同上，第23页。
④　同上，第29—30页。
⑤　巴卡尔巴沙:《敌人占领下的首都》，第47页。

新的激进性："市政府随即想到设立一系列公债，一些官员会带来更便宜的食物，并以诚实合理的价格分发给民众……这在一定程度上产生了令人满意的结果，人们能够以较低的价格获得食物；然而，只有少数人能够从中获利，因为这些债券并非在罗马尼亚出售，在设立之初，这些债务就创造出所谓的队列，即把所有想要买些什么的人群分成两列，以期待每个个体都有权负债并购买他需要的东西。很快，几乎所有的供给都能通过这种队列购买到：面包、肉、玉米面、木头甚至烟草。为了弄到一块肉或是两三条鱼，菜市场里排起了100米的长龙，排队的人们坐在地上缩成一团，手脚冻僵了三四个小时；即便如此，很多人仍旧空手而归，因为轮到他们的时候，货物早已销售一空，可怜的人们不得不饿着肚子、手脚冰凉地回到家中，而带给他们又冷又饿的孩子们的，只有唉声叹气和对那些让他们陷入这种境地的人的诅咒。"波格丹强调，在危机条件下，统治经济的成功是有限和有问题的。正如他所指出的，除个别例外（比如面包或肉的价格，且只是部分价格），其余由当局推出的价目表没有奏效，价格调控只会导致商品从市场上消失以及黑市的诞生。

尼库·加内的女儿埃列娜·埃曼迪也谈到了雅西的食物短缺和价格昂贵的问题，记录下某些先生或女士的优雅与他们成功弄到母鸡或法棍面包后得意洋洋地夹在腋下之间的滑稽对比。埃列娜·埃曼迪也观察到了（为食品、住宿和证件）排队的现象："为了方便民众供应，设立了食品公债，但没有市政府的票据就无法获得任何东西。那里的人太多了，以至于你排了几个小时的队后空手而归，往往只能选择一个满足你15天生计的寄生虫。"[1]

除了黑市外，战争还导致了生活的过度军事化，军警和行政当局

---

① 埃曼迪：《苦难的岁月，生活片段》，巴拉德，C.D. 卢帕什库印刷局，1919年，第90页。

对民众生活的管控缺乏有机的合法性：布加勒斯特的德国当局，雅西的来自布加勒斯特的警察局长，以及各军事当局都在城市中下达"命令"。在警察的帮助下，难民安营扎寨，这导致了摩尔多瓦人和蒙特尼亚人之间关系紧张。①在许多方面，波格丹的摩尔多瓦视角都类似于美国南北战争时期南方派对于北方派和联邦主义者的观点。南方代表着与欧洲文化相通的贵族农耕社会，具有北方派无法预料的社会复杂性和文化深度，因此，波格丹笔下的雅西在我们看来是一种牧首文化（高贵的本质与粗俗的规模）的代表，这种文化受到战争的驱使，突然出现在现代群体、官僚主义和无政府主义当中："雅西市中心的所有街道都被挤得水泄不通，当太阳西斜，呼啸的北风露出其锋利的牙齿，人流变得更加密集、更加震撼。而当夜幕像一块浸黑的手帕般笼罩在整个城市的上空，每一条人行道上、每扇门窗前、每座院落中，无处不在的躁动持续升级，伴随着不可名状却带着哭腔的呐喊。随即便坚定有力地开启了当局的'救助'事业，他们的任务是收容每一个绝望地游荡于巷子的活人。他们会突然闯入任何一所房子，用拳头、棍棒和大卵石敲击大门，用力地摇动门窗，从百叶窗或是屏风的合页处拆下门板，不管有没有地方，就将门板随便装到雅西百姓的家中，一次安上2到4扇门板，送来12个陌生的客人。没有人能反抗上级的命令……因为驻军司令员

———————

① "在这样的时代和条件下，我们是否还记得东道主与宾客之间的良好关系？看看这些供房客使用的房间、家具、工具或任何一件屋中的物件吧：如果说他们当中的一些人是出于尊重和保护个人物品的考虑，则大多数人，不管是出于报复、恶意还是纯粹的愚蠢，都冒着破坏物品的风险，无时无刻不在寻找一切机会从中获利。那些最为平和的雅西人，当他们的住宅被腾给不受欢迎的客人时，床上的被褥和家具都被钉牢，为了避免被难民饲养的下蛋母鸡吵到，房间的窗户用报纸碎片糊起来，房间的木质地板用斧头劈开，肮脏的墙面沾满劣质的油脂，而院子、牲口棚、花园，相比较被德国人、保加利亚人和土耳其人占领的国土，还要破败不堪。"

的⋯⋯号命令贴满了所有的街巷，任何敢使用武力违抗纠察队下士或军士长命令的人，代理人都有权将其就地处决。"①在雅西，军事当局想方设法解决难民收容和士兵驻扎的问题，而在布加勒斯特，德国占领当局摧毁了流亡在摩尔多瓦的难民们的家园，并征用了一切可以帮助他们度过寒冬的物品：从毯子、外套、床单和木材，到羊皮袄和房屋。②

总的来说，波格丹描述的是雅西人与其城市、与其自身的疏离。他们看到自己的城市遭到玷污，变成了一家"妓院"，③政治、军事、行政、人文的强势入侵，让雅西人对自己的城市感到陌生和疏离。历经战争的洗礼，这座城市已筋疲力尽，只能感叹往昔被雅西人引领的岁月："从我们已知的最遥远的时代起，雅西城市的护卫常常委托给摩尔多瓦历届政府的一名成员，一位具有一定重要性与责任感的人，他充满善意，竭尽所能确保安宁，保护当地公共和个人的生命财产⋯⋯拥有这一头衔的人⋯⋯每天不仅要对可能在当地出现的作恶者采取行动，而且

---

① 杜卡提及，由于"下令军队随时随地补给，无须考虑当局的条令和平民的需求"，普雷赞将军"与马尔泽斯库发生了暴力冲突"。马尔泽斯库"发电报称，普雷赞将军的命令不应被考虑在内"，在温蒂勒·布勒蒂亚努的干预下，冲突才得以缓解（杜卡：《回忆录》第2卷，第142页）。关于罗马尼亚军队在雅西遇到的困难（盗窃、破坏、征用）和得到的好处，参见扬·久尔克：《罗马尼亚军队在雅西，1916—1917》，收录于扬·阿格里戈罗阿耶伊担任编辑的：《城市雅西，"抵抗到底之都"》，第173—202页。

② 巴卡尔巴沙：《敌人占领下的首都，1916—1918》，第46、66—67页；图多兰恰：《家园防线》，第178—180页；皮亚·阿利默内什泰亚努：《德国占领期记事，1916—1918》，布加勒斯特，科林特出版社，2017年，第18—19、29、56—57页。

③ "当政府、军队、难民、企业家和供应商们从雅西整装待发，木箱和公文包里塞满了钞票，甚至是家畜或是刚刚驯服的动物，重新飞往可爱又令人无限向往的布库尔城堡——一大群夜鸟，笼罩在丝绸般半透明的云朵中，沐浴在徐徐的微风里，满载前行。每列火车上，包括货车和特殊车厢，都坐满了持有个人许可的两足动物，这还不算，车厢挤满了路人、亲属和商人，是他们在这几年的时间里让可怜的雅西破败不堪⋯⋯变成了一家妓院。"

还要确保民粮充足、管控买卖、遏制商人的非人道投机行为……但对于一个拥有警察局长头衔的政要来讲，他更需要一个知名的、土生土长的、能干且诚实守信的人。几十年前，在雅西几乎没有人抱怨过这些高级官员在履行其使命时的任何不公或暴行。"战争使得一些雅西人并不熟悉的警察局长和市场指挥官得到任命："1916年8月，当地知名的基利莫格鲁先生即将担任雅西警察局长，作为一个有教养、可敬、友善的人，他了解市民的需求，为所有公民所称赞。在接下来的12月1日，政府认为由G.科尔贝斯库先生接替基利莫格鲁的职位更为合适，这位来自布加勒斯特的科尔贝斯库先生在雅西无人知晓，而被任命为市场指挥官的博博克上校在雅西同样名不见经传。从这一刻起，雅西的城墙上便日复一日地贴满了大量的法令和命令，内容越发惊人与严苛，全方位限制了公民的权利与义务……除了雅西的常设警员外，政府还带来了相当数量的各级官员，这些官员在敌人占领前不久撤离了首都和其他地区，现在听令于警察局长，从事守卫和解决民众需求的工作；然而，这些新来者非但没有帮助和厘清居民的诉求，反而使程序更加繁杂，他们或被派去监管食品或燃料的公共供应，或被派去调解难民与当地人之间的矛盾，他们的存在常常引起普遍的不满。程序的烦琐和偏袒不公的现象成倍增长，公共需求没有任何显著缓解。"

雅西人民在请愿书中控诉了警察局的不法行为以及对戒严的滥用，请愿书的风格和内容让人想起了雅西的贵族民主制或自由保守派（从烧炭党人到青年社成员）以及（康斯坦丁·布伦泽一神甫在1940年所称的）"光辉与一切考验下的摩尔多瓦"的伟大传统。以下是波格丹引用的一个例子，战争结束时，一名雅西人重返故土担任警察局长：

"将军和局长先生，

在历经了两年的不可名状的磨难和几乎超越人类能力范围的忍耐，我们，雅西的本地公民，对于警察的命令唯首是瞻，在这段不幸的时光里，我们被强制应该如何在家中和街道上行走、如何睡觉、如何起床、如何点灯、如何吃饭、如何饮水、如何同朋友或熟人问好、如何装饰口袋或是臀部，我们被要求购买面包、盐、肉、燃气、肥皂、鞋底、靴子、麸子等等，我们被规定如何在我们的家中接待不速之客、如何蜷起身子为客人腾出舒适的空间、如何排成两列，在任何一种债券发放前的8—10小时日夜守候，在警察的威胁下秩序良好，因为一旦违反警察的命令，不仅我们的愿望落空，在一些情况下还会被就地处决；今天，当来自其他地区、对雅西人的善良温和做派和性格不甚了解、在这两年中拥有雅西警察局长头衔的两三个人向我们告别时，留给我们的纪念品不过是他们令人愉悦的法令——我们相信，在这重要的时刻，是时候为您被任命要职而感到高兴。

是的，我们高兴，将军和局长先生，因为我们认为，您作为土生土长的雅西人，会倾听大多数雅西人发自胸中的哀号，会尽快采取一切措施终结我们的不幸与苦难，我们的财产、名誉和房屋都被贪婪成性的作恶者和强盗们洗劫一空。"

战争引发的不确定性激发了政治投机主义和贪污风气，[①]这种现象以巨大的比例显现出来，在战后受到了"战壕一代"成员们的谴责，而站在现实主义立场、结合主人翁精神的爱国主义老旧模式的波格丹也用

---

① "直到1916年8月中旬，罗马尼亚民众，甚至这个国家的大多数领导人都不足以鼓起勇气面对一个仍然未知的敌人……而那些胆小的、没有本事的、残疾的、懦弱的，心系着自己的性命和几个铜板，尽快并尽可能地寻求确保他们可以支配的财物，把他们的破烂货和贵重物品通通打包，把文件、证券和多余的钞票存放在不同的银行，特别是外国银行，同时手头拿着两三本护照以备不时之需，当最可怕的旋涡在顷刻间将众人驱散开来时，他们也无路可走！"

无情的笔触揭露了这一现象。总的来说，存在于雅西19世纪下半叶空旷的文化领域中的某些事物将罗马尼亚人简化为一类人群，即由第一次世界大战导致的大众化，这是波格丹反感的。除了审查制度、男女混居、①大规模群众运动外，战争还助长了暗中涌动的、意外且莫名的社会流动。同时，由战争引发的国家机器扩张滋生了社会寄生虫，这些寄生虫通过直接获得国家资源而迅速繁殖："其他的样品几乎一模一样，这让依附于'商业、工业、民生或武器供应'大鳄的中间人更容易在不同当局尤其是最具分量的政府科室中奔走、舞弊和渗透，从门卫到各个权重当局负责人，只要他们打恭作揖，随即大门便向他们敞开。温暖的修剪整齐的粉红色手指上戴着几十个闪闪发光的戒指，有了这些戒指，许可证、运输执照、供应合同、前线遣散和就地动员的消息便可轻而易举收入囊中，不知他们从这些文件和特权中获得多少运气。"②

　　战争的结束带来了大罗马尼亚的建立，而雅西居民似乎只想归于

---

① "警察和军事当局开始行动，表现出他们所有的热情与奉献精神，接待并安置那些带着小狗小猪的来客，使摩尔多瓦首都的人口成倍增长。这种持续不断的安置很快就牵扯到雅西所有户主和居民，每个人都受到了邀请，被请求、被威胁，即使没有被粗暴对待，也至少受到了强迫，为的只是在尽可能少的房间中塞进尽可能多的人，以解决新来者对住宿的需求。

没过多久，除平民房客外，另外一类客人也开始抵达雅西。他们是从蒙特尼亚被派往雅西的首批政府官员。接下来是来自供需中心的部队或军事当局本部、甚至是宪兵队大本营的军事代表，他们也必须不惜一切代价被安置在这个城市里。即便如此，警察以及乡镇和驻军委员会并非挨家挨户地请求户主腾地方，他们没有！这些公共力量的代表以命令的口吻，根据征用法和驻军法迫使每一个居民，不管其有没有多余的住宅，都要为已经或即将到来的客人提供房间、棚屋、牲口棚、谷仓、禽舍或猪圈，房主或居民还有被赶出居所的风险，他们被勒令前往亲属或熟人处居住，或是露宿在阳台或牲口棚……一时间，甚至一些最重要的地方机构，诸如法院、法庭甚至市政府也被腾空。类似的现象愈演愈烈，在位于雅西市中心的市政府和其他机构被清空后，工作人员无处被安置，以至于在很长一段时间里这些机构都形同虚设！"

② 对于在德国占领下的布加勒斯特所发生的同样现象，参见巴卡尔巴沙：《敌人占领下的首都》，第62—63、75页。

宁静，并经历了新一轮的地方爱国主义热潮。在当局和相关政治财政团体返回布加勒斯特后，波格丹笔下的雅西才松了一口气："啊！然而当你愉快地在家中的镜子前准备了两个钟头，你和你的妻子，还有你的女儿们，都穿上黑色或至少是深蓝色或是深棕色的隆重服饰，为了见某位部长先生或是政府参议员先生，以领取从议会仓库购买肥皂、汽油、烟熏火腿的许可，在潮湿的季节，通过勒普什内亚努坐上一辆较快的汽车，一瞬间，你和你的家人扮成了一个真正的斑马或长颈鹿家庭！成群结队地出行，一些人提着鼓鼓囊囊的手提箱，另一些人带着装满东西的货箱、草垛形状的包裹、装满母鸡、鹅、火鸡、猪和其他动物的笼子……特别是塞满蓝色和淡黄色纸张的口袋和钱包，这是可怜的逃亡者在这两年不幸的日子里，在旧摩尔多瓦、更多是在神圣古老的俄罗斯挥汗辛苦挣得……从1916年8月起，雅西市场上的一切都被简化成'现金'，死一样的沉寂甚至蔓延到了永恒公墓和加拉塔公墓，在这两年的时间里，土壤被翻起后扔向四面八方，罗马尼亚王国的首都雅西简直成了一片荒废的市场，越发背离从前……哎，雅西！你会是什么样子？在我们罗马尼亚的世界里，你渴望什么？你为什么还敢屹立在此？据说你已在此屹立了几个世纪，甚至早于耶稣基督的光辉时代！在如此悲惨屈辱的处境下，和其他人一样聪明务实，带着小狗小猪举家迁移至布加勒斯特，难道不是更务实更有'油水'吗？一切都是命中注定，在每一次歌颂你行为与牺牲时做出的所有承诺、所有爱的声明、所有对报答的保证，都将永垂不朽——就像用火柴盒做成的悠扬小舟，孩子们常常将其放到巴鲁伊河清甜的流水中。"

在布加勒斯特，巴卡尔巴沙写道："难民开始返回。从雅西回来的人都是又胖又健康，而留在布加勒斯特生活在敌人统治下的，都苍老瘦弱，病病殃殃。这就是自由与奴役之间的区别。"[1]皮亚·阿利默内什蒂亚努从她的兄弟处了解到，在雅西的逃亡为他们提供了自由呼吸的空间，也让他们与英法联盟方有了接触的机会："我们的家人一个接一个地回来了……为我们讲述发生的事情。他们的生活动荡不安，一无所有，但无拘无束，如果说他们经历过无情的时刻，也许在物质上的经历更加惨痛，但在其他方面却备受鼓舞：他们与西方的接触给予了他们包容困境的力量。"[2]除去物资短缺，饥饿和伤寒，在雅西的逃亡经历仍然是一种自由。

　　这就是为什么摩尔多瓦逃亡经历不仅从生理上，还从道德上对"留下"和"离开"的人群做了划分，一些逃亡者自认为在道德上高于那些留在敌人占领区的人。正如《宇宙》报在1919年2月13日发表的一篇社论所述："一段时间以来，无一例外地，一股针对留守人群的恶意苗头开始显现。似乎越传越广，认为留在这里的人是亲德派，是叛徒……许多人表里不一，当面承认留守者的苦难，背后却侮辱他们……表面上是在为这些人哭泣，却不放过控诉他们的机会，不管怎样，自由人总是看不起奴隶的，看不起那些被敌人统治的人。他们为什么遭到控诉？他们生活在德国人的统治之下，却没有时时与其做斗争，他们接受持有德属证件，他们接受检查，他们眼睁睁看着街道上的德国国旗却默不作声，他们没有时常发起抗敌暴动。"[3]根据欧金·洛维内斯库的记述，事实上，"留守者"和"离开者"之间的冲突激化是由于留在布加勒斯特的人撰写了"长篇的诋毁文章抨击雅西的'逃难者'，仇恨他

———————

①　巴卡尔巴沙：《敌人占领下的首都》，第170页。

②　阿利默内什泰亚努：《德国占领期记事》，第137页。

③　署名"公正不阿"：《留下的和离开的》，载《宇宙》报，1919年2月13日。图多兰恰在《家园防线》第192—193页中对其进行过引用。

们将国家的命运带入未来黑暗的道路中"。[1]布加勒斯特的新闻界和通敌政客甚至要求审判扬·C. 布勒蒂亚努和他的合作者们，还要求推翻斐迪南国王。1916年以前亲协约国派与亲德派间的冲突在战争期间升级，甚至在战争结束一段时间后仍然如此。

尽管布加勒斯特被同盟国占领，但如果在战争结束时取得了胜利，成为一个领土面积增加国的首都，可以用国家预算做更大的生意，雅西虽然没有受到约束，但作为战时之都带着挫败感走出战争时，又回到了其政治财政降级的城市地位。Gr.T. 波帕写道："1918年大统一后，这座古老的民族运动之城逐渐趋同于一般的行政首都，没有被区别对待。"[2]

然而，雅西在第一次世界大战中所扮演的角色是特殊的。雅西曾是卡在各大帝国喉咙里的一颗糖果。抵抗的核心阵地角色，加之1918年3月收复了比萨拉比亚，给了雅西人重振城市政治角色的动力，以此宣告整个摩尔多瓦的重要性。因此，1918年12月9日在雅西成立的统一摩尔多瓦兄弟会，1919年1月6日投票通过的请愿书由兄弟会代表在1919年1月24日递交国王，呼吁针对"人为集权"采取措施。"人为集权"为了布加勒斯特这个"怪诞中心"的利益而牺牲掉罗马尼亚各个地区，这让摩尔多瓦只能"在悲惨中度日"。请愿书签署人希望将"永恒统一的罗马尼亚政治组织"置于全面、有机的非集权原则之上，这一原则的前提是行政权力下放、完全的市政独立和通过"逐步适用不可剥夺性"实现司法独立。本质上，雅西人民想要和国家其他地区的人们一同逃离"将一切国家行动和国民生活集中在一个点上的致命危机"。按照签名顺序，请愿书签署人有摩尔多瓦大主教皮门、N. 约尔加、M. 萨多

---

[1]　洛维内斯库：《时代的分水岭》，第83页。
[2]　波帕：《雅西的过去和现在》，第84页。

维亚努、M. 马诺伊列斯库、P. 波尼、A.D. 克塞诺波尔、A. 菲力皮德、
保罗·布若尔、A.C. 库扎、C. 舒目列亚努、I. 西苗内斯库、N. 列昂、I.
彼得罗维奇、D. 古斯蒂、G. 伊布勒伊莱雅努、Gr.T. 波帕，以及其他众
多大学教师和政治家。[1]

　　如果说逃亡的经历使摩尔多瓦人民与蒙特尼亚人民间的关系暂时
变质，那么根据曾在后方医院做护士的埃列娜·埃曼迪的记述，前线伤
员们在医院的经历对于民族意识重振至关重要。从这点看来，玛丽王后
作为"伤员之母"的形象很重要，因为这不仅表明王后和人民是站在一
起的，还表明了她和人民同在的医院是一个民族意识增强的地方，这里
没有省际之间和社会阶层之间的隔阂。埃列娜·埃曼迪写道："九月
底，我开始在医院工作：伤者数量激增，没有人来照顾他们。长时间的
护理工作让我能够近距离更好地了解农民纯洁正直的灵魂，我感到和他
们之间存在着一种前所未有的联结。经历了这场可怕的战争，伴随着所
有的痛苦，我们才学会相互了解和爱。蒙特尼亚人、摩尔多瓦人和奥尔
特尼亚人彼此间曾如此陌生，农民和乡镇居民，富人和穷人，所有人都
经历了苦难，而苦难拉近了他们的距离。在战壕和医院里，所有社会阶
层都凝聚成同一神圣联盟，为了我们民族的强大与幸福，希望这一联盟
在战后能一直延续。"[2]在人文层面，战壕和医院构成了社会小宇宙，
相较于官僚势力构建的避难所，罗马尼亚人民在这些（残缺不全的）微
型社会中能够称兄道弟，从而确认了以民族理想、民族意识的名义发起

---

[1]　G. 帕斯库：《省级自治》，收录于《批判杂志文集》（第6年度第1部
分，1932年1月至3月），第1—29、5—9页。关于来自雅西的摩尔多瓦精英
为建设现代罗马尼亚统一国家而做出的牺牲精彩总结，参见杜米特鲁·维
特库：《一个历史之都的牺牲》，收录于扬·阿格里戈罗阿耶伊担任编辑
的《城市雅西，"抵抗到底之都"》，第17—67页。
[2]　埃曼迪：《苦难的岁月》，第55页。

战争的正义性，要求所有的罗马尼亚人统一成一个单一主权国家，而不是寻求将不同民族团结在同一王朝或宪法秩序的保护伞或枷锁下的多民族帝国特有的公民爱国主义。

罗马尼亚对奥匈帝国宣战指明了罗马尼亚作为参战国所追求的民族目标："几乎整个欧洲都参与进来的这场战争引发了事关国家发展甚至存亡的严峻话题。罗马尼亚在推动加速冲突结束的愿望驱使下，在拯救其种族利益的支配下，被迫和那些可以确保其实现民族统一的国家一同作战。"[1]1916年8月14日，斐迪南国王"向全国发表公告"，宣布罗马尼亚参战，坚信"未来只有在国家的基础上，才能确保人民的和平生活"。"公告"提到"民族意识期待已久的日子，即民族统一之日"，并申明有责任努力实现罗马尼亚人的统一和摆脱"外国人的统治"，以便罗马尼亚"依照民族惯例与愿望和平发展"。[2]在摩尔多瓦和雅西的避难时期考验了这些愿望，并用一切固有困难证明了它们的正当性，当然也证明了其坚定性。

---

① 扬·阿格里戈罗阿耶伊：《从首都迁往雅西，到马拉塞斯蒂的史诗》，收录于《雅西，"抵抗到底之都"》，第123页。
② 参见图多兰恰：《家园防线》，插页5。

"奔跑中的火花"：亚历山德鲁·弗拉胡策，罗马尼亚文学史上的纽带式人物

题铭：

"死后你将名垂青史，你把名字刻入黑夜的城墙，你努力在世界上脱颖而出

来自大脑的喧嚣，就像钻石一样，思想

思想的火花随即传遍你所到过的地方……

而奔跑中的火花是一道光芒……"

（A. 弗拉胡策：《生死之交》）

在公众的记忆中，亚历山德鲁·弗拉胡策（1858—1919）一直作为"未成年人"而存在：在1989年以前的学生眼中，他是一位"埃米内斯库式"的诗人，而彻底忽略了其散文作家和报刊撰稿人的身份。有些人知道《谎言与国王同桌》这首诗歌，有些人在十字架或后现代神谕处写上"我不为死亡而动，却被她的永恒震撼"，但几乎没有人知道这些诗句出自弗拉胡策。1858年9月5日，弗拉胡策出生在图托瓦县普莱塞什蒂的一户小地主家中，即今天的瓦斯卢伊县弗拉胡策（普莱塞什蒂）。弗拉胡策的父亲尼科莱亚强占了修道院的埃卡泰琳娜为妻，生了六个孩子，尽管多数时间他都是在狩猎或外出。弗拉胡策的童年很少生病，孤独地生活在被泥泞山丘包围着的凄凉环境中。尔后，他去了伯尔拉德、雅西、布加勒斯特和特尔戈维什泰求学。多少学习过一些法律知识，但善于诡辩的弗拉胡策作为律师却无人问津，他还当过教

师、记者、迪亚卢修道院军事学校（1881—1884）的老师、议会年鉴
的校对员、P.P. 卡尔普政府（1892—1896）的产业部办公室主任、督
学①，作为政府公务员，弗拉胡策的最高职位是院校之家顾问，这个职
位是斯皮鲁·哈雷特专为他和G. 考什布克设立的。由于教育部的阁楼
已对院校之家负责编辑的滞销品不堪重负，出于节省国家资金的想法，
斯皮鲁·哈雷特让这两位作家来审批教育部出版社即将投印的书籍。②
从1901年起，弗拉胡策一直担任这一职务至1918年春季，当他前往伯
尔拉德和雅西避难时，被马尔吉洛漫政府宗教与公共教育部部长西米
翁·梅海丁齐撤除职务。梅海丁齐撤销弗拉胡策职务的托词是财政紧
张。③1918年12月，新任教育部长 I.G. 杜卡为其平反昭雪，弗拉胡策得
以"官复原职"。1919年11月19日，弗拉胡策去世。他的文化生涯与
19世纪下半叶至20世纪初的罗马尼亚社会现代化紧密相关，其文学作
品在某种程度上遭到了遗忘。1948年后，弗拉胡策最"正统"的作品
《风景如画的罗马尼亚》（1901）在经历无数次的修改后变得面目全

---

① V.M. 萨苏：《亚历山德鲁·弗拉胡策的一生》，布加勒斯特，罗马尼亚图书出版社，1938年，第7页。

② "出于对文学创作的鼓励，印制或采购那些荒唐的文学作品对教育部预算造成了巨大的浪费，迫使当时的教育部长斯皮鲁·哈雷特不得不终止这种浪费，任命弗拉胡策和G. 考什布克为院校之家顾问，对所有申请教育部购买或资助印刷的文学作品提供权威性意见。我知道，哈雷特对弗拉胡策说，你憎恶官僚主义；但是，作为顾问，你完全不需要待在部里。你可以待在家中。当有这类作品提交教育部时，会送到你或者考什布克的家里。如果你们觉得不错，我就推荐；如果觉得不行，我就驳回。这样，哈雷特说，教育部就能摆脱政治家对于众多无能作家诉求的坚定支持。哈雷特补充道：这样我们也能摆脱现今堆满教育部阁楼的一些印刷品，根据很多中小学校长对校图书馆接收到书籍的反馈，一无是处、甚至危险重重的作品。这是唯一一个让弗拉胡策欣然接受的公职。他接受这样的委任因为这不仅没有减损他作为作家的尊严，反而增强了这种尊严，通过这一委任，弗拉胡策感觉自己是一位诚实可敬的文学卫士。"（保罗·布若尔：《追忆A. 弗拉胡策和I.L. 卡拉迦列》，布加勒斯特，罗马尼亚图书出版社，1938年，第15—16页）

非，特别是关于皇室和比萨拉比亚的段落，因而他在两次世界大战期间和当代教科书中的出现总伴随着这篇文章里苍白无力的描写片段。

1995年，我对弗拉胡策了解得也不多，于是请教了思维主义作家帕恩·维济雷斯库（1903—2000）关于第一次世界大战战后氛围和《思想》杂志创刊条件的问题，作为深耕两次世界大战期间罗马尼亚文化史尼基福尔·克拉伊尼克的密友，为我做出如下回答："在两次世界大战期间，《思想》杂志的出现填补了我国政治胜利的空白。这是我能做出的回答。我们需要一种文化，因为你要知道，文化是一个国家的第二宗教，这不是一件平凡小事，不是一件可以全权托付给外来者的事情。战争结束后，立即出现了政治与文化混乱，因为所有敌人都在利用这些时刻试图进行渗透，通过金钱和诱惑来控制局面……糟糕的政治使许多人名誉扫地。曾被誉为我们的神话、在实现统一大业中彰显英雄主义的阿韦雷斯库将军，因涉足政治而失去了其原有的威望。……越来越多的人蜂拥至贵族的衣襟下，做起了交易。那么在这种情况下，我们的

---

③　"正如他告诉我的那样，防止国家预算遭到浪费，以及我们的文学免受那些要求采购几百册或是教育部出资印刷的荒唐文字的影响，在履行这一职责二十年后，必须出现一位部长，另一个文人，来借所谓的经济托词撤销这一职位，这位部长就是1918年马尔吉洛漫政府的西米翁·梅海丁齐教授。……为了让你们了解弗拉胡策是何等骄傲地承受了这一不公正的打击，我引用了他1918年11月1日从雅西避难所返回布加勒斯特后写给我的信中的一段话：布若尔兄弟，正如你所说，我无家可归了。德拉戈斯洛文尼的所有居民都被德国人毁掉了，什么都不剩。随后又是另一场劫难：在做了近二十年的院校之家顾问后，我突然就被梅海丁齐部长先生开除了。一直以来我都恪尽职守，防止国家预算遭到浪费，以及我们的文学免受那些要求采购几百册或是教育部出资印刷的荒唐文字的影响，这促使我认为如此不公正的待遇不会是最终结果。出于一种骄傲，我没有和任何人抱怨，无论我有多难过；但我向你坦言，我为我们的后来者感到痛心；一想到我们遭受的苦难与侮辱都不及一个诚实可敬的作家不再受到梅海丁齐关注这件事，痛苦的念头折磨着我。我不愿痛苦地闭上双眼，如果再出现一个埃米内斯库，最后也会被关进疯人院。"（布若尔：《回忆》，第17—18页）另见尼基福尔·克拉伊尼克：《阿尔迪亚尔人的长老：S.梅海丁齐先生》，载《批判》杂志，1919年3月1日。

文化不再有方向。文学变得更加难以自立，因为物质存在构成了其主要部分。立下'战壕誓言'的作家们不会止步于他们在战场做出的约定，而会强化这一联结。切扎尔·彼得雷斯库和吉布·米哈埃斯库是他们中的佼佼者。克拉伊尼克曾主导《金星》杂志在布加勒斯特的事务。战争期间，他们参加了在伯尔拉德发起的一场真正的文化运动，而弗拉胡策曾是他们的导师。弗拉胡策已经去世，这位民族文化的动员者如今遭到了不公正的遗忘。立下誓言的作家们在弗拉胡策的影响下前往克鲁日并创办了《思想》杂志。尽管他们捉襟见肘，但他们的灵魂是格外伟大的。"[1]

　　克利内斯库视弗拉胡策为"埃米内斯库的模仿者"或平庸的"教科书式散文"作家，那么在我看来，从克利内斯库主导的罗马尼亚文学史角度出发，认为弗拉胡策是《思想》杂志奠基人的想法不免新奇。[2]我时不时也会重复帕恩的想法，随着时间的推移，我试图让其他人接受这个想法。没有成功。

　　然而，在2018年的秋天，我走进加拉茨的一家古董店，偶然发现了一本饱经风雨的小册子，书名为《我们的1918年年历》（伯尔拉德，C.D. 卢帕什库印刷局，1917年）。册子包含M. 埃米内斯库、I.L. 卡拉迦列、帕纳伊特·切尔纳、彼得·利丘、B.St. 德拉夫兰察、尼基福尔·克拉伊尼克、G. 考什布克、N. 约尔加、I. 西苗内斯库、帕姆菲

---

[1]　米尔恰·普拉通：《"历史无法自我产生，是上帝创造的"：对作家帕恩·M. 维济雷斯库的不同寻常的采访（1995年）》，载《文学谈话》，第149年第4期（2016年4月），第11—14页。

[2]　"埃米内斯库的模仿者A. 弗拉胡策（1858—1919）享有了超出其平凡功绩、几乎难以理解的声誉。……弗拉胡策不是一个创作者，他的作品更像是一份纯正的书面报告，一本'被抹去图像''页面破损'、充满'匆忙生活'印记的画册。……作为诗人，弗拉胡策生硬地复制了埃米内斯库的抒情诗架构，完全浮于表面。"（G. 克利内斯库：《罗马尼亚文学史简编》，布加勒斯特，文学出版社，2001年，第198—200页）

尔·谢伊卡鲁、瓦西里·沃伊库列斯库、图多尔·帕姆菲莱、G. 图托韦亚努、M. 伦贾努、P. 帕尔泰涅、D. 约夫、亚历山德鲁·弗拉胡策等人的爱国主义文学作品。

当读到1917年在伯尔拉德，克拉伊尼克、沃伊库列斯库和弗拉胡策身边围绕着忠实的播种派团体（伦贾努、切尔纳、帕尔泰涅、帕姆菲莱、图托韦亚努、M. 卢佩斯库、玛丽亚·昆灿）时，我对帕恩·维济雷斯库所说的话有了更好的理解。同时，我又读了《精髓》杂志汇编后，这种理解进一步加深了。《精髓》杂志由弗拉胡策在1919年10月创刊，他只担任了该杂志第一期和第二期的社长工作，1919年11月就与世长辞了。然而即便从第一期起，以下人物的大名就已出现在《精髓》杂志上了：卢奇安·布拉加、瓦西里·沃伊库列斯库、G.D. 穆古尔、尼基福尔·克拉伊尼克和亚历山德鲁·布苏约恰努，除传统主义者外，还包括I. 阿格尔比恰努、I. 西苗内斯库、I.D. 斯特凡内斯库以及兼具建筑师和艺术史学家双重身份推广新罗马尼亚风格的尼科莱亚·吉卡–布代什蒂。

《年历》上的最后一部作品是1927年在斯洛博齐亚出版的瓦西里·沃伊库列斯库关于弗拉胡策的回忆小册子，收录于《明日剧院》汇编，根据汇编目录，现存的小册子是所有罗马尼亚图书馆中的唯一副本。这部珍贵的小册子被完整复制在《年历》中[1]，沃伊库列斯库尽可能清楚地讲述了弗拉胡策的开拓者角色，尽管战争削弱了这一角

---

[1] 小册子的内容被重新选编进V. 沃伊库列斯库的《白色思想》，由维克托·克勒琼和拉杜·沃伊库列斯库编辑，布加勒斯特罗马尼亚图书出版社出版，第72—83页。这些改编作为参考文献对于瓦列留·勒佩亚努编辑版的弗拉胡策选集毫无用处（亚历山德鲁·弗拉胡策：《选集》（第1卷至第3卷），布加勒斯特，文学出版社，1963—1964年），另一个在校勘点评方面可圈可点的版本也伴随着大量的删减甚至伪造。这不是编辑们的错，而归咎于审查制度，这玷污了一些优秀的文学史研究者的辛勤付出与能力。

色，在弗拉胡策的周围仍旧聚集了促进罗马尼亚两次世界大战期间文化繁荣的核心人员。事实上，正如帕恩·维济雷斯库和沃伊库列斯库所讲，与弗拉胡策的会面是一种默契的约定，而参与会面的人们构成了罗马尼亚民族精神中隐秘而直观的兄弟情谊："晚些时候，又来了另一些人，也聚集在一起。像一颗小小的种子，发芽、开花、最后结出果实。随后我们约定在特定的日子里二十、三十人成群地到大师那里聚会，以至于房间再也装不下年轻人和成年人，他们中有作家、教师、牧师、本地人、难民。这不是好奇者的一种冷淡而隆重的聚会，就像排队和偶像见面一般，而是一种相互吸引、鲜活且热烈的互相契合；如同在一间秘密兄弟会包厢中的隐而不宣。每一个来过的人随后都会带来他们认为更有价值的人，房间向所有合适的人敞开。阅读、谈论、奠定未来的基础、着手民族救赎计划，因为这尤其被大师视作当务之急：我们能为这个国家做些什么呢？她正在经历一场暴风雨从头至尾的洗礼，我们怀揣一丝希望将极度虚弱的她拖上被洪水夷为平地的岸边。为此我们制定了伟大而深远的行动计划。秩序党派、正义联盟、杂志、报纸以及其他活跃机构，就像魔法师手中的魔法棒，在同一时间疯狂与平息，它们相互混杂、群情激奋、相互碰撞继而平息下来，融为一体，宁静而自由地贯穿于其深思熟虑后的言论中。"[1]
弗拉胡策将为国蒙难的人们聚集在周围，培养他们为国牺牲的精神，帮助他们推动国家复兴的制度文化框架："我认为，弗拉胡策每天都在思考我们国家的命运，这种痛苦加剧了疾病的恶化。但他不愿将这种混杂着绝望的痛苦向任何人诉说，甚至不想对自己坦白，他努力向大脑灌输一种强烈的思想，即我们会战胜困难，同时也努力将这种救

---

[1]　瓦西里·沃伊库列斯库：《关于弗拉胡策的记忆》，斯洛博齐亚，"人民之光"出版社，1927年，第14—15页。

世思想灌输给我们这些容易气馁的人……他身体里每一个细胞都承载着这个如同宿命般艰难的想法，但他的心疲倦了……在这种振奋的鼓舞下，《我们的1918年年历》问世了，像这个时代的黑暗中一丝若隐若现的存在，被誉为摩尔多瓦大地上第一缕真正的光芒。有了《年历》募集到的钱款，印制了卡拉迦列关于比萨拉比亚的回忆录，接下来又出版了一本由弗拉胡策精心挑选素材的人民读物。"[1]看，一个世纪前的那道光芒，《年历》……在当时绝望的黑暗以及随之而来的苍茫荒芜中奔跑的火花，如今来到了我们这里，驻足在一家"省级"古董店的货架上。

因此，我决定以一种神秘的方式开启对本书的阅读，像读瓦西里·沃伊库列斯库讲的一个故事，如同穿梭在体现罗马尼亚民族传统的人、书、事所交织而成的时空中一般。弗拉胡策的品格和作品，以及他在罗马尼亚文学史上留下的烙印都太过强烈和鲜明，无法一直作为秘密而存在。弗拉胡策和约尔加都是罗马尼亚文化中的纽带式人物。例如，霍加什用其独有的粗狂方式彰显民族意识，他在群山中游荡，似乎拒绝下沉到历史中来，执着于寻找上升的方向。和霍加什不同，弗拉胡策是制度的创造者，是生活在城市中的人，用今天的话说，是一位公共知识分子。

和约尔加一样，弗拉胡策在《文学谈话》和《现代》杂志中迈出了严肃文学的第一步，只不过他从《文学谈话》出发，随后又来到了《现代》，约尔加则走了相反的路，继而坚定地踏上了民族现实主义路线，而民族现实主义最著名的表现形式是弗拉胡策和考什布克创立的《播种者》杂志，该杂志在由约尔加接任负责人时期名声大噪，在全国

---

[1]　瓦西里·沃伊库列斯库：《关于弗拉胡策的记忆》，斯洛博齐亚，"人民之光"出版社，1927年，第15页。

范围内营造出浓厚的播种派思潮氛围，其中C. 沙班–弗杰泽尔和D. 托梅斯库在克拉约瓦创办了《支流》杂志，乔治·图托韦亚努和埃米尔·格尔莱亚努在伯尔拉德创办了《白马王子》杂志。

但如果说约尔加的身份更像是一位历史学家和政治家，那么弗拉胡策则更侧重作家和非政治人士，至少在某种意义上说，他从未加入过任何党派①，尽管他得到的支持大多来自斯皮鲁·哈雷特这位国家自由党中最开明的人士。哈雷特了解弗拉胡策和考什布克等作家在国民教育方面的潜能，为此，除了聘请他们作为院校之家的顾问，委托他们撰写普及罗马尼亚历史和文学的书籍（考什布克：《钢铁王冠的故事》《罗马尼亚文集》，弗拉胡策：《风景如画的罗马尼亚》，弗拉胡策和考什布克：《人民文选》）②，支持创刊《播种者》以外，这位自由党部长还要求两位诗人帮助培养教师和人民的阅读品位和技能。1902年10月28日，院校之家管理局致函G. 考什布克和Al. 弗拉胡策先生，请求他们

① "鉴于迪亚曼迪的继任者也必须在自由党中产生，我们认为这个党拥有大量的金融机构和选举组织，却在干部队伍中的知识分子数量上相当贫乏。我们相信，关于任命，没有比Al. 弗拉胡策大师更合适的人选了。对于他将成为一位出色的戏剧导演这件事，我们充满希望，因为：1）他的艺术价值高于任何嫉妒者的流言蜚语；2）同时难得一见的是，一个诗人的灵魂中装着一个本分庄稼人的头脑；3）最后，尽管弗拉胡策在所有文学体裁上都有着出色的文化素养，但在戏剧领域，他不是所谓的'戏剧人'，因此，他没有被任何的激情、竞争、幕后阴谋和其他影响舞台艺术的烦恼所干扰。但是……有两个障碍威胁着我们候选人的成功。尽管我们知道弗拉胡策拥有自由的思想和情感，但他从未参与过激进的政党政治。其次，更重要的是，我们不知道弗拉胡策能不能接受戏剧总导演的职位（即便杜卡先生敢于任命一位没有任何选举分量的人）。无论如何，我向我们敬佩的诗人致以万分的歉意，因为我在未经询问他本人的情况下就将他的名字列入这次讨论中。我冒着失去宝贵友谊的风险。但我有一个获得宽恕的理由：我热切希望看到国家剧院被优秀的人才掌管。"（乔治·拉内蒂：《寻找戏剧总导演……》，载《蚂蚁》，第12年第2期，1915年9月1日，第2页）

② 参见斯皮鲁·哈雷特：《致国王的关于公共教育与宗教部工作报告》，布加勒斯特，卡罗尔·戈布尔出版社，1903年，第357页。

参加文化界的会议："在院校之家的倡议下，全国各县在小学附近都分别建立了20家大众图书馆。建馆的目的是培养村民的阅读品位，从而尽可能提升他们的文化水平。

为了实现这一目标，除了校内工作外，教师还必须在第一线工作。大多数教师无法达到预期目标，因此大多数图书馆仍然关闭，村民或乡村学校毕业生几乎没有阅读过任何书籍。我一点也不觉得是老师们的错，因为很多人要么不知道，要么无法与村民进行面对面的沟通。

在面对面的沟通中，教师们必须为村民朗读、解释我们作家的选文，为他们解决各种经济问题等。只有这样，村民才能拥有阅读的品位，图书馆才能产生预期的效果。

教师们必须这样做，我同时认为，您比其他人都更适合同弗拉胡策先生一起工作，你们同是杰出的文学家，也了解农民的需求，并且会读写真正的罗马尼亚民族语言，你们能全力以赴地实现我们所追求的目标。作为院校之家的一员，您有义务在每个月到访至少四家文化中心，在和教师见面的日子里，向他们展示如何使用乡村图书馆。同样，我认为您在公社里和农民进行面对面的交流将会是有益的，以实际和直观的方式引导教师们进行这样的交流。我们需要您的爱国主义精神，我们恳请您全心全意地协助我们早日实现预期的目标。"[1]哈雷特在给卡罗尔一世国王的报告中写道："他们（弗拉胡策和考什布克）的演讲产生了很好的效果，我们将继续以这种方式让他们开展工作。"[2]

为此，弗拉胡策没有站在大学讲台上，而是在乡村教室中进行宣

---

[1]　参见斯皮鲁·哈雷特：《致国王的关于公共教育与宗教部工作报告》，布加勒斯特，卡罗尔·戈布尔出版社，1903年，第514—515页。

[2]　同上，第151，163页。

讲。他没有任何宫廷职位或学术声望，这点和他的好朋友约尔加不同，但相互的钦佩将二人连接在一起。弗拉胡策没有披上任何一家机构的铠甲，从未做过"弗拉胡策教授""弗拉胡策议员"或"弗拉胡策院士"；他从来都只是"弗拉胡策"。如此一来，他就只能发挥自己一尘不染的签名之力了。这个弗拉胡策是独一无二的存在，某种程度上等同于"让·雅克"，是"卢梭"的民粹派化身。和卢梭一样，弗拉胡策也有自己的灵魂构成，我不一定称他为小资产阶级，他是拥有斯多葛式平民尊严的手艺人，接近于他笔下的工匠和农民。与社会主义者不同，只有弗拉胡策明白这一卑微阶层的民族情感不是虚假的良知，而是传统使然的尊严民主化的方式之一，把人的尊严从等级和财富中剥离出来，通过宗教和民族的历史演化将其置于人性当中。

事实上，弗拉胡策与"社会主义"者之间的决裂恰恰是因为民族情感，正如卢梭与伏尔泰和达朗贝尔主导的沙龙间的决裂是因为他们的圈子表现出好战且亵渎神明的无神论（尽管伏尔泰终其一生都对耶稣这个"人"表现出真挚的柔情，这种柔情本可以让他无限靠近卢梭）。决裂一旦产生，卢梭也不得不面对哲学家们的徇私舞弊，他们诋毁卢梭，让其无法得到贵族的庇护，从而迫使他名誉扫地、身无分文。以盖雷亚和C.米莱和安东·巴卡尔巴沙的《真理报》为核心的"社会主义"人士在阶级斗争的可疑圣坛上，以牺牲国家和艺术的社会主义战斗精神为名义嘲弄和攻击民族问题，弗拉胡策为此而感到愤怒。他与"社会主义"人士的决裂导致了一场在弗拉胡策的刊物《生命》和一大群"社会主义"笔杆子间的残酷战争，这些"社会主义"平庸作家以实名或匿名的方式在例如《文学盛会》《劳动》或《真理报》上发表文章。

《斗争的一年》一书自1895年出版以来首次再版，它捕捉到了弗拉胡策从G.依布勒伊莱亚努在1912年称之为"失意"和"人道主义乐

观"阶段，即从阶级斗争的悲观主义，从审美化的主观主义和进步的人
道主义乐观精神，转变到依布勒伊莱亚努在1894年至1899年间称之为
"客观民族主义"的阶段，再到从1899年一直持续到弗拉胡策文学生
涯结束的"客观民族"阶段。根据依布勒伊莱亚努的说法，后两个阶段
的基本特征是"农民主义"和"民族主义"，减弱主观主义以更加注重
对人民、农民状况的现实主义描述，让作家和民族苦难相融合，倾听
"集体苦难的声音"。[①]

　　1893年11月28日至1896年1月28日，弗拉胡策担任《生命》杂志
主编，其间先与阿勒库·乌雷凯亚努博士共同承担主编工作，后独立承
担该项工作，《斗争的一年》汇集了弗拉胡策在此期间在《生命》杂志
上发表的文章和初稿精选。1895年卷中的文章清晰地诠释了弗拉胡策
澄清立场的时代，这种澄清导致其"与全世界为敌"，将战争推向高
潮的弗拉胡策并非是一个像尤金·尤涅斯库般狂放好斗的青年，而是
一个成熟且秉持调解态度的男人。在《斗争的一年》中，弗拉胡策和
盖雷亚进行辩论，因为盖雷亚的缘故同哈斯代乌开启论战，为了罗马
尼亚农民和自己的好朋友卡拉迦列争论不休，试图和与自己意见相左
的人达成共识，或者至少建立一种平衡的讨论甚至辩论的基调。由于
社会主义者攻击在特兰西瓦尼亚的罗马尼亚民族事业斗士，例如瓦西
里·卢卡丘，对弗拉胡策、乌雷凯亚和德拉夫兰察的家人，特别是他
们的妻子进行肢体上的冒犯，弗拉胡策一时间撰写了大量的抨击性短
文。来自西斯米久的"社会主义""青年"对三位作家妻子的攻击迫
使弗拉胡策孤注一掷。

　　弗拉胡策与"社会主义"者之间的冲突缘于这位摩尔多瓦作家拒

_____

① G.依布勒伊莱亚努：《弗拉胡策先生的文学作品》（1912年），收录
于《作品集》（第2卷），雅西，青年社出版社，1972年，第83页。

绝某种虚伪的、在事实上反民族利益的国际主义，拒绝加入任何一个党派，哪怕这个党派"遵循人道主义"。按照加拉·加拉克蒂翁的说法，弗拉胡策凭借直觉感受到了在罗马尼亚民族国家建设中的"社会主义"国际主义僵局，成为这一方向的先驱。弗拉胡策与"社会主义"的决裂为随后在1899年至1903年期间从"社会主义"人士转而成为国家自由党成员的"高尚"青年们指明了道路。为了更好地理解这一点，将弗拉胡策处理民族问题的方式与他的社会主义对手（随后自我展现"高尚"情操的）C. 斯泰雷的方式进行对比就足够了。使用笔名C. 舍勒戈雷亚努，C. 斯泰雷在撰写的文章中引用了一些国际大会上的相关决议，即争取民族权利是争取普遍权利的一个阶段。[①]换言之，对于弗拉胡策来说，民族斗争是一个目标，而对"社会主义"者来说，民族斗争是一种手段，一个阶段。这种将苦难和民族物化，将苦难和民族转化为革命理由的做法，使并非以全球目标为高度而是发自内心来看待自身民族的弗拉胡策感到厌恶。从这一情感出发，弗拉胡策有机地拒绝了社会主义编辑部和俱乐部的阴晦氛围，在他看来，这是那些不以人民幸福为目标，将人民苦难工具化，利用人民作为反传统、反民族、反父权制武器[②]的人所奉行的无政府主义的愤世嫉俗。N.D. 科恰随后察觉到了全球乌托邦理想或

---

① 我在本卷中仅复制了一篇C. 斯泰雷反对弗拉胡策的文章。斯泰雷的其余作品，连同作品中力求证实弗拉胡策与社会主义群体冲突中立场的合理性的说明性详细注释，需阅读由维克托·杜尔内亚编辑的斯泰雷作品《新闻工作》。参见C. 斯泰雷：《新闻工作》（第1卷，1893—1905），雅西，AI.I. 库扎大学出版社，2010年，第161—186页（的文章）、第455—482页（的关于重现论战的历史记录）。另参见维克托·杜尔内亚：《C. 斯泰雷和他同时代的人》，收录于《时代日报》汇编，第61—108页。

② 另参见文章《万众一心！》（1919），收录于《黄昏与黎明》，弗拉胡策在文中提醒罢工的印刷工人注意不要让社会需求沦为反民族目标。

神话和它在现实中机会主义性存在之间的差距，撰写并发表了关于
"社会主义"环境的无情篇章，在他的笔下，无论"社会主义"多么
具有批判性，其始终是民族性的。①

　　民族主义和"社会主义"青年在街头和编辑部展开斗争，这一过
程中连小辛辛纳特·帕维雷斯库②和细腻的亚历山德鲁·马其顿斯基③

---

① 　例如，参见N.D.科恰在《为了一片黑暗》中对社会主义组织的描写方
式。

② 　根据《真理报》，乌雷凯对袭击报社编辑室的年轻人说，"不能给
《真理报》搞大破坏，但必须抓住巴卡尔巴沙打一顿。"（第7年第1869号
刊，1894年5月19日，第2页）该报还写道，辛辛纳特·帕维雷斯库也在袭
击者中，他"看到有危险后便匆忙离开，当他远远看见有人要将他送进收
容所时，便挥舞着棍子。"（《真理报》，第7年第1869号刊，1894年5月
19日，第3页）帕韦列斯库曾和他的师父马其顿斯基一同担任《文学家》总
编，并合著戏剧《萨乌尔》，该剧在1893年12月被搬上布加勒斯特国家剧
院的舞台。

③ 　亚历山德鲁·马其顿斯基在为特兰西瓦尼亚的罗马尼亚人争取权利
时，不仅协调警方、还怂恿众人在街上朝《真理报》记者霍多什发出嘘
声，亚历山德鲁·I.霍多什称其受到了冒犯："今年的3月10日至15日期
间，D.马其顿斯基也加入了让阿尔迪亚尔的罗马尼亚人摆脱匈牙利枷锁的
斗争，迄今为止，从他的供词中我们得知，他是'我国一位伟大诗人'。
昨天，5月17日，我第一次看到D.马其顿斯基执行的新斗争工作。当着警察
的面，我想穿过马路去我工作的《真理报》编辑部……马其顿斯基一声令
下，站在路口的巡警把我拦下，随后D.马其顿斯基带领一群年轻人，也许
他们是无意识的，一边朝我起哄一边把我引向维多利亚大街，穿过利普斯
坎尼街直到我钻进丘雷亚药房，才结束了这场奇怪的游行。但这一切都没
有打扰我。作为来自阿尔迪亚尔的罗马尼亚人，特别是来自西部山区的我
们，一旦踏上一条道路，就不会让自己被世界上的任何力量所左右，哪怕
是'我国伟大诗人'的起哄。"（AI.I.霍多什：《马其顿斯基是如何向我
起哄的》，载《真理报》，第7年第1870号刊，1894年5月20日，第1页）霍
多什在1894年才定居罗马尼亚，随即成为亲传统主义者和民族主义者，他
使用的笔名是扬·戈伦，不仅是弗拉胡策和约尔加领导的一系列播种派杂
志的主要撰稿人之一，还和妻子康斯坦察·霍多什一同主笔了弗拉胡策传
记。在《时代之书》文选集中，霍多什使用笔名戈伦和尼基福尔·克拉伊
尼克一同撰写了文章《A.弗拉胡策：其人其作，回眸展望》。作为AI.I.霍
多什和康斯坦察·霍多什的儿子，亚历山德鲁·霍多什是一名右翼政治家
和记者，作为戈加——库扎政府的成员，他停刊了《真理报》和《清晨日
报》。

也坐上了"流氓的"位置，这让弗拉胡策感到一丝苦涩。[①]然而，这段插曲也很重要，它开启了20世纪上半叶罗马尼亚左翼和右翼间对垒的主阵线（街头斗殴，当局对冲突的模糊干预、学生变成被操纵的群众、话语的激进化），20世纪中叶，在来自外部的国际主义支持下，左翼在这场对决中取得了压倒性的胜利，将对手投入监狱进行清算。

弗拉胡策只在1906年3月参加过一次这样的对决，当时他支持由约尔加发起的"为罗马尼亚而战"，约尔加在3月15日制定的纲领性文件得到了众多作家的声援：

"倡议书。

在我们作家群体中，有不少人在互相仇恨，但我们的这种仇恨只是昙花一现，我们在争吵中互相攻击，这就像是同根生的树枝在风中相互碰撞一样。

一直以来，尽管我们给彼此造成了痛苦，但我始终感觉到有一股神秘的力量存在于我们之中甚至在我们之上，它让我们结为兄弟，将我们与人民伟大而神圣的灵魂联结在一起：这是对祖先语言的深切热爱，是对民族历史延续性的坚定信念，两千多年来从未改变。

环境使我们中的一小部分人用外语进行思考，令人痛苦的是，有些人似乎为这种耻辱感到自豪。我们的职责是成为罗马尼亚式生活的传教士，同化我们善良的人民中迷失和疏远的群体。

我们所有人都必须致力于这项民族团结的事业，特别是军队的教

---

① 尽管在1994年至1995年的论战期间，《真理报》的记者们重点攻击了阿尔切乌·乌雷基亚讽刺文章的夸大其词，认为他缺乏幽默感和文体风格。几年后，资深记者、社会主义人士Al.诺拉写道，在弗拉胡策和乌雷基亚同"社会主义"者的论战中，乌雷基亚"付出了真金白银，我们承认他是真诚的，是更加活跃的，甚至感染到了我们，但我们始终没有向他那边倾斜。"（Al.诺拉：《一个被遗忘的人：Const.米莱》，布加勒斯特，罗马尼亚图书出版社，1945年，第29页）

官要和文学教授一同开展工作。我们必须要及时着手调和，因为在这个国家的土地上存在两个对立的民族，这是不公正、不幸且非常悲哀的。

尽管如此，3月13日夜间发生的野蛮事件还是让我们的内心为这样的不幸而悸动。我们不禁自问："当任何误解都可以如此轻易地消除时，为什么还要进行如此的武装部署？为什么造成如此的流血牺牲？为了反对谁，还是支持什么伟大的思想，以至于那些高傲的骑手们冲向街头剑拔弩张？我们对谁的勇敢寄予了不同的希望？我们将去往哪里？我们的未来又会怎样？……"

慈善机构'奥波尔'宣布在国家剧院演出，其中的三段节目用外语上演。学生们再次高声反对那些与我们疏远的人所表现出的藐视，为我们国家的语言和文学而呐喊。他们举行抗议集会，3月12日，我国最优秀的思想家之一在星期日的《时代》杂志上发表了一篇感人的好文章，通过这篇文章，罗马尼亚人民似乎在呻吟着向我们苦苦哀求："……我们恳请每一个人倾听他们血液中命令的声音，恳请每一个人都能想到他们曾经生活在罗马尼亚、操着罗马尼亚口音、有着罗马尼亚灵魂的祖先，我们祈祷每一个人都不愿将他们的孩子扔进外族人的杂乱无章中，却不知该用什么语言为后人讲述，我们无以言表，唯恳请他们不要在1906年3月13日晚和3月15日晚前往国家剧院。他们买了票，对穷人行了善举。但愿他们不要去看演出，因为这样会对人民备受折磨的灵魂做出恶行。"

在那些真正使用罗马尼亚语去感受和思考的人中，有没有一个罗马尼亚人会不为这些感人至深的话语署上自己的姓名？

但据说由于已经贴出公告，因此节目不会再有变化或被推迟。于是，我们的文学领袖们自告奋勇，举办罗马尼亚诗歌朗诵会，以取代那些不惜一切代价也要在国家剧院舞台上使用法语上演法国戏剧的优秀的罗马尼亚人。

如果上流社会的夫人们能允许上演这场罗马尼亚语言和文学的盛会，学生们将会对她们欢呼鼓掌。如果是这样那该有多美好啊！然而，她们不想接受，她们有充分的理由对自己说，克雷安格的回忆篇章或是埃米内斯库的诗歌在这个需要另类聚会的世界里没有一席之位。因此，没有在国家剧院的大厅内进行一场安静而庄严的罗马尼亚语演出，却进行了一场令人发指的街头示威，在这场示威中，刺刀的残暴企图在最纯洁的鲜血中将我们可怜的学生曾为之热忱的最崇高最神圣的事业吞没。愿上帝保佑这是实现他们的理想，也是我们所有人的理想的最后牺牲！长久以来的斗争只为这一伟大、公正、救世的思想：我们民族的所有生灵都统一在同一种罗马尼亚思想和语言中，愿上帝保佑这痛苦与耻辱的一页能永远地结束这场斗争。

我们用爱召唤，我们也恳请所有因为无意和不知情而与我们分离和疏远的人加入这场统一。有数以百万计的灵魂在等待着他们，乞求他们加入他们强大群体。让我们全心全意尽我们所能开展工作。让我们和所有的文人作家，所有美好时光的梦想家携手与共，将与人民分离的浪子送回到期盼他们已久的人民的怀抱，并对他们说：'你迷了路，我找到了你，你曾死去又复活。'只有这样，我们才能成为一个完整而伟大的民族。

没有一个属于民族的生命会消散在沙漠中。只有这样，也只有这样，所有人才会明白，我们罗马尼亚人在这个世界上也是有意义和使命的。"

"Gh. 考什布克、迪米特里耶·R. 罗塞蒂（马克思）、St.O. 约瑟夫、尤柳·罗什卡、Dr.Gh. 穆尔戈奇、米哈伊·萨多维亚努、伊萨贝拉·萨多维亚努—埃万、欧金·洛维内斯库、V. 乔弗莱克、Al. 卡扎班、劳伦茨娅·格里宾恰、Gh. 波格丹—杜伊克、M. 格尔莱亚努—埃米尔加、奥雷尔·C. 波波维奇、P. 切尔纳、Dr. 扬·斯库尔图、艾丽斯·克卢格鲁、彼得·利丘、迪米特里耶·安格尔、基蒙·洛吉、I.C. 巴卡尔巴沙、斯特凡·卢基安、C. 克塞尼、N.N. 贝尔迪恰努、Gh. 沃尔桑、A. 门德鲁、Gh. 拉内蒂、N.D. 策拉努、St. 米赫伊莱亚努—斯泰波、卢多维克·达乌什、D. 尼基福尔、Gh. 里戈、列昂廷·伊利埃斯库、L. 鲁苏、I. 里祖—科尔班、科尔内留·莫尔多瓦努、I. 德拉戈斯拉夫、亚历山德鲁·乔治乌、尼科莱亚·I. 杜讷雷亚努、I.A. 巴萨拉贝斯库"[1]都在弗拉胡策的倡议书上签了名。

在 1907 年屠杀起义农民之前，当局就对 1906 年的大学生进行了打击。与文化和经济租户的斗争是一场争取民族尊严的斗争。弗拉胡策无法不加入他们的行列。因此，1906年春季的"呼吁"在《罗马尼亚生活》杂志刊登的诗歌《1907》中得到了回应，而《罗马尼亚生活》杂志（曾由过去的对手依布勒伊莱亚努和斯泰雷领导，在这期间，他们也成了"慷慨的""社会主义"中不那么马克思主义、更偏民族的一派）的创刊正是出于反对一种观点，即罗马尼亚人曾是一群乡下的低能儿，他们通过背井离乡，通过与自身道德和传统的疏离以求得文明化：

谎言与国王同桌……
说来话长：
自从有了国王，谎言就一直存在，
他们一起住最华丽的房子（……）

① N. 约尔加：《为罗马尼亚语而战，1906年3月事件的有关文件和说明》，布加勒斯特，密涅瓦出版社，1906年，第76—80页。

——多么幸福的国家啊，陛下！……

大嘴巴的"谎言"优哉游哉。

唯有上帝赐予你——王冠

因为你的智慧与善良

这个垂死民族的精神领袖，

他甚至不会知道它曾经的样子，可怜的家伙，

因为在你的权杖下找不到避风港，

因为在你的手中没有一块蜡。

你在这里发现了野蛮人，

野蛮人，胆小鬼，傻子，一个接着一个，

还有你想不到的贫困……

但是你做了个手势，他们就开始起立

军队，城市，宫殿，新世界，

生命之泉泛滥；

到处充斥着财富，

你用双手将它们分享。

如今，全世界都渴求在你的统治下。

国家充满了欢乐与富饶，

饿殍由外而入。

整个天穹都回荡着你尊贵的名字。

你看，在大地上满是……

你走过的地方长满了鲜花，生机勃勃。

你的一隅就能带来运气。

农民们在村子里欢呼雀跃！……

国王喜欢。这是一件大事

"谎言"如何令国王们着迷。合情合理

因为她早已沿着台阶登上宝座

这曾是最大的享乐。

除去发生在1894—1895年和1906—1907年的重大事件外，弗拉胡策在19世纪的最后一个十年中退出了政治斗争，不再通过街头游行抗议的方式参与文化战争，转而着手创办杂志。从《生活》杂志（1893—1896）到《播种者》（弗拉胡策从1901年12月2日杂志成立起至1902年12月29日主持该杂志工作），再到周刊《罗马尼亚作家》，弗拉胡策把生命中的最后几年献给了《达契亚报》和《精髓》月刊，在罗马尼亚文化中绘制了一条民族路线，并深谙如何用古朴的智慧和与世界文化历史保持平衡的方式来诠释这一路线。其中，由阿尔卡莱出版社发起的周刊《罗马尼亚作家》创办于1916年，后因战争停刊，但在该刊物框架内，相继出版了德拉夫兰察、I.Al. 布勒泰斯库–沃伊内什蒂、尼库·加内、N. 约尔加、G. 考什布克、C. 多布罗贾努–盖雷亚、奥克塔维安·戈加、I.L. 卡拉迦列、扬·戈伦、A. 弗拉胡策的首部作品集，随后又为埃米内斯库、康斯坦察·霍多什、M. 萨多维亚努、D.D. 珀特勒什卡努、让·巴尔特、I. 保罗、埃米尔·格尔莱亚努、I.A. 巴萨拉贝斯库、G. 托伯尔恰努、瓦西里·亚历山德里出版了他们的作品。弗拉胡策还出色地撰写了有关罗马尼亚农民、官僚主义和现代化国家问题的文章，翻译了艾达·内格里关于无产阶级

生活的意大利文诗歌，对日本文化、托尔斯泰以及对他的好朋友尼科
莱亚·格里戈雷斯库的画作进行了敏锐且专业的评论。弗拉胡策在罗
马尼亚文化史中扮演的角色本应得到越来越多的认可，正如加拉·加
拉克蒂翁在1944年3月出版，并且在1944年8月"解放"后的几十年
里都没有再版的一本书中写道，弗拉胡策是现代罗马尼亚民族主义概
念与制度的奠基人："当我们重温对弗拉胡策的回忆时，必须要强调
一个不争的事实。他是罗马尼亚文学的真正发起人，而这种原汁原味
的罗马尼亚文学四十年来一直在民族的沟渠中涌现。通常，我们会忘
记弗拉胡策曾带着极大的痛苦疏远了多布罗贾努—盖雷亚学派，脱离
了由这位普世文学宗主主导的思潮，在不知不觉中朝播种派的方向走
去。将这个方向推向名誉与权力高潮的还有其他人，但我清楚地记
得，《播种者》杂志及其所有规划都是由亚历山德鲁·弗拉胡策一手
创办的。慢慢地，也没有太多宣传，亚历山德鲁·弗拉胡策从一辆大
篷车出发，对我们国家的山脉、平原、葡萄园和修道院进行了感人的
描写，他向我们诠释了天才画家格里戈雷斯库笔下的风景、牧场和小
山、乡村的道路、羊群和牛群……他教会我们欣赏和热爱我们的罗马
尼亚风景，用持续不断的热情，用书面和非书面的关于土地、人民和
对罗马尼亚传统的热爱的课程，成为我们这些作家、画家、建筑师中
大部分人的导师。当我们阅读埃米内斯库的新闻作品时，多数人都会
将其奉为先知，认为他是当今某些教义指令的发起者。这千真万确。
但随着时间的推移，我们将会发现，这项事业的真正发起人是亚历山
德鲁·弗拉胡策。"①

弗拉胡策在1893年创办《生活》杂志，那时的他35岁，曾经处于

---

① 加拉·加拉克蒂翁：《弗拉胡策》，布加勒斯特，时代出版社，1944
年，第57—59页。

同样年龄的埃米内斯库却在精神病院医生和看守的监管下垂死挣扎。随着《生活》的创刊，弗拉胡策开始为不同出版物，即其民族思想的载体和堡垒奠定基础。埃米内斯库无法再从事这项事业。但埃米内斯库和弗拉胡策都崇尚友谊，并拥有共同的朋友I. L. 卡拉迦列，相比之下，卡拉迦列和弗拉胡策的友谊要更深一些。埃米内斯库携手才华横溢的朋友，例如克雷安格，将他们引入青年社的大门，为《文学谈话》杂志撰写文章。弗拉胡策则聚集了一批杰出的年轻人在他的刊物周围，例如科尔内留·莫尔多瓦努，发表他们的文章，并为他们提供专业的支持。St.O. 约瑟夫在《生活》杂志上发表过数篇文章，在几年后，也为《播种者》撰写稿件。由弗拉胡策引荐为《播种者》撰写文章的一批优秀作家也为周刊《罗马尼亚作家》和《达契亚》杂志供稿，其中包括阿龙·科特鲁什和瓦西里·沃伊库列斯库的诗歌，以及尼基福尔·克拉伊尼克在弗拉胡策的鼓励下为卢奇安·布拉加首部诗歌集撰写的评论性文章，《精髓》杂志的许多撰稿人随后也为《思想》杂志撰写文章。

弗拉胡策是现代罗马尼亚最早的"精神领袖"之一，正如他自己在文章《作者与出版人》和《两周年纪念日》中所讲，他投入这项工作时正值出版和文学市场的繁荣期，这种繁荣带动了一批权威人士的出现。《作者与出版人》和《两周年纪念日》是弗拉胡策发表在《生活》杂志上关于罗马尼亚文化氛围的积极正面性文章。在此期间，长篇小说《丹》在公众范围内取得的成功让他感到意外，在这件事的鼓励下，弗拉胡策计划将《生活》周刊改为日刊，他的这个梦想在将近25年后随着《达契亚报》的问世才得以实现。值得强调的是，弗拉胡策是一位因正直而获得一致赞赏的精神领袖。从右翼到左翼，从保守派到《蚂蚁》

杂志的反传统观念人士①，再到好事者杜伊柳·赞菲雷斯库②，弗拉胡

策都被视为罗马尼亚文学领域的正直大家。莱卡·莫拉留从考什布克处

得知弗拉胡策是何等的正直，不像戈加，考什布克认为，戈加在徇私舞

弊的道路上错失了其在诗歌上的禀赋。③1919年8月9日，莱卡·莫拉留

---

① 伊丽莎白女王应匈牙利记者维尔玛·巴洛格的邀请参加一次采访，提名了罗马尼亚最伟大的诗人，拉内蒂使用笔名塔拉斯孔在《蚂蚁》杂志上对此表示愤慨。在采访中，伊丽莎白女王说："罗马尼亚最伟大的诗人是奥克塔维安·戈加，他的诗歌和匈牙利诗人裴多菲的诗歌有亲缘关系。我也喜欢考什布克的一部分作品。玛蒂尔达·波尼和康斯坦察·霍多什是有趣的女诗人。"拉内蒂评论道："也就卡尔门·席尔瓦会这么说。在没有宫廷典礼官的授权下，我们就对匈牙利媒体做出最果断明确的反驳。因为：1）罗马尼亚有一大批优秀的当代文学作家，女王殿下不可能仅局限于这两男两女；2）不能将认定康斯坦察·霍多什是一位有趣的女诗人的这种无知归咎于卡尔门·席尔瓦，所有人都知道这位女作家在她仅有的两首诗歌里都没有做到押韵，并且她是个有趣的中篇小说家和戏剧作家的事实；3）难以置信的是，罗马尼亚女王称戈加先生是罗马尼亚最伟大的诗人，还为戈加先生附加了一个小小的荣誉称号（应该说是不光彩的称号才对！）。女王怎么可以忽视亚历山德鲁·弗拉胡策、杜伊柳·扎姆菲雷斯库和其他许多罗马尼亚现代诗歌领袖的存在。匈牙利女记者基沙松·维尔玛·巴洛格发表这样的采访，无非就是证明，她不知道在我国只有卡罗尔国王有权颁布法令，任命约内斯库为县长、任命波佩斯库为高级检察官、罢免瓦西莱斯库以及让杰奥尔杰斯库退休。基沙松·维尔玛想象我们的女王也有将戈加先生升级为一等诗人、将考什布克先生降级为副诗人的特权，并且最终能把罗马尼亚重要的民族诗人一个接一个地罢免，首当其冲的就是弗拉胡策大师。"（塔拉斯孔：《我们的女王和文学》，载《蚂蚁》，第8年刊第1期，1911年9月8日，第2页）

② 1891年11月21日，杜伊柳·扎姆菲雷斯库写信给蒂图·马约雷斯库："你知道可怜的亚历山德鲁·弗拉胡策怎么样了吗？我了解到，他过得不好是因为缺少妻子和孩子的陪伴。下次你再去部里的时候，务必要为他谋一个闲职。他是我们几个当中最善良的人。我知道他的个性难以驾驭，但必须得管管他。"1894年7月24日，扎姆菲雷斯库又向马约雷斯库提起了弗拉胡策："尽管我们之间的意见相去甚远，不管怎样我都认为他是我们在运动中最真诚最具天赋的对手。"（由埃马诺伊尔·布库察任编辑：《书信中的杜伊柳·扎姆菲雷斯库和蒂图·马约雷斯库》，布加勒斯特，卡罗尔二世国王文学与艺术基金会出版社，1937年，第96、141页）

③ 莱卡·莫拉留写道，G.考什布克会对他说，他引起了戈加的注意："小伙子，如果你不再讲道德，你的诗歌就不会像现在这样糟糕了！瞧瞧，弗拉胡策就是这么脱贫致富的！"（莱卡·莫拉留：《"日报"汇编，第4卷，1909—1919》，雅西，蒂波摩尔多瓦出版社，2018年，第402页）

与 Gh. 穆古尔一同拜访了弗拉胡策。弗拉胡策的谦逊简朴给莫拉留留下了不可磨灭的印象："我们站在格里戈雷斯库家的废墟上。弗拉胡策就住在废墟后面的小房子里。他在家，我们被邀请进去。刚刚粉刷不久的白色墙面。散发着树脂气味的白色冷杉地板。经典、干净、简朴。朴实无华的小胡子向下垂着。眼睛由于劳累和疲惫布满皱纹，甚至看起来有点发炎了，他用手帕擦了几次眼泪。而他那满是划痕、裂口和污渍的靴子证明了他的谦逊简朴……"[1]

确实也有一些反对者，比如D. 安格尔在其动荡时期，最终联合当时被他视为"化石"的伟大作家一起攻击了弗拉胡策。在彼得·P. 卡尔普政府宗教与公共教育部部长康斯坦丁·C. 阿里瓮举办的宴会上，安格尔因"不幸的勇气再次酿成大错"。诗人拉杜·D. 罗塞蒂崇拜伟大的当代作家卡拉迦列、弗拉胡策、德拉夫兰察、科考什布克、杜伊柳·赞菲雷斯库，敬仰所有打磨当今文人所使用的语言、开荒破土、开辟新道路的先驱者；而安格尔先生却立刻站出来，大胆地抛出"化石""考古学"的粗俗言论，对此，教育部长急忙带着微妙的讽刺"竖起耳朵"。[2]此外，安格尔不能声称弗拉胡策与罗马尼亚科学院的关系最为密切。1893年，诗人弗拉胡策公开拒绝成为罗马尼亚科学院通讯院士，同时科学院也拒绝为其诗歌或散文集授奖，其中包含1887年参评的《中篇小说集》、1888年参评的《诗歌》、1897年参评的《旋涡之中》、1905年参评的《诗歌》、1909年参评的《在我们的过往》[3]和

---

① 摘自即将出版的莱卡·莫拉留日记第2卷；感谢我的朋友利维乌·帕普克，感谢他不厌其烦的帮助。

② 乔治·拉内蒂：《教司取代主教之职》，载《蚂蚁》，第8年刊第15期，1911年12月15日，第2页。

③ 历史学家I. 波格丹关于维护历史写作专业化问题的报告毫不留情，他建议不为该书授予奖项："弗拉胡策先生参与讷斯图雷尔大奖12000列伊奖励的作品是一部关于罗马尼亚人的通俗历史读物，它唤起了我们年轻一代

1913年参评的《画家N. I. 格里戈雷斯库》。但弗拉胡策的《安宁时刻》在1900年、《风景如画的罗马尼亚》在1902年、《诗歌1880—1915》在1919年获得了罗马尼亚科学院奖。如果说由雅各布·内格鲁济担任报告员的1919年科学院奖是对这位在世经典作家的回报，那么《风景如画的罗马尼亚》的获奖让这部作品成了应"上级"指示最为成功的国家和王朝宣传书籍之一，而《安宁时刻》的获奖则是作为报告员的安东·瑙姆努力的结果①，此外，A.D. 克塞诺波尔、斯皮鲁·哈雷特和I. 卡琳德鲁也支持将奖项授予弗拉胡策，同期

心中对民族历史的兴趣和爱国主义情感。……这部作品和几年前的《风景如画的罗马尼亚》类似。……A. 弗拉胡策先生是我国最富才华的诗人之一，也是一流的散文作家。我们探讨的这部作品罗马尼亚语言优美，阅读它的人会卓有兴致，也会收获颇丰，这一点是毋庸置疑的。……然而，我不能推荐为本书授予科学院的最高荣誉，原因有两点：首先，书中的所有素材均取自第二手的资源，弗拉胡策先生没有为我国历史更深层次的研究做必要的准备工作；第二，即使是这样的素材也没有经过精心筛选，因为作者从文献中查阅到的很多思想在今天早已过时。如今有谁还会像在编年史家乌雷凯时期那样认为摩尔多瓦公国完全由好人亚历山德鲁创立，而弗拉胡策先生在89—91页是这样写的，又有谁会说蒙特尼亚公国在1389年左右有黑特曼这一职位？……这类的错误在弗拉胡策先生的书中还有很多。……从结构的角度看，弗拉胡策先生的这本书仍旧存在一个很大的缺陷：该书用328页介绍了我们直到法纳里奥特人统治时期的古代史，但具有重大教育意义的文艺复兴时期和当代史仅占20页的篇幅。这留给读者的印象是，作者要么没有按照当初设定的比例完成该书，要么他认为我们当代的历史不如古代史值得阐述。不管怎样，这种印象是不愉快的。为此，尽管我承认弗拉胡策先生作为作家的所有功绩都无可争议，但我还是遗憾地说，我不能推荐《在我们的过往》这本书获得讷斯图雷尔大奖。"（《罗马尼亚科学院年鉴系列二，1908—1909》，布加勒斯特，卡罗尔·戈布尔出版社，1909年，第392—393页）

① 瑙姆在他的报告中指出："弗拉胡策先生的中篇小说用最为通俗的笔法写成，充满对国家各个阶层的慷慨之情，以描写贫穷的工人阶层，描写佃户甚至负责保护佃户的当局对工人的暗中压迫为主要目标，在这种不幸的情况下，由于缺乏知识文化，农村生活中产生了暴风雨般的景象、绝望的行为、犯罪和自杀。鉴于这些中篇小说，以及弗拉胡策先生以往的诗歌和文学作品，我主张为其授予奖项。"（《罗马尼亚科学院年鉴系列二，1899—1900》，布加勒斯特，卡罗尔·戈布尔出版社，1900年，第435页）

的竞争对手G.O. 格尔贝亚则遭到了他们的反对，支持格尔贝亚根据
《圣经》改编的诗剧《约夫》的人有Gr. 托奇列斯库、N. 昆泰斯库和
雅各布·内格鲁济。内格鲁济和托奇列斯库认为，格尔贝亚为他的翻
译工作了23年，内格鲁济的赞赏代表了"诗歌领域重要的新高度"，
他指出，尽管格尔贝亚很穷，但他仍自费出版了印刷精良的图文版作
品，而弗拉胡策的这本书却不是他最优秀的作品。相反，卡琳德鲁和
哈雷特认为，弗拉胡策的全部作品都应获奖，因为即便他曾以更优秀
的作品参与评奖时，却出于"环境"因素没有获奖。克塞诺波尔明确
地表达了他对格尔贝亚作品的蔑视，指出这是一件第七手的翻译作
品，包含向上帝"发牢骚"的不道德内容，通过质疑学者们的判断而
得出的主观判断："这部作品是一件译作，但它并没有忠于原文，而
是根据第四手内容的翻译，即从希伯来语翻译成希腊语，然后翻译成
德语或法语，接下来再翻译成罗马尼亚语。辞藻优美，但不足以使该
作品获奖。这部作品去年就参与过评奖，并且被驳回了；现在又卷土
重来，理由是更改了几处用语。我们不可能接受这样的作品，也不可
能让像弗拉胡策这样有独创性、有价值的作家得不到奖。"①

　　民族主义者，保守派人士，却对弱小充满同情，在为他们的辩护
中毫不畏惧地提高嗓音，为初学者提供家长般的保护，在自己的出版物
上为他们留出版面，帮助他们写推荐信使其不仅有面包果腹，还能享
有陈年佳酿科特那里葡萄酒（根据D. 纳努在其回忆录中的讲述）。弗
拉胡策是我们文学界的民族之父，他衣着朴素，穿得像个清教徒，但
内在却是个唯美主义者，他撰写的作品涉及日本诗歌、农民状况、他

---

① 　《罗马尼亚科学院年鉴系列二，1899—1900》，布加勒斯特，卡罗
尔·戈布尔出版社，1900年，第225—227页。

朋友格里戈雷斯库的画作以及其他画家的绘画作品。除作家外，参加他葬礼的还有一大批画家和雕塑家，其中不乏许多当时大名鼎鼎的人物：G. 珀特拉什库、让·斯泰里亚德、基蒙·洛吉、菲利普·马林、伊泽尔、特奥多雷斯库·西瓮、扬·迪米特留·伯尔拉德、亚历山德鲁·萨特马里。

弗拉胡策无疑是一位循循善诱的叔父，但他那向下的八字胡可不仅是父权式的，还是工艺美术导师会留的那种，就像罗斯金在晚年蓄起两鬓，和八字胡连在了一起，威廉·莫里斯留着父权式的络腮胡，而卡莱尔的络腮胡则是原始父权式的，巴尔贝·多尔维利着颓废的八字胡，维利耶尔·亚当或莱昂·布洛伊的八字胡则是扁扁下垂的，约内尔·布勒蒂亚尼奇、奥克塔夫·米尔博、皮耶·路易斯的八字胡两端向上翘起。蓄着上扬八字胡的人是一位谈判专家，他伸出触角以求最优的报价，八字胡扁扁下垂的人则是一个反动分子、一个遭受挫败的人、一个不合时宜的人、一个醒悟了的人、一个疲惫的人、一个国家的先知、一个以祖先名义讲述的人。

因此，弗拉胡策痛恨现代化的一个基本副产品，即他所谓的"麻木不仁的饶舌者"，那些永远对"这个国家"不满的庸才，他们对这个国家有着各种各样的期望，尽管他们从未给过这个国家什么，因为他们甚至没有为国家考虑的习惯，他们活着，却从不考虑这个被称为国家的复杂有机体。"麻木不仁的饶舌者"试图治愈他们在与西方现代化或真实或假想的接触中所产生出的各种各样的自卑情绪（哪怕接触是真实的，产生的结果也全部是假想的，因为愚昧就像一个阻碍通往真实的过滤器），于是他们吵闹着、批判着、闪烁其词、轻蔑地脱离自己的民族、憎恶自己的民族，皆因这些饶舌者包法利式的浪漫人生观中不合时宜的审美，或者他们并不承认

虚构的美德。这种态度让弗拉胡策毫不留情地对此大加嘲讽，当有
人攻击他笔下的乡下和农民时，弗拉胡策便越发犀利，甚至讽刺好
友卡拉迦列，认为他在其小品文中描写了"愚蠢的"农民。弗拉胡
策在题为《农民如何看待我们的"家园"杂志——扬与杜米特鲁的
对话》的短文中给予回击：

> 扬，手里拿着《家园》杂志，敲着杜米特鲁的窗户：
>
> ——嘿，杜米特鲁！
>
> ——怎么了喂？扬，是你吗？哎？
>
> ——我，哎。
>
> ——嗯，什么哎？
>
> ——听着，喂，这就是我们，哎……
>
> （从《家园》杂志第91页起阅读接下来的部分）

　　"《农民是如何互相理解的》村子守卫来到一家农户门前，敲着
窗户。对话开始升温。——嘿，喂家里的！——谁啊？——你！——
我？——那还能是谁！——怎么了？——什么怎么了？——到底怎么
了？——有你一封信！——谁啊？——你。——我？——那还能是
谁！——拿过来！——什么啊？——信。——什么信？——我知道是什
么信！——你需要付款吧？——什么，啊？——什么什么？——我要付
什么钱？——邮费。——谁？——你。——我？——就是你。——什么
邮费，啊？——哎呀，邮费。——为什么？——哎，我就知道！——没
付过钱？——什么？——信。——哎嗨！——什么哎嗨？——你得给，
哎？——什么？——钱。——什么钱？邮费。——多少啊？——什么多
少？——多少钱啊？——15。——怎么是15？——啊？——但是为什么

啊？——我不知道。——拿去15。——这就对了。——喂，给我！——
什么啊？——信。——什么信？——你带来的什么信？——我吗？——
那还有谁？——我没带来。——怎么会没带来？——信没在我这。——
原来！——什么原来？——在那呢啊？——谁？——信？——在村政
府。——没有信就见鬼去吧！——是没有。——喂，怎么会没有？你
去取。"

——你懂了吗？啊？

——没有，哎。

——我也没有，哎。

——一点也没懂啊？

——也不是，懂了一点……哎。

——哎，什么啊？

——他想说，我们是蠢货，喂，他这个可恶的，该死的，哎……

——我们蠢？……

——是的，哎。

——那他聪明？……

——是的，哎……

——那么，谁写的这个，啊？

——他啊。

——不是我们，啊？

——不是，哎……

——也不是我们的孩子？……

——不是，哎……

——也不是我们民族的人，哎……？

　　——也不是，哎……

　　——那么……？

　　——他是蠢货，哎……

　　——谁啊？……

　　——地主啊……，明白了喂？

　　——怎么不明白，哎……

　　——我们明白了，那他说什么，喂……？

　　——因为他蠢啊……

　　——为什么蠢，啊？

　　——为什么，什么？

　　——因为是上帝让他这样的……

　　——是这样，啊……①

　　卡拉迦列在小品文中下意识地使用"地主仆人"常用的口头语，这放在乡村主题中就变得棘手起来，而那个时代罗马尼亚人民还是一个由农民组成的群体，因此，卡拉迦列的这种口头禅迅速地被弗拉胡策认定为对罗马尼亚人的地主般蔑视。

　　弗拉胡策与"麻木不仁的饶舌者"之间的冲突是不可调和的，他既反对左翼利用人民作为无政府革命阴谋的空想托词，又反对右翼保守派将人民视为负重的大牲口（在弗拉胡策撰写的《欠款》一类的中篇小说中可以看到他的民粹主义同情心）和乡下的穴居野人。和霍加什一样，弗拉胡策痛恨消费现代化对那时还处于农民状态的罗马尼亚人民造

---

① 弗拉胡策使用笔名"他"发表于《生活》杂志，第1年刊第13期，1894年2月20日，第6页。

成的后果。①和德拉夫兰察一样，弗拉胡策有着自己关于卑微的英雄和小人物的圣徒传略。但和社会主义者不同的是，他不支持推翻所有社会等级，因为他意识到秩序是历史经验的结果，是社会有机制度的一种形式。弗拉胡策只要求每个人都按照他们所处的巨大社会链条履行自己的职责。出于这个原因，他不支持艺术，诸如在亚历山德里诗歌中所见到的，仅仅趋同于对阶级利益和阶级世界观的一种表达。弗拉胡策拒绝以革命目的将人和艺术工具化。艺术可以是民族性的，但不能是党派性的，可以从某些自然真实的角度，也可以从某些群体的角度，还可以从某些固定群体的创造性机制的角度对艺术进行编写，但艺术不能精准地表达一种严谨的意识形态，例如，在亚历山德里关于冬季的景物诗中，我们只看到了一个身披大衣的贵族不理解他人会因寒冷而牙齿打战这样一种唯我论的诗意。自19世纪末以来，弗拉胡策就拒绝接受诗人作为

---

① "事实上，从他1906年4月11日从德拉戈斯洛夫尼写给我的信中可以看出，为我们的农民做点什么，让他们过上更好的生活的念头令他备受折磨。这是信中关于这一念头的段落：布若尔兄弟，每逢节日我都在盼望你，我很想见你，和你聊聊天，因为我有很多的话要说。我想我们可以详细地谈谈，关于为我们可怜的人民做些什么、应该做什么和可以做什么。我在这儿小范围内看到，这个坚毅民族中的一小撮在经历了如此多的困境后是如何枯萎和死亡的。复活节的第二天，我坐在游乐场的摇椅上，看到小伙子们面黄肌瘦，穿着高领的德式服装，戴着领带；姑娘们则穿着城里样式的连衣裙，戴着帽子和手套，涂着低俗的脂粉，用法语说'你好'来代替罗马尼亚语的'耶稣复活了'，跳着华尔兹和'溜冰舞'，姑娘用法语对'邀请'她跳舞的'骑士'说谢谢。这些人不再跳霍拉舞。曾经的葡萄园主过着富裕的生活。葡萄根瘤害虫啃食了葡萄。现在你看他们，贫穷，筋疲力尽地站着，他们也被这徒有表面的文明所带来的懒惰、傲慢以及一切堕落行为吞噬着，我们被笼罩在这种文明之中，就像是网中的茨冈人。我打算和他们呆几年看看：我不能让他们复活吗？我知道我会惹上麻烦。但我妻子是一个令人钦佩的伴侣。她承担起治愈她这个性别人群的责任。"1907年起义后，弗拉胡策写道："四十年来，我们一直在用语上含糊不清；而这摇摇欲坠的宫殿陈列是加冕礼，是'惊人进步'最美妙的象征，我们在所有演讲和宴会上都宣布了这一点……哦，宴会。我们更多的是在饮酒作乐。上帝啊！我们这次能否觉醒？我没有看到太多迹象。"（布若尔：《回忆》，第43—46页）

"党派鼓手"，反对以"科学"名义，凌驾于民族团结和民族意识之上："根据这个纲领，你，新型诗人，有义务时刻对目前的状况表示愤慨，用你的每一个诗句痛斥'声名狼藉的资产阶级'，与'无产阶级'一同高呼：'打倒资本家！'你不应歌颂大自然之美、树林的沙沙声、原野上的草场，所有这些都是为了'寄生虫和压迫者'的利益和享乐而创作的……你不该热爱你的祖国，不该为你的民族的崛起和荣誉而奋斗……祖国、民族和家庭是'资产阶级的产物'，它们应该消失不见，它们将在人类大家庭面前消失！……诗人必须是党的鼓手。如果他喜欢这样，无须多言！如果不喜欢，他就不是诗人！"（《社会主义艺术》）

弗拉胡策还憎恶通过无限辩证机理反复琢磨世界的含义，将整个现实转化为文字，这些文字的意义随后由专家决定，专家们包揽并控制了文字的意义，以证明最高权力的合法性："你们认为我是一个'臭名昭著的资产阶级'，嘲笑我的慷慨与人道主义的思想吗？但从什么时候起，美好的观念成为社会主义者的专属遗产了？所有关于仁慈、同情和对更美好世界的向往何时被荒唐地垄断呢？哦，但你们会说：'我们的仁慈是……科学的，你们的人道主义是资产阶级的'！又一个滑稽的理论！根据这一理论，我们所有的道德品质都是'虚假和荒谬的'，因为它们是'资产阶级的'，只有你们的品质才是美好而真实的，因为它们带有俱乐部的印记！你们还对乌雷基亚博士的离开感到惊讶吗？……亲爱的，你们真是一个荒唐理论的无穷宝藏！你们还邀请我去'讨论'，去参加你们著名的、无休止的关于……'阶级'的讨论？我非常感谢你们。"（《社会主义者的烦恼》）

在第一次世界大战期间和战争刚结束时发表在《达契亚报》《罗马尼亚民族》及其他出版物的文章中，弗拉胡策继续捍卫民族意识，奉其为工作、耐心和秩序生活的本源，反对德意志第二帝国实施的帝国或意识形态扩张主义，威廉二世的"文明"或"文化"思想遭到了弗拉胡策的攻击：

"以这三十个月的破坏和屠杀所造成的伤害来衡量，可以说德意志第二帝国军队确实是'庞然大物'！……然而从它卑劣的运行方式，它困兽般诡计的粗鲁，它无耻的阴谋、谎言、间谍手段，还有它机制中可耻的残忍来看，它是一支配不上这个名字的力量，无论如何，它都是一种最低级的力量——一种德国的'蹩脚货'。最终将在其结果中看到，这股骇人的条顿力量在现实中的真实模样，以及它在推动世界的能量协调中所产生的影响。毕竟，这才是评判任何一种力量的真正标准：它给这个世界带来了多少好处，而不是它制造了多少噪音。我不断听到一些人说他们钦佩德国人和他们庞大的势力。我完全没有这种感觉。这就如同钦佩一群袭击村庄的狼或是一群穿过麦田留下一片漆黑的蝗虫。……钦佩不仅仅是惊讶，它还包括对所部署的力量、克服的困难和取得的成果的欣赏而产生的尊重感，这才是钦佩在道德层面的崇高因素。我想知道'条顿军团'有哪些令人钦佩的品质？这股力量由什么组成？它的基础是什么？无眠的仇恨、野蛮的背信弃义、大量的机械行为，人类把自己伪装成机器，将灵魂和肉体与工厂的钢铁混合，使德国人民成为一个完美的谋杀工具——这就是他们的力量。无论是从德意志第二帝国军队的起源上，还是在它使用的手段中，还是在它行动的目的里，都不存在丝毫的高尚与人性。没有任何正义感，缺乏一切诚实、怜悯、羞耻、柔情，在他们的观念中，这被视为一种弱点，简而言之，堕落的野兽，本能中充满野蛮冲动的野兽，这就是德国人了不起的'条顿军团'。生于对统治的渴望，对猎物的永恒渴求，在潜伏的仇恨和最凶猛的自私的毒害中发酵，她组织起来正是为了散播恐怖，在四十年的特

殊训练后，必然形成了一股强大的破坏力量。"（《他们的力量》）

战争期间，弗拉胡策坐上一辆牛车，从勒姆尼库瑟拉特出发前往伯尔拉德避难。他位于勒姆尼库瑟拉特的家，包括收藏的绘画和其他艺术品、书籍和家具（卡拉迦列的桌子）都被后来的德国占领者付之一炬。一路上，他更愿意与普通人分享命运，而不是乘坐优雅的女士们从布加勒斯特疾驰向雅西、装满布丁粉和帽箱的小汽车。①在伯尔拉德，除了为国家战后局做紧密筹备外，弗拉胡策还在规划一整套文化复兴机构网络，他请求N. 约尔加去找约内尔·布勒蒂亚努说情，允许他前往前线，切实了解战士的命运，并亲眼看看冲突地区百姓的悲惨境况。战后，弗拉胡策依然心系冲突和占领区农民的命运，要求当局进行干预，使村庄摆脱军管机构的重压，这些军管机构或已时过境迁，或处于卑鄙的村长和德国人离开后继续统治村庄的通敌当局构成的网络之下。还与德国人和新兴的布尔什维克主义作斗争，维护国家利益的防线。正

①   "我们亲爱的弗拉胡策在德国入侵带来的毁灭性灾难中遭受了多少痛苦呢，我无法准确描述。现在我要说，令他备受打击的不是他的痛苦和磨难，而是在避难期间，那些试图拯救自己和财产，从而践踏手无寸铁的民众的人所表现出的懦弱态度和卑劣行为。他为我讲述了可怕和令人作呕的场景，满载着权贵和他们亲属，甚至是花盆的列车从德拉戈斯洛夫尼穿过古格斯蒂火车站，拥挤在车站的伤员们徒劳地等待着运送他们去医院的列车。他还为我描述了一辆从他位于德拉戈斯洛夫尼的房屋前全速疾驰的客车上隐约可见的肮脏景象。在那辆豪华的客车上，隐约可见一位优雅妇人的身影，她的面纱在风中飘动，她的周围是一大堆车轮般大小的帽箱，而司机旁边是一只大型纯种犬，舌头悬在风中……他所见到的一切都令他在灵魂深处感到厌恶，尽管他的孩子和朋友们一再坚持，弗拉胡策还是坐上一辆由一个男孩用绳子牵引的牛棚车。就这样，车子在泥泞中艰难地前行，穿过一队队逃难的人群，孩子、妇女和老人，他们由于饥饿、疲劳和恐惧而精疲力竭。在他忠诚的伙伴弗拉胡策夫人的陪伴下，到达了福克沙尼，从那里转入泰库奇，最后抵达了他童年的挚爱城市伯尔拉德，在那里和挚友们度过了很长一段时间。作为对懦弱态度和卑劣行为的一种抗议，弗拉胡策夫妇二人更愿意分享躺在车站等待救援列车的伤员们的痛苦，和在无尽的泥泞道路中艰难前行、筋疲力尽的不幸难民们的痛苦。"（布若尔：《回忆》，第48—49页）

如约尔加吐露的那样，即使在战争期间，弗拉胡策也意识到了贵族与百姓之间巨大的鸿沟，在人类第一次工业革命期间，百姓被要求做出了难以想象的牺牲，他请求当局立即实施社会改革方案并赋予农民土地财产权："人民和他们的领导人之间有一条永恒的鸿沟。鸿沟的一边只有债务，而另一边只有权力。从没认真尝试弥合两个世界之间的鸿沟。难道要勤劳而仁慈的农民，为了一个无人提及也无人指引的理想做出牺牲，用数十万具尸体来填满这条鸿沟？我不知道！但众所周知的是，我们无法再以过去的方式过活，我们所经历过的这场可怕且尚未熄灭的大火，必须烧光所有的腐败与堕落，以便可以过上在苦难尽头等待我们的新生活。我们为之流血的所有正义和我们的一切担当，在分隔我们的山水之外，对我们都将毫无用处。在更加广阔的地域中，我们还将是一样的悲惨。"（《时代的呐喊》）

弗拉胡策是"战壕一代"的首位导师，因此，他鼓励的是一场民族性的务实、非意识形态的反抗，其目标超越了现有政党。前线的真实状况要求在民族路线上采取无党派解决方案，而战后罗马尼亚的现实也要求这样做。弗拉胡策沿此路线，直接参与解决具体情况或滥用问题。战争催生了对现实的敏锐意识，一种具有激进性质的现实主义。在弗拉胡策这里，这种基调尽管坚定，但仍保持冷静节制；而在他的一些伙伴那里，例如斯特凡·泽沃亚努上校，激进化一刻不停地发生并最终导致了灾难，在铁卫军执政期间，斯特凡·泽沃亚努曾以首都警察局长的身份组织了1940年11月26日和27日晚间在吉拉瓦的大屠杀。那个时代出现了各式各样的拯救人士，但弗拉胡策对他们发出了警告，尽管他也祈求出现天赐之人（即社会中坚），正如阿韦雷斯库元帅在某一时刻的出现。消费者联盟于1918年由泽沃亚努创立，得到了布勒泰斯库-沃伊内

什蒂和弗拉胡策，以及部分《达契亚报》其他合作者们的支持[①]，打击
战后投机——这种投机行为也影响了比萨拉比亚与罗马尼亚的统一，比
萨拉比亚人民因为战后的经济和金融政策而饱受苦难[②]——有趣的是，
且看这后来是否成为"铁卫军贸易"的灵感来源。这个时代催生了许多
激进的计划和解决方案（甚至连战俘营官员也参与其中），这些计划和
方案在阿韦雷斯库、马纽和约尔加的历届政府中都失败了，这反映在帕
恩·维济莱斯库写于20世纪30年代初的优秀剧本《诚实者联盟》中。[③]
弗拉胡策要求进行社会改革，但也要求夯实罗马尼亚资本，他不想推
翻社会秩序，而是要使其建立在健康的基础上："从这个国家的痛苦中

[①] 以下为《达契亚报》在第1期中公布的合作者名单："国内：阿
塔纳休·I.，布加勒斯特大学校长；安盖列斯库·L.，经济学博士；安东尼
亚德·C.，上诉法院成员和记者；布若尔·P.，雅西大学教授；布索伊切
斯库·D.，经济学博士；克代雷·D.，教授；科德雷亚努·泽莱亚·I.，教
授；埃内斯库·福廷，人民银行和乡村合作社总经理；费代莱希·O.，雅
西大学教授；菲利佩斯库·C.，农学督察；格弗内斯库·C.，陆军准将；
古斯蒂·D.，雅西大学教授；约内斯库·西塞斯蒂·G.，赫拉斯特劳高等
农业学校校长；约内斯库·埃纳凯，教授；莱珀达图·亚历山德鲁，罗马
尼亚科学院成员；马诺列斯库·I.科洛内尔，巴萨拉比亚警察局参谋部主
任；米哈拉凯·I.，教师协会主席；穆尔戈丘·Gh.，布加勒斯特路桥学校
教授；P.S.S.尼科丹姆·蒙泰亚努，基希讷乌代理大主教；内古列斯库·P.
P.，布加勒斯特大学教授；勒杜卡努·I.，经济学博士；谢尔班·米哈伊，
农业顾问；西苗内斯库·I.，雅西大学教授；斯克利班·I.，雅西大学教
授；斯特凡内斯库·M.，布加勒斯特大学教授；桑杜－阿尔代亚，记者；
沃格乌内斯库·M.，律师；沃尔科维奇·V.，雅西大学教授；沃伊库雷斯
库·V.，医生；泽沃亚劳·St.，炮兵中校。
特兰西瓦尼亚地区：阿格尔比恰努·I.；伯尔萨努·A.；卢帕什·I.；
伯尔桑·扎哈里亚；奥斯瓦德·V.；杜可杉·C.
布科维纳地区：尼斯托尔·I.；普什卡留·S.；托凡·G.；P·r. 莫拉
留；马尔梅柳克·D.
比萨拉比亚地区：佩利万·L.；乔巴努·S.；哈利帕·P.；丘古雷亚
努·D.；因库莱茨·I.；戈雷·P.；布兹杜冈·I.
马切多尼亚地区：帕帕·哈吉·P.；诺埃·O."
[②] 参见尼科莱亚·恩丘：《1918，在被历史摧毁的帝国废墟上，现代
之初的比萨拉比亚》，基希讷乌，弓箭出版社，2018，第177—184页。
[③] 《诚实者联盟》不仅没有被util维乌·雷布雷亚努搬上国家剧院的舞
台，其手稿直到1997年才由阿格拉出版社编辑出版，并作为广播剧播出。

获取了惊人的财富，在'筹备'（车厢）期间，就像在战争期间一样，我们用了变节者的钱，用了逃兵的钱，用了'战时避开火线的军人'的钱。我们什么时候才能赞美我国财阀的英勇行为——一场罗马尼亚巴尼的默勒谢什蒂之战？！"（《巴尼的英勇行为》，另参见《万众一心！》）

在《家庭女教师制度》中，弗拉胡策对于罗马尼亚精英阶层将孩子的教育托付给德国和匈牙利家庭女教师的做法感到十分悲哀。在罗马尼亚南部地区被德国—保加利亚—土耳其—奥地利占领期间，这些家庭女教师曾是同盟国军队的告密者和支持者。[①]在冲突发生以前，她们就挫败了罗马尼亚权贵子弟的士气，让孩子们在德国"文明"面前产生自卑情结，在自己人民面前保持优越感。弗拉胡策在《麻木不仁的饶舌者》一文中对这种教育模式予以抨击，认为这本质上是一种精神殖民的方式："在这一刻，我们的记忆中出现了一个意味深长的场景，1916年夏天的一个早晨，我们在公路上看到：一位家庭女教师，当然是外国人，带着三个可爱又非常听话的孩子，孩子们的精神培育完全倚赖女教师的照料和技能，以下是我们看到的场景：她以指挥官的姿态站立着，在她面前，三个孩子肩并肩站得笔直，眼睛盯着她的眼睛。'德国士兵是怎么行进的？'她用德语厉声问道。孩子们挺起胸膛，走起了军步，他们一言不发，像机械娃娃般冰冷严峻。随着厉声下达命令，孩子们停下来返回原处，继续站得笔直。'罗马尼亚士兵是怎么行进的？'三个人马上蔫头耷脑、萎靡不振，开始了一场无序的行军，他们互相撞在一起，拖着腿，咳嗽，用袖子擦鼻子，搔着头。家庭女教师和孩子们像剧

---

① 参见康斯坦丁·巴卡尔巴沙：《敌人占领下的首都1916—1918》（布加勒斯特，时代出版社，2017年）和皮亚·阿利默内什泰亚努：《德国占领期记事1916—1918》（布加勒斯特，科林特出版社，2017年）。

院里的观众一样笑着鼓掌。两个月后我们进入了战争。那个外国女人吃着农民士兵的汗水换来的面包，而被她嘲笑的农民士兵们却敞开胸膛奔赴死亡。被家庭女教师抚养长大的孩子们从她们那里接受到了国民教育的观念，他们的父母也乐于将他们送到避难所。"那个时代的家庭女教师是罗马尼亚不惜一切代价进行现代化中的一部分："我们看到了它给我们带来的结果。不管她们有没有把间谍工作作为教学工作的附属品，这些家庭女教师都代表了不幸；她们是扼杀我们尊重父母、热爱国家和习俗、拥有民族意识的慢性毒药。"（《家庭女教师制度》）

他在《生活》《播种者》《达契亚报》和《精髓》培养出无数作家；走上民族现实主义道路，成为文化保守派，从社会学角度看，也成了世界改善论者和民粹主义者；他创立了众多出版物；被誉为"战壕一代"的导师；亚历山德鲁·弗拉胡策继承并发展了罗马尼亚文化史，成为青年社和《文学谈话》一代与以两次世界大战期间《思想》杂志为代表的伟大的传统主义一代之间的纽带。

精英与民族意识

在罗马尼亚，人与人之间难以互相理解的原因之一源自制度的危机。除了最近几百年来，罗马尼亚人一直生活在农业世界，内在秩序是无序的自然节奏形成的直接后果：季节的连续性决定农田工作的连续性，因此也确定了一种特别的生活秩序，一种特殊序列。如果没有及时喂养奶牛或挤奶，如果没有按时犁地、播种和收割，或者如果没有在恰当的时候收割，人就会饿死。秩序曾经是生存的保障。仪式性的秩序被安静地绣在了大自然的绣绷圈上，正如生命的神圣完美。

罗马尼亚人在19世纪步入现代化，这意味着进入了制度秩序空间——例如斯皮鲁·哈雷特部署的教育体系。1948年以后，罗马尼亚工业秩序和官僚机制网络扩张，巩固了这种体制（从乡村学校到研究机构）。农民为满足工业需求，脱离乡村环境，通过在学校的社会化过程，进入理论学校、工业学校或是职业学校，之后融入工厂秩序。饮食、卫生系统、儿童教育体制、假期（通过工会）都在国家体制的掌控中。

从这种体制过渡到1989年以后的另一种体制，这其中坍塌的不仅是国家机制，还有那些在农业-乡村秩序传统中存在的，或从无产阶级、手工业者和小资产阶级继承而来的罗马尼亚人的精神，全都遭到一个巨大网络的攻击和破坏，这个网络是由NGO、意见领袖和具有脆弱的有机合法性、民族合法性以及夸大的外国媒体资金支持的知识分子游击队组成。因此，罗马尼亚人被建立在清晰规则之上的有力机制孤立起来，这些规则在社会生活中渗透些许文明，后者将有机合法性机制冠以客观性。罗马尼亚人随即全方位重新建立秩序。结果就是社会跟随着如今取代了天地间地平线的媒体洞穴墙壁上的阴影，被困于某种幼稚的情绪化的巴比伦中。

然而，罗马尼亚是从19世纪贵族精英的行动中诞生的，这些人觉察到本民族文化的潜力，也意识到为了在帝国之间建立一个贵族式的自由空间，必须创造民族繁荣的空间，必须构建原生的民族特征，即向民众传播民族特性。《学术小辞典》（2010年）第二版这样定义精英这一概念："1. 因为独特品性从群体其他人中脱颖而出的一个集体，亦为先锋、精品、精华。2.（关于人）特殊的。3.（关于人）突出的。4.（关于人）杰出的。5.（关于普通人的特点）高级的。6.（关于精神环境）高雅的。7.（一个群体中的一部分，或者）整个社会中拥有特权地位的一部分社会阶层，亦为特权阶层、贵族阶层。"

同样是这本辞典，将这一术语第一次出现归功于伊万·海利亚德·勒杜列斯库，即出现在19世纪中叶，这一时期罗马尼亚贵族已经通过竞争区分出不同形态的阶层：文化、经济和政治，他们为了生存，必须互相换位。贵族，即统治精英，必须转变为精英，在现代化进程中社会特有的各种活动领域前沿，成为该领域的英才。现代化需要社会对贵族阶层分割划分。如果按照基斯·贝克的观点，法国大革命这种政治文化剧变是现代化的发动机，从文化-政治的角度来看，它是政治团体或集团与君主制话语的特殊和解，这种话语把理智、公正和怜悯捆绑在一起，那么罗马尼亚社会现代化需要增多精英数量，需要精英的专业化。如果说罗马尼亚旧制度意识到某些精英团体——神职人员、贵族、自由农民、行会——自我呈现，通过诉诸传统、历史或者为大公或国家的服务（不能忽视的是罗马尼亚贵族是"一种服务"，他们的等级与领地并不相关，等级不会被继承），对这些精英团体做出历时或共时性的定义，那么罗马尼亚社会现代化则需要这些精英群体数量成倍增加，并且随着识字水平的提升，自我合法化的多种表达，不再体现在向当局递交的手写请愿书中，而是印刷出来面向更广大的公众。与此同时，建设民族国家需要建立国家官僚机构，一个能够确保新国家机制运作的公共或公务员制度。根据什特凡·泽雷丁的说法，《组织条例》（效仿普鲁士模式）和斯皮鲁·哈雷特模式（根据法兰西第三共和国或教师共和国的模式引进）正是以构建有能力的官僚阶级为目标，这是形成民族国家所必需的阶级。

因此可以说，构建罗马尼亚民族国家，或者说是"小罗马尼亚"或"王国"，有这样一个前提，或者说作为结论的主要因素，即贵族精英的同质化和神职人员的多样化，多种多样的政党、自由职业者、教师、工业家和手工业者的先锋、精英或英才，在协会、民间/合作消费或信贷银行内组织起来的精英，他们构成了小罗马尼亚的贵族阶级，编辑报纸、杂志，以及各种年度代表大会的报告，有能力公开论述国家功能和团体利益，他们的合法性也被公众接受。从精英的角度来看，国家统一性是从（相对而言的）一到多。

值得铭记的重要一点是，在1859—1916年以及两次世界大战期间，所有这些精英不仅代表了某些价值观，还代表了某些生活方式，即他们主要关心的不是话语表达，而是一种生活方式的延续。

19世纪的精英在连续性思想的基础上建立了罗马尼亚。民族观念的前提是发现并表达历史的延续性。因此，上文我们谈到的文化毛细现象是共时性的，在历史中生根，承担某种真实或想象的延续性，最终被补充完整。而这其中的真实，我们不应忽视。于是，例如《文学谈话》的那些撰稿人与"四八"革命者之间构成了历史延续性，重新获得了"民族运动"的身份，还有民族延续性（与境外的罗马尼亚人），社会延续性（出版很多民间文学甚至是城市民间创作，例如维克托·弗拉德·德拉玛利纳和扬·波波维奇·博纳齐亚努的方言文学），文化延续性（出版神学作品、有关宗教的书籍、儿童文学作品、政治经济学著作和科学书籍等等。换句话说，将民族文化作为整体进行概念化，对民族文化有一个整体的概念）。19世纪发展起来的这种民族情感并非凭空而来，也不像荒草般生长。它首先是罗马尼亚学者、神职人员和贵族几个世纪以来形成的民族意识——从摩尔多瓦和蒙特尼亚公国的大公开始，经历了编年史学家、坎泰米尔、阿尔迪亚尔学派以及图多尔·弗拉迪米雷斯库这一代，一直到1848年的民族运动。其次，这是"四八"革命和后"四八"革命一代做出决定之后的成果，是在布勒蒂亚努家的什泰弗内什蒂庄园和格勒什蒂庄园，这两个罗马尼亚主义发源地活跃的自由民族主义者做出的决定，是围绕在青年社和《文学谈话》周围的摩尔多瓦保守主义者做出的决定。他们充分利用这种民族情感和文化遗产——语言、艺术和民俗，让罗马尼亚人民把"原生民族性"，模糊的民族归属感转变为民族性格，承担并发扬这种民族特性。

整个19世纪都有一种民族教育/外交/经济/文化/政治的攻势，目的是将罗马尼亚从周围提供保障的帝国和宗主国奴役中解放出来。1918年大统一之前，1859年实现了小统一。在小统一之前，出现了一代年轻贵族，他们明白不应抛弃罗马尼亚的传统，但应从奥斯曼帝国和其他帝国的文化压迫控制中挣脱出来。1851—1852年间的《摩尔多瓦研究》中，阿列库·鲁索注意到摩尔多瓦社会的快速现代化也发生在时尚帝国中："服饰变化象征精神觉醒。理念与进步从燕尾服下摆和西装马甲口袋中萌生……服装的更替随即改变了我们的社会环境，包括家庭关系……燕尾服带来尊严，在那些或能分我杯羹的人面前，合身的裤装迫使人们斟酌自己的'卑躬屈膝'。"

　　换言之，重获尊严感是罗马尼亚社会现代化的核心动力。对于阿列库·鲁索及其同辈的爱国人士而言，现代化意味着挺直腰杆，不再"卑躬屈膝"，不再行鞠躬礼，而身着肥大的裤子与合身的裤装不同，行礼时缝线处毫无崩裂的危险。在文化层面，现代化意味着重塑罗马尼亚历史，建立标志性经济体系，将大众文化与民族精英文化有机结合。1909年，在另一个周年纪念的背景下，非连续第五次担任雅西市长的尼库·加内回顾了通往小统一的过程以及1859年事件的意义，他讲道："古代时期，我们那些伟大的大公试图将两支罗马尼亚民族聚拢在一起，但没有成功，因为他们选择了武力之路。1859年这一代人非常幸运，没有流血，也没有激烈斗争和动荡，就实现了理想。之所以成功，皆因在摩尔多瓦和蒙特尼亚所有社会阶层的意识深处，统一是我们唯一的出路。在统一之前实际上我们是谁呢？"

　　"这两个土耳其的附庸小国总是遭到外国军队入侵，总是处在随时被邻国吞并的危险之中。宗主国非但不保护它们，还压迫它们，把它们看作是可随意处置剥削的土地，毫无道理地准许破坏它们的领土；简言之，我们是弱小、遭受欺凌的两个屈从小国，在西欧无人知晓，并且多次在各种外交计划中被周边各大邻国来来回回地出让。这就是当时的外部环境。"

　　"内部情况则到处都是黑暗，彻底的贫困，源于法纳利奥特体制的寡头像海绵一样吸取人民的全部活力。连一米的公路都没有，没有学校或乡村医院，没有一座工厂或工业，流水之上没有一座桥，更不用想铁路、电报等等。相反，当已故摩尔多瓦大公格里高利·季卡在1853年试图设立电报时，有贵族在苏丹面前告密，称在国内架设成排的电线杆毫无必要，还会毁坏村庄的森林。之后，喜好（hatar）和贿赂（rusfert）这两个从土耳其语借来的词汇，连同习俗一并深入我们的风俗中，并渗透到公务部门的各个分支。"

"但在1848年，从西边吹来一股良好风气，民众觉醒之风，浓雾开始消散。罗马尼亚人民的意识中开始出现亮光，我们心中长期沉睡的爱国主义观念开始重新发芽，灵魂重生，而且彼时我们整个民族都本能地觉察到，这两个国家不会再分离，它们的未来也不会再受到伤害。因此从格里高利·季卡大公统治时期开始，关于统一的思想在摩尔多瓦开始传播并被广泛接受。"

因此，摩尔多瓦和蒙特尼亚公国以及后来小罗马尼亚的整个现代化进程，是实现罗马尼亚人所在公国的统一，这被视为通往民族独立的唯一路径。

为推动建设民族团结与独立相互巩固与促进的体系，19世纪的罗马尼亚精英采取行动，构建各种民族国家机制，即那些能够发现、选择并促进民族利益的机制，民众也已准备好支持这一利益。因此，从库扎大公统治时期开始，一直到斯皮鲁·哈雷特改革和康斯坦丁执政期结束，教育体制重新调整，招收基础越来越广泛。安杰雷斯库在两次世界大战期间，伊万内尔·布勒蒂亚努内阁和I.G. 杜卡内阁执政期仍然继续哈雷特的改革，口号是："更多的学校！更好的学校！更加罗马尼亚化的学校！"

在全国范围内，这项活动对学校和学习技巧以及学校工作的纪律规范都有重大价值。这种纪律规范将民众与精英连接起来，因此有助于民族团结。我仅举几例，来看看布勒蒂亚努家族如何看待教育。1848年到1948年的百年间，该家族一直身处蒙特尼亚公国以及此后的罗马尼亚国家公共事务的前沿地带。

来看看扬·C. 布勒蒂亚努的孙辈、伊万内尔·布勒蒂亚努的侄子、诗人伊万·彼拉特的兄弟尼古拉·I. 彼拉特如何描述他所接受的教育模式："我们的母亲非常严厉地抚养我们，在纪律上从不放松。我们有一位老师，但我母亲密切关注我们的日常生活。六点半我们醒来：上厕所、吃早餐、上课，然后散步。我们十一点吃午饭——没有父母的陪伴——然后立即散步，上课，四点钟我们去祖母家吃点心。我们晚上七点吃东西，最晚八点三十分上床睡觉。我们从来不被允许叫仆人来帮忙。我们得自己整理衣服，每天早上整理床铺、刷鞋。老师不许打我们。惩罚是不准吃甜点，不准去祖母家（这是最重的惩罚），不准和朋友一起玩，然后是不准再去马戏团或剧院。这些惩罚的效果比打两巴掌或揍一顿要有效得多。尽管如此严厉，但在我们应得的时候，我们依然得到宠爱。我至今仍然记得那些庆祝日就像一个遥远的梦境：纪念日、圣诞节、新年、复活节，每个节日都有它的传统和一大堆相应的礼物。"

这位摩尔多瓦—阿尔杰什人的后代被送往巴黎学习，在母亲梅柳察·布勒蒂亚努的监督下继续学业。"在巴黎和布加勒斯特，我的母亲知道如何保持家庭传统和节日传统的完整性。以她令人难以置信的活力，以她在任何情况下都表现出的热情、精力和毅力，我的母亲为敦促我们做她希望的事，不仅在工作方面树立了榜样，而且在趣味方面也树立了榜样。除了上课，我们还在家里上过罗马尼亚语、数学、文学、钢琴、绘画和雕塑课程。我们上舞蹈课，参观博物馆和展览，听音乐会，去歌剧院，去喜剧歌剧院，去看法国喜剧，去希腊罗马剧院（Odeon）。我们滑轮滑、滑冰、打网球、骑马。"可以看出，没有平板电脑或智能手机的孩子时间更充裕。诗人伊万·彼拉特的女儿，即尼古拉耶·彼拉特的侄女小皮亚，从小也受到祖母的这种教育，期望把责任和工作纪律的观念灌输给她。梅柳察·布勒蒂亚努给尼古拉·彼拉特的信中这样写道："小皮亚将在她回来后开始骑马和滑雪课程，在老师的指导下完成家庭课程、体操和唱歌，并将每周上学两次。我对她很严厉，要求很高，因为我想让她有责任意识；课业不是儿戏。"

以下是伊万内尔、温提拉和梅柳察·布勒蒂亚努的兄弟迪努·布勒蒂亚努如何看待子女的教育问题："我们决定让奥尼在巴黎注册成为寄宿生，如果我们没能找到一个教授类似年龄男孩的教师，他可以去寄宿学校。服兵役使他一度丢掉了学习习惯，因此，至少在巴黎的第一年，他必须待在一个学生勤奋的环境中，训练他学习。这就是为什么我要请你告诉我，亲爱的尼古拉，我能让他入读哪所寄宿学校——能让他像个大人物一样被对待，有自己的房间，食物简单但良好的寄宿学校。"

经历了斯皮鲁·哈雷特建立的小学教育系统的农民孩子也没有在教育上迷失，梅柳察·布勒蒂亚努去过米奥尔卡尼的学校，彼拉特家族别墅就在这个村子，她观察到："今天我和玛丽亚（扬·彼拉特的妻子）以及小皮亚一起参加了颁奖典礼，一个非常成功的庆祝活动，很高兴看到小农民们是这么活泼聪明。我们也身着民族服装，是我们在这里常常穿的服饰，如此美丽和令人愉悦。星期二，我独自去学校参加年终考试。看到孩子们数学学得这么好，我非常惊讶。"通过扎实完善的教育体系，农民的孩子拥有社会流动的机会，依靠他们的工作实现社会阶层的跃迁。

从1916年夏天开始，战争毁灭了罗马尼亚的教育体系。教师应征入伍，许多人在前线阵亡。德国–奥地利–匈牙利–土耳其–保加利亚军队从前线撤退，对于那些从南部来到摩尔多瓦的孩子来说是一场噩梦。亚历山德鲁I.V.索切克将此记录下来，2000名儿童组成的队列，从布加勒斯特出发前往摩尔多瓦，在冰雨和泥泞中穿行，走过废弃的村庄，在缺少补给的情况下，只有47名儿童艰难抵达胡西。尼库·加内的女儿埃琳娜·埃曼迪写道，沿路"经常会看到饥寒而亡的孩童被遗弃在冰冻的平原上，他们的母亲疲于赶路，甚至没有时间埋葬他们，为他们在坟墓上竖立十字架……特别是很多儿童和青年，由于害怕被敌人抓住而匆忙撤离，从奥尔泰尼亚和蒙特尼亚的偏远地区徒步而来，他们衣衫褴褛，脚上的高筒皮鞋斑驳不堪，在雨水和泥泞中勉强前行。很多时候，在他们到达城市后就精疲力竭地倒在街上，双眼微睁，意识模糊，在得到任何援助之前便放弃了自己的灵魂"。埃曼迪还指出，为了躲避入侵者而匆忙逃离，来自国家南部的罗马尼亚人置身于火车站的炼狱当中："人们挤满了车站，而车厢中已经密不透风，经常有孩童因此窒息而亡，必须把他们的尸体扔出窗外。"

其他儿童，由学生组成的童子军部队——1915年在罗马尼亚约有12000名童子兵——参加了罗马尼亚的战争，以观察员的身份警告布加勒斯特居民德国空袭，或作为电报员、信使、卫生员、国家官员、警察和保安人员，或是学校、食堂、火车站的工作人员，他们在这些地方接待部队，被派去安抚伤员，或是作为尼古拉·约尔加的杂志《罗马尼亚民族》编辑部的雇工，以及罗马尼亚科学院向士兵和伤员捐赠图书的派送员。

另一方面，罗马尼亚学校努力继续其在自由罗马尼亚领土上的使命。例如，为了不打断摩尔多瓦难民童子兵的学年，在瓦苏鲁伊–索莱什蒂，他们借助陪伴孩子的那些成年人的记忆，退休教师的知识，以及旧的教科书，向所有能够求助的人寻求帮助，为了能让这些中学生在摩尔多瓦避难期间不错过学年。

彼得·R. 彼得雷斯库老师在1918年写的一本小册子中，描述了1917年为当时的福尔丘县（今天的瓦苏鲁伊县）武次卡尼镇一所村庄建立男女混合师范学校所做的努力。彼得雷斯库指出，这所学校是1917年11月教育部下令建的40所学校之一。在56名候选人中，武次卡尼的学校接收了33名学生：21名男孩和12名女孩，年龄在13岁至17岁之间，其中只有5名儿童来自镇上，其余的来自周围村庄或是难民儿童。开学的时候都还不知道学生是否会有学习用品、教室、食物、教科书，或者甚至是否有一个国家。不知道他们会住在哪里，因为有两个重炮团驻扎在镇上，彼得雷斯库不得不穿过村庄寻找善良可靠的家庭，能够接纳学生，并且保护他们尤其是保护女学生，以防遭受士兵可能施加的虐待。彼得雷斯库指出，缺乏教科书迫使学生必须抄写课程，这样才能有学习用的材料。尽管有战争，师范学校的学生还是完成了学业，并圆满通过年终考试。

在被占领的情况下，艰难的环境中，受过经典教育体系训练并按照民族基督教原则接受教育的人们，懂得如何维护自己的尊严并为民族而战。伊万内尔和温提拉·布勒蒂亚努的妹妹皮亚·阿利默内什蒂亚努留在布加勒斯特，彼时那里已被德国占领（伊万内尔和温提拉随政府前往雅西，留下皮亚是因为他们希望向全国发出信号，他们并非从敌人那里逃走，也没有放弃这个国家），上流社会的夫人们以特定手段反抗那些试图破坏罗马尼亚东正教的德国军队管理阶层。面对德国占领下武力文化对东正教难以想象的破坏，贵族太太们和修女们一同大声疾呼。1917年4月21日，皮亚·阿利默内什蒂亚努在日记中写道："从教堂征用了钟和圣像上的银。据说，在首都发生抗议之后，今天有一些被返还，但很多都没有还回来。有关这种亵渎行为的消息像闪电一样迅速传播到全国，引发众怒。"4月30日，她又写道："钟将被拆除。下面的话比任何东西都要形象，描述了拆除之后留给人们的悲痛：'今天早上，当我散步时，我发现女修道院院长在钟楼下的长凳上哭泣；神父们在楼上誊抄钟上的铭文和笔记。我登上钟楼，与他们在一起。我们下来之后，所有人都走进教堂，抄写圣像上的经文。可怜的女修道院院长向每个圣像鞠躬，热烈地亲吻圣像，画十字并抚摸着圣像。"从我很小的时候我就认识了你，你看着我长大，我真想带着你走。"她哭了，亲吻着圣像，然后开始鞠躬，"上帝啊，雷劈了它，砸了它吧！"然后，被激怒的院长开始诅咒。后来，她走向另一处圣像，开始向每一幅圣像祈求，保佑养大她的老院长和修道院的捐助者。这非常感人，她的自负与虔诚令我肃然起敬，其中充满了对修道院的热爱和尊重。我们其他人都试图安慰她，跟她说德国人不久就会给她买来新的，但是她激动地说："新的，老天，新的，但是不会再有这样旧的了，我们和我们的父母都是和这些旧东西一起生活并慢慢变老，它们告诉我们好消息和坏消息。而他们要用这些东西做炮弹，全部射进我们的身体！""'"

农民的痛苦与爱国主义和贵族的情感一样，具有仪式感：

"1917年10月17日。

昨天，从拉特斯蒂来了一位农民，他是院里的一名老仆人。他留着前所未有的大胡子和长发。我差点没认出他来，一个仆人嘲笑地问他：'你不理发吗，老德拉吉奇？'他生气地回答：'可怜的国家在呻吟，我怎么理发？如果你的孩子死在前线，你会在胳膊上戴一条黑色长带，而我有两个都在前线；但是当你的国家被掐住了脖子，我还怎么去剪我的头发？我不会理发，除非我看到国家恢复原状！'"

"责任"这一概念包含了存在的很多方面。在学校尽职尽责的孩子成为对国家尽职尽责的成年人，他不仅以抽象、笼统的方式去理解责任，而且在生活中从人性的层面承担责任。例如温提拉·布勒蒂亚努，作为自由派的部长和党主席，一直关注有助于发展国民经济的贸易保护主义计划，这位政治家还在1906年建议并支持出版了《罗马尼亚生活》杂志，他在多个层面都承担了自己作为罗马尼亚人的责任。

"温提拉叔叔整日工作。他所做、所思、所想只有一个目的：帮助罗马尼亚。他的真诚常常简单粗暴，令人生畏。他不接受任何一种对责任的违背，不接受偏袒和妥协。在难以接近的外表下，他心胸宽广，充满爱心，对他身边的人很博爱。1918年，他收留了一个农民男孩格奥尔基，与他的儿子小温提拉同龄，他的父亲死于敌人之手。格奥尔基和小温提拉接受了相同的教育。利亚婶婶和温提拉叔叔对这两个男孩从来没有区别对待。格奥尔基成了一名军官，英勇地完成了自己的职责，几个月前在战场上（二战中的东线）阵亡了。小温提拉成为后备航空军官，已经击落了五架敌机。"父亲完成自己的责任，推动运转一种社会、文化和教育体系，训练自己的孩子尽自己的责任，从对学校和家庭开始，一直到对国家，他的孩子们配得上他。价值观作为一种生活方式被传递，像一种遗产和一种传统，并非肆意获得，而是一种"生活的选择"。

当然，一百年前的罗马尼亚并非一切都很美好，当然有很多苦难，当然十分贫困，有很多文盲。但我们也发现了各种各样的例子，有关文化的辉煌、个人或政治尊严、基督徒生活以及民族团结的例子。重要的是我们要记住，这些例子不是偶然的结果，而是一种结构、制度和生活方式的结果，而这些是由19世纪继承或创造出来的一些制度、传统和自然、历史以及文化框架结构所支撑。大统一的罗马尼亚建立在体现历史原则、保护良善的原则机制之上——本质是社群主义，向兄弟般情感和普世教会发展。教会、学校、家庭，还有以工作、功绩和兄弟般慷慨的爱国主义为基础的正常历史社会等级制度，是小罗马尼亚成为大罗马尼亚的抗争结构。

我村子里的"阿斯特拉"：罗马尼亚旧式精英与传统村庄

据称，我们生活在一个"地球村"中。这是马歇尔·麦克卢汉所说，他发明了这种表达，为了指出在电子信息的"神经系统"帮助下，世界已经缩小到每个人都相互联系的社区规模。[1]

媒体和互联网把世界变成了一个巨大的贫民窟，这确凿无疑。但是，相信[2]大众传播系统将世界变成了"地球村"，就是将传统的乡村世界矮化为一个永恒的闲聊之地。村庄过去和现在都是一个面对面[3]的社区，并非是想象而成，而是有机成熟并且适应了它生长发展的环境，人们在其中根据自然的循环，在人类范围内开展相互依存的活动。即使是现在，村庄也和赫西奥德的《工作与时日》里面描写的一样。村庄是间接联系关系的典范，因此与电子信息产生的联系毫无关联。村庄的一生不是一个"过程"，它不是一个你会迷路的中转站，它是一个自然的循环，其中的生活没有被拖延，也没有被推向某个过程的终点，而始终是生活，独特的尝试，内在的完整。因此，村庄并不熟悉间隔的逻辑。这就是为什么你也很难干预村庄的生活，这种生活方式已经发展成为面对反复出现的特定挑战时，一种具体的回应与尝试。偶尔闯入村落的生

---

[1] 马歇尔·麦克卢汉，"全新的、电子的相互依存关系将整个世界重新构建为一个地球村"，《谷登堡星汉璀璨》（译者注：此处译文参见2014年北京理工大学出版社版）。

[2] 麦克卢汉用这个表达，因为他喜欢启发式的简洁形式，他喜欢认知游戏，他想表明我们在巧妙操纵的语言面前是多么脆弱。

[3] 面对面社会，借用彼得·拉塞特的表达。

活是冒着毫无结果的风险，意外事件被规训或消解在长满杂草的荒芜之中。以高级的理想或实用主义之名，持续、有条不紊地干预，则有可能永远扰乱乡村的生活。

亚历山德鲁·帕皮乌–伊拉里安和其他阿尔迪亚尔学派先锋对特兰西瓦尼亚的罗马尼亚贵族和知识分子奥匈帝国化表示遗憾，绝大多数特兰西瓦尼亚的罗马尼亚人都经历了这样的同化，致使阿尔迪亚尔学派先锋无法帮助罗马尼亚民族从原生民族主义向民族特性演变。罗马尼亚人团体的潜在领导人通过学校、婚姻或职业被处于统治地位的少数族裔同化。这种情况下，正如来自瑟拉日的奥古斯丁·保罗（德拉莱特卡）于1902年指出的那样，民族特性唯一的保管者就是人民，这种特性可能是直觉式的，仍在摸索的，不清晰的："虽然我们本该为人民落后的文化阶段感到悲哀，但在目前的情况下，许多人仍然通过书本和教育'从最底层走上来'——我们看到他们变成了逃亡者和叛徒，要让我们来说的话，他们还不如从来没有从底层上来。而我们的语言和法律在那些不受尊重的文盲平民身上找到避难所，而学者们……却要把它们都出卖。"①

由于特兰西瓦尼亚没有大量的贵族血统知识分子，用恰当的手段证明民族特性的努力就落在了从人民怀抱中崛起并依然与他们保持密切联系的知识分子肩上（牧师、律师等）。如果说青年社成员Th. 罗塞蒂只是略带讽刺地写道，像Gh. 拉扎尔这样来自特兰西瓦尼亚的罗马尼亚民族的信徒，在民族复兴领域有着无可争辩的功绩，但他们智力水平一般，也就是乡村教师的水准，那么特兰西瓦尼亚作家和教授伊万·A. 拉佩达图则直接写下了这样的文字："我们当今这些学者，在喀尔巴阡

---

① 奥古斯丁·保罗（德拉莱特卡）：《在索梅什河与普鲁特河之间》，布加勒斯特，密涅瓦出版社，1905年，第178页。

山这里更有活力，大多数情况下我们大部分人来自下层人民；我们的父母，以及他们的上几代都是农夫、牧民、牧师，教西里尔字母的启蒙教师：善良的人们，脸都被太阳晒伤，手掌被劳动磨出了茧子，学问不多，但道德高尚，虔诚，满怀对上帝的敬畏。在喀尔巴阡山之外，老实说情况并非完全如此：那里的年轻知识分子不仅来自田间地头，还来自社会各个阶层。"①

像"阿斯特拉"（译者注：1861年成立于锡比乌的特兰西瓦尼亚罗马尼亚文学和罗马尼亚民族文化联合会，简称"阿斯特拉"，ASTRA）这样的组织出现，正是尝试民主道路的结果，而不是像摩尔多瓦和蒙特尼亚那样的"贵族民主"，是为了构建特兰西瓦尼亚的罗马尼亚人的民族意识。安德烈·萨古纳大主教在1860年与蒂莫泰·西帕留、西米翁·伯尔努丘和伊万·普什卡留商议之后，写下了"阿斯特拉"的章程（萨古纳将蒂莫泰·西帕留、西米翁·伯尔努丘和伊万·普什卡留寄给他的三份章程草案合并、润色，随后提交给弗里德里希·冯·列支敦士登，后者于1858—1861年间担任特兰西瓦尼亚民事与军事长官），清晰阐述了"阿斯特拉"的民族文化特征。因此，在 1861年3月9日和21日举行的"阿斯特拉"成立大会上，萨古纳宣称签署创建"阿斯特拉"的目标是"促进我们民族的文学、文化、工业和农业，即提高我们人民的精神和物质条件"，并且"以民族手段唤醒官能，即让我们的人民能够平静而严肃地思考，从而知晓自己的存在与目标，知道如何趋利行善，就像其他民族今天所做的那样"。② 因此，并

① 拉佩达图：《罗马尼亚人为文化而战》，载《文学习作》，第214—215页。
② 伊万·鲁帕什：《安德烈·萨古纳生平事迹：阿尔迪尔大主教》，布加勒斯特，斯菲迪亚平面艺术研究院出版社，1913年，第86页。

不是说通过文化唤醒民族主义，而是通过"民族手段"唤醒文化，即要以目标为方法，通过鼓励民族文化，避免从人民内部脱颖而出的文化阶层出现去民族化。

这是一个旨在将知识精英与人民保持密切联系的计划。这样一来，知识分子总能接触到主题（人民）和他们劳动的成果（民族繁荣），人们最终获得了信心，像阿尔迪亚尔地区的人民"视知识分子如先知"[①]一般，相信特兰西瓦尼亚的 "老爷"和"知识分子"与他们同在。"阿斯特拉"所做的正是今天的精英没有做到的：它正确地连接了罗马尼亚民族的各个部分，而且富有成效。扬·奥努科·内梅什散乱记录了这一成功的整体情况——重现"阿斯特拉"的成功和公众评价，也在具体层面上展示了"阿斯特拉"对他的故乡圣克雷乌尔–阿尔马苏鲁伊的影响。

奥努科·内梅什的书强调的是"阿斯特拉"在1918年前后在特兰西瓦尼亚应对罗马尼亚现实的系统方式，主要发展方向是："阿斯特拉"机构（民族之家、人民图书馆）、会议、"阿斯特拉"的专题节目、戏剧活动（针对农民的演出和农民剧团演出队）、农民学校和受民众欢迎的大学、喀尔巴阡雄鹰组织，最后还有模范样板村庄。"阿斯特拉"广泛参与促进特兰西瓦尼亚地区罗马尼亚人民族进步斗争的程度令人印象深刻，特别是在当今这个时代，许多"精英"知识分子只参与研究机构或博士后研究学院的领导工作，从学术小屋里向身处一楼的罗马尼亚人脑袋上口吐虚假的研究成果果皮。

尽管某些理论借用概念讨论"罗马尼亚的罗马尼亚化"，认为这是一种从中心向周边发展的现象，但对于特兰西瓦尼亚的罗马尼亚人来

---

① 奥古斯丁·保罗（德拉莱特卡）：《在索梅什河与普鲁特河之间》，第150页。

说，就像在欧洲其他地区一样，民族化或罗马尼亚化同样还经历了从边
缘到中心的过程：民族主义不仅只是被中心强加的元叙事，也是外省作
为"干净"的罗马尼亚文化和民族性的提供者，在民族背景下自我身份
认同的一种方式，——在很多关于特兰西瓦尼亚的罗马尼亚村庄或地区
的专著中，我找到了一种表达方式，拥有"干净"或"纯洁"罗马尼亚
人口的村庄——或者是外省在帝国背景下，以自己为中心地位，属于另
一个轴心而非当前短暂占据主导的轴心为名义，挑战外国中心（维也
纳、布达佩斯）的合法性。内梅什因此指出，尽管匈牙利当局在 1895
年、1896 年和 1897 年要求"阿斯特拉"领导层在协会章程中用"讲
瓦拉几亚语（译者注：即罗马尼亚语）的匈牙利居民"①取代"罗马尼
亚人民"一词，但是"民族概念仍然盛行于乡间"。在村子里，"阿斯
特拉"倡议创建的文化机构背靠"阿斯特拉"在文化、资金和后勤的支
持，从农民那里获得"民族之家"的称号（在迪米特里·古斯蒂社会学
派的影响下后来又命名为"文化馆"）。

在这种情况下，"民族"的概念促进特兰西瓦尼亚地区罗马尼亚
人民族文化的融合进程。并不是说这是一种创造，证明这个词因为对应
其原生身份层次而被农民采用，而是在有活力的民族个性中表达消极的
身份认同。尽管现在以各种方式限制罗马尼亚人的民族特性，在那个年
代的罗马尼亚精英则用民族个性竭力刺激民众。今天只存在强烈反对
（有文化的、改变基因的、每公顷量产高的）民族主义和（无形的、繁
杂的、劣质的）广义民族主义，在 "阿斯特拉"时代发展了一种最佳
的高密度有机民族主义："民族的概念，作为民族复兴过程中的黏合

---

① 伊万·奥努科·内梅什：《"阿斯特拉"在我家乡：从未来社区到模
范乡村——瑟拉日县圣克雷乌尔-阿尔马苏鲁伊》（下称《"阿斯特拉"在
我家乡》），锡比乌，"阿斯特拉"博物馆出版社，2015年，第33页。

剂，目的是将全国子民的能量聚集在这一概念周围，在声明民族特性的过程中激励和鼓励这些人民。"正如内梅什引用"阿斯特拉"秘书伊万·杰奥尔杰斯库所言，"阿斯特拉"成为"所有人的精神财富，无论是国家统一的支持者还是非国家统一支持者，学者还是非学者，工匠还是商人，还有农民，它通过语言和文化把所有罗马尼亚人团结在一起"①。

"阿斯特拉"是伯克－托克维尔式协会之一，赋予社会坚实性，并降低社会在暴君集中统治下的顺从性，它是辅助性、创造性本土主义和创新精神的生动案例。工作重点是"民族之家"，这是一种在人性层面上对自由的表达，一种在特定群体中践行思想，并将这一思想根植于一座乡村的模式。尼古拉·约尔加相当透彻地分析了作为人类自由尺度的某类"人群"或公众，他也在"阿斯特拉"的民族之家看到一个（微）地方自治的绝好案例，它是一个产生了自主且自由群体的本土缔造者，不受中央政治文化的束缚。换句话说，是一个生产贵族、"特权"和自由群体的缔造者："倡议代替国家进行干预，代替单向交流，到别人的家中，谈论他眼中的头等大事，因为多数情况下，单向交流使用的语言晦涩难懂，谈论的也是目前对他没有特殊意义的事情然后由此出发……你可以去他那里，轻微刺激他，唤醒他的雄心，让他相信自己可以有能力从事对他更有益的工作。"②

"阿斯特拉"并不是一个被遥控的民间组织，一个由外部势力安插遥控的机器，它曾是19世纪下半叶和20世纪上半叶特兰西瓦尼亚地区罗马尼亚民族主义的一种保守有机的表达。"阿斯特拉"通过小型捐

① 伊万·奥努科·内梅什：《"阿斯特拉"在我家乡》，锡比乌，"阿斯特拉"博物馆出版社，2015年，第34页。
② 同上，第46页。

款、会费，并在彩票或筹款活动的帮助下，自筹资金。志愿工作——从
建造民族之家到种植数千株树苗[①]——本身也成为一种惯例。为了在锡
比乌建立一所"法学院"，这也是阿夫拉姆·扬库在遗嘱中留下的临终
嘱托，开启了认捐名单，其中就包括捐赠两枚金币的扬·克雷安格老
师。[②]"阿斯特拉"中央民族之家于1905年在锡比乌建成，这也得益于
农民通过"售卖玉米、小麦、面粉、葡萄酒、苹果"和其他农产品筹集
的捐款。[③]用这些活动筹集的资金，"阿斯特拉"建立了人民图书馆、
学校、留学奖学金、民族之家、农民学校、合作社、展览、纪念碑，这
些是把人口改造为人民，并将人民提升到被称为罗马尼亚人的尊严所必
需的一切。[④]还有来自富有的罗马尼亚爱国者的大笔捐款，例如比萨拉
比亚贵族瓦西里·斯特罗埃斯库，由于沙皇当局不允许他投资比萨拉比
亚地区罗马尼亚人的相关事业，他成了特兰西瓦尼亚和布科维纳地区罗
马尼亚人的资助者：不管怎样，特兰西瓦尼亚的罗马尼亚民族运动领导
人总是被奥地利当局指控为有意破坏哈布斯堡帝国的俄国特工，因此，
如果俄国子民瓦西里·斯特罗斯库向他的特兰西瓦尼亚兄弟们提供赞
助，俄国官方也无法反对。

　　"阿斯特拉"远非社会工程的工具，也不是一个巨大的机器，不
顾人力成本，为了能够在单一用途的平底锅中易于搅拌尽快成型，吞噬
并消化整个社会，"阿斯特拉"为我们提供了一种文化创举，能够有机
良好地顺应罗马尼亚生活中最细微的联结。"阿斯特拉"提出的观点是
感知这种生活的精美结构，感知罗马尼亚社会发展的有机性，正如两次

---

① 伊万·奥努科·内梅什:《"阿斯特拉"在我家乡》，锡比乌，"阿
斯特拉"博物馆出版社，2015年，第264—265页。
② 同上，第43页。
③ 同上，第50页。
④ 同上，第42页。

世界大战期间社会学、民族学和人类学最复杂的理论所言，所有社会都会提出相同的基本问题，根据自身所处的地缘文化环境为这些问题找到恰当的答案。"阿斯特拉"没有发明民族，而是发明了一种结构。格奥尔基·茨采伊卡这样谈论借助民族之家开展活动的"阿斯特拉"：

"生活的整个结构由许多简单的行为组成，如果我们想要一个民族崛起，我们必须在日常行为上不断下功夫。如果我们想要一块精致的布，那么构成布的每一条线都要精致。民族之家的目标正是改善这块民族之布。"①尤利乌·哈耶加努还提到，由于乡村是罗马尼亚国家的"基础"，"我们有必要精心关照并帮助这种乡村生活，使其有活力"。哈耶加努指出，乡村"必须振兴，它必须用自己的脚走路"②。

谁是织布工？谁对民族画布的完整性保持警觉？——这块布与三十年来我们穿在里面和外面的二手破衣烂衫完全不同。我们所知的参与"阿斯特拉"活动的学者有：尼古拉·约尔加、扬·阿戈尔比恰努、尤利乌·哈耶加努、维吉尔·I. 博尔巴特、Fl. 什特凡奈斯库–格阿纳、锡尔维乌·德拉戈米尔、什特凡·贝兹德奇、N. 巴内斯库、Th. 卡皮丹、Gh. 维善、伊万·卢帕什、康斯坦丁·代科维丘、D.D. 罗斯卡、罗慕路斯·坎迪亚、尤金·斯佩兰察、埃米尔·彼得罗维奇、G. 博格丹–杜伊卡、扬·彼拉特、Gh.I. 布勒蒂亚努、Gh. 阿达梅斯库、扬·基耐祖、I. 穆什李扬、Al.I. 拉佩达图、萨宾·曼努伊勒、扬·布雷祖、塞克斯蒂尔·普什卡留、瓦莱里乌·利特拉特、尤利乌·摩尔多万、米哈伊尔·德拉戈米雷斯库、米娜·米诺维奇、康斯坦丁·莫伊西尔、帕姆菲尔·谢卡鲁、Gh. 约内斯库–西塞斯蒂、康斯坦丁·C. 朱雷斯库等人。

① 伊万·奥努科·内梅什：《"阿斯特拉"在我家乡》，锡比乌，"阿斯特拉"博物馆出版社，2015年，第46页。
② 同上，第66页。

大祭司埃米利奥·齐奥朗在约瑟夫·斯托伊季卡博士的陪同下，携带一部"阿拉丁"放映机，在锡比乌各大教堂举行演讲。除了这些从历史、语言和民族文学主题上启蒙民众的学者或作家之外，还包括经济学家、畜牧技术人员、农学家、兽医、医生和建筑师在内的完整人才体系，他们讲授或撰写了带有趣味标题的小册子，例如伊万F.内尔古丘所著的《精美制作的饲料》。所有这些"宣传"活动都经过精心调试，以免农民产生误解。例如，如果说许多早期演讲原本的目的是提醒农民有关酗酒、性病的危险，以及其他因忘本而引发的灾难，之后"阿斯特拉"领导层得出结论，与其组织警告性质的报告，向农民"灌输满脑子想象出来的各种危险"，不如优先建设性的演讲。①

除演讲之外，"阿斯特拉"为农民提供了具体的帮助，例如技术援助（动物技术和农业技术），或捐赠犁和其他农用器械，或通过普及学校或大学教育系统，教授男女农民如何更好地经营土地、管家或是烹饪。②这里并非讨论的是不幸的新"四八"革命主义思想，也不是关于从巴黎回来的贵公子教农民如何拿锄头的问题，而是原本出身农民的各行各业从业者，自然地"回家"，返回去与那些还在家里的人分享学到的知识。这是一个内在的有机适应过程，削弱社会等级制度，推动一种农民式的渊博，这样的渊博不是让知识分子去接触沙龙中的贵族，而是让农民去接触文化中心/民族之家的知识分子。这种渊博鼓励民众站了起来，因为他们看到"老爷们"站在他们一边，提供建议甚至资金，这

① 伊万·奥努科·内梅什：《"阿斯特拉"在我家乡》，锡比乌，"阿斯特拉"博物馆出版社，2015年，第144页。
② 锡比乌农民学校的课程还包括在波尔切什蒂（红塔）举办的家政课，其中11名教师提高了自己的烹饪水平，"用乡村常见食材做出更卫生更丰富的菜肴，此后还组织过类似的课程，针对的是完成初等教育的学生和来自有讲台的村子的妇女。"同上，第189页。

种渊博也让"老爷们"与他们原来出身的世界保持联系，帮助他们不要忘本，帮助他们有所收获，帮助他们不要因为与城市里抽象的公众交流——即书籍/报刊的读者或是大学教室里的听众，感到愤世嫉俗。旧制度的互动模式是在贵族和农民之间保持良好的邻里关系。

这种接触并不总是缺少内部挫伤，因为农民并非总扮演田园牧歌般的角色，而是严肃地参与到"阿斯特拉"组织的活动中。例如，来自阿夫里格的农民学生潘泰利蒙·奥西亚在1934—1935年锡比乌农民学校课程学期结束时明确指出，参加这些课程的人不是那些为了在城市里度过三周、逃离农活的懒人。虽然经常被"老爷的允诺"所蒙骗，但农民们还是响应"阿斯特拉"领导的号召，来到农民学校的课程中学点东西，奥西亚说："但是我们一看到农民学校对我们来说是唯一有益且有用的东西时，所有的困惑和怀疑都消失了。这里不要求我们交出任何东西。在这里，我们发现一切都对我们有利。在这里，我们不需要投票，也没有给我们漫天许愿，在这里连我们都明白，仍然有真心为了农民、为了国家支柱的人存在。我们只有一个遗憾：没有更早修建这些学校，那时我们尚未一贫如洗。"[1]

即使是知识分子也不是田园诗般理想化，他们知道如何看待节庆活动之外的现实，但他们从未将罗马尼亚人的苦难视为堕落或退化的扭曲。他们觉得有必要跳出来提供帮助，而不是把审美情趣与人们受到贫困折磨的生存状态割裂开。因此，扬·布雷祖这样描写关于 1938 年"阿斯特拉"在阿布鲁德举行的大型集会——约尔加、勒杜列斯库-莫特鲁、尼古拉·考兰、阿德里安·马纽、尤利乌·霍苏和德拉戈什·弗兰恰努的演讲在集会上引起热烈反响，由仪仗彩车组

---

① 伊万·奥努科·内梅什：《"阿斯特拉"在我家乡》，锡比乌，"阿斯特拉"博物馆出版社，2015年，第188页。

成的学者队伍和络绎不绝的农民引起了布雷祖的注意："来自周边村落的摩茨人（译者注：居住在西喀尔巴阡山的罗马尼亚人）跟在这些仪仗彩车的后面，带领车队的是牧师和教师。尤其引人注目的是身着美丽服饰、吹着牧号（译者注：罗马尼亚牧人用的长管状号角）的人们，他们的美丽服饰代表着曾经的辉煌。除了这些服装，我们忧伤的目光还停留在因工作和苦难而消瘦的面孔上，男人、女人、老人和儿童，他们在这个队伍中人数众多。他们走过去时，我们全都感受到一种强烈的内疚。"①

针对罗马尼亚乡村符号与实体经济规划的大规模攻势结果惊人。建筑方面留下了数十座位于乡村的民族之家。多数情况下，民族之家都在小酒馆的原址上修建，奥努科·内梅什所在的村庄便是如此。"阿斯特拉"式罗马尼亚"现代"村庄被置于三个一组的机制中——教堂—学校—民族之家/文化中心，保持了某种平衡。奥努科·内梅什颇为忧郁地注意到，村庄的这种结构在他的家乡不复存在，学校变成了废墟："学校成了废墟，全都被拆没了。村子里也不再有孩童。曾经的幸福三角，教堂—学校—民族之家，只剩两个脆弱的点，连成了一条线，这条线变得越来越细，越来越难以辨别。旁边却是热火朝天的酒馆！"②

1927年，"阿斯特拉"组织运行了608个文化圈和3000多个图书馆。③瓦西里·斯特罗斯库呼吁为罗马尼亚人民提供尽可能多的书籍、学校和教堂。他指出，罗马尼亚人将通过这些"提升他们的灵魂"，成

---

① 伊万·奥努科·内梅什：《"阿斯特拉"在我家乡》，锡比乌，"阿斯特拉"博物馆出版社，2015年，第257—258页。
② 同上，第71页。
③ 同上，第76页。

为"不会被偷走也不会被压榨的知识和财富之主"①。因此,"对历史的恐惧"绝非鼓励无知,而是要加大罗马尼亚对文化的投入。只有鼓励扩大国家凝聚在一起的根基结构,才能预防现实中的滑坡。由"阿斯特拉"捐赠的数千个乡村图书馆留下了深刻的烙印,推动了社会流动(例如,看看上个世纪有多少罗马尼亚学者来自特兰西瓦尼亚的村庄)。

在小托帕村,在"瓦西里·斯特罗斯库"基金的帮助下,于1912年建成了一所学校。自1933年,该村的民族之家也开始在校舍内运转。小托帕村的神父、大祭司瓦西里·科斯马,是两次世界大战期间"阿斯特拉"中最活跃的人物之一。二战后,小托帕村文书的儿子、诗人伊万·亚力山德鲁②在他身边长大,这个孩子的生命轨迹也因此获得了新的意义,这也证实了科斯马在旧罗马尼亚扮演非宣泄型"文化教练"的角色。当我读到科斯马神父在《致读者》中的文字时,我不禁想起了伊万·亚力山德鲁所作的赞美诗,这篇文字是科斯马神父的专著《阿尔迪亚尔的五座村庄》(克卢日,国家印刷厂,1933年)的序言:"我追求的目标是唤醒这片土地上民众的自我意识和本地主人的自豪感。"③

"阿斯特拉"的牧师、教师和其他知识分子组织的专题活动也激发了这种自我意识,他们为他们的村庄撰写作品。奥努科·内梅什编制了一个目录,其中包含500部本地专著。我的藏书中还有特拉杨·摩尔多万撰写并于1947年自费出版的《阿布什公社专著》。摩尔多万作品中勾勒的公社形象充分证实了奥努科·内梅什分析的基调。摩尔多

---

① 伊万·奥努科·内梅什:《"阿斯特拉"在我家乡》,锡比乌,"阿斯特拉"博物馆出版社,2015年,第80页。

② 同上,第139—142页,第158—160页,第248页。

③ 同上,第158页。

万写到有关酗酒问题时这样指出："尽管几乎每个公民都有一小块土地种植葡萄，但这个公社没有任何人落入这场社会灾难的圈套之中。工作一天后，每个人都会在家里喝上一两杯葡萄酒或热葡萄酒，镇定自己的身体。这里没有小酒馆。好久没有看到有人喝醉了走在街上。"[1]关于公社的农耕状态——这里主要是信仰东正教和希腊天主教的罗马尼亚人以及信仰天主教和新教的马扎尔人居住，摩尔多万指出："小塔尔纳瓦河岸可耕种的土地有一半都收成很好。因此，家庭生活和牲畜养殖对人们来说总是必不可少的。总而言之，人们很勤劳，每个人都在自己的土地上努力工作。尽管大部分人额外还在第三时（译者注：每日七次祈祷的第三次）工作，从最富有的到规模最小的农户，你都能至少看到一头奶牛，几只羊和一两头猪。妇女主要编麻和纺羊毛，纺织大卷的布和毡子，用这些为全家制作衣服。"[2]摩尔多万的总结既结合了科学严谨性要求，也带有向当局保证陈述真实性的老旧传统呼吁方式："在这部作品中，我根据亲自从村里牧师和年长村民那里收集的精确数据，努力展现阿布什公社居民社会生活的方方面面。"[3]最后一段向我们展示出摩尔多万与科斯马的目标完全一致："我心怀安慰，因为当公社未来的村民了解到他们村子生活的方方面面时，或许还能忆起他们长辈和祖先的名字，这将给他们带来心灵上的慰藉。"[4]总之，身份认同被渗透到乡村世界的最深层，在那里它充当着社会和文化的凝结剂。

故事中老爷爷老奶奶的原型是生生世世生活在这些村子里的人

[1]　特拉杨·摩尔多万：《阿布什公社志》，布加勒斯特，我们出版社，1947年，第33—34页。

[2]　同上，第35—36页。

[3]　同上，第36页。

[4]　同上，第37页。

们，其中也包括奥努科·内梅什的祖父母："每个早上和晚上，奶奶都以这样的恳求结束祷告，'上帝保佑全世界，也保佑我吧！'她把整个世界置于人类宇宙的最前沿，尔后才是作为这个世界微小组成部分的她个人。对于她而言，世界不过就是比村子再大一点，'大村子就是这个世界！'有上帝在她身边，贪婪、谎言、懒惰、不公正都令人陌生。她去世时坐在椅子上，正在油灯下做饭。身边的孩子们继续和她一起玩，开心地拉着她的头巾，直到觉得她的手都凉了。"①

奥努科·内梅什的祖母并非个例。传统世界充满了这样的神圣星期五，把周围的景致变成了中世纪的缩影："纪念我们村子英雄的木十字架就竖立在民族之家前面。不明朗的处境导致了对它的破坏。另一个由'阿斯特拉'竖立的十字架就放在学校前面。那是一个巨大的彩色木制十字架，上面刻有耶稣基督……的形象和殉教器具：锤子、钉子、钳子、矛、梯子、锯……路过的人们都会向它鞠躬，我们这些孩子也会如此，上学和放学时都会这样做。我妈妈曾经告诉我，在某个夜里十字架倒了，就那么倒在地上，每天晚上都会有一位老妇人走到倒下的十字架前，用白布把耶稣基督包裹起来，以保护他免受寒冷。"②

奥努科·内梅什的书为我们还原了一个如中世纪缩影般的严谨协调的世界。先辈们用自己的语言讲述着他们的历史。实际上，这本书以"阿斯特拉"的方式，让我们习以为常的沉默寡言、支离破碎、在时间的迷雾或贫穷的黑暗中迷失的罗马尼亚乡村，重新获得标志性话语权。奥努科·内梅什向我们再次呈现出两次世界大战期间农民的呼声，这些呼声实际在用一种更为古老的声音讲述着，在一举一动间承载着相比大

———————

① 内梅什：《"阿斯特拉"在我家乡》，第166页。
② 同上，第267页。

罗马尼亚更为深远的回忆。奥努科·内梅什的人类学实践再次向我们表明，我们越来越难以扼杀，或任它们被扼杀，那些我们熟知的历史事件、世界或人物。

从这个角度来看，"阿斯特拉"成员开展的专题性活动，以及他们出版的数百部专题作品（内梅什指出，萨斯人出版了数千本这样的书，而他们的人口比罗马尼亚人少得多）代表了加强文化免疫系统的一种行为。这些农民没有自生自灭，因为他们知道自己是谁。今天的罗马尼亚人用诸如罗马尼亚人是"小偷""蠢货"和"胆小鬼"这种近乎受虐狂般的刻板印象，取代了自我认知，取代了民族意识，取代了由历史、文学和民族艺术研究、手工业实践和本土实业赋予的民族性格。这些与其说是对价值的客观判断，不如说是自我消解的咒语、"自我实现的预言"，潜意识里对罗马尼亚人民的消解。

拉兹万·西奥多雷斯库与《两个欧洲》

很久没有如此愉悦地阅读一本罗马尼亚历史学家写的文化史专著了。市场要么被毫无价值的模仿品所占领（我希望原始的模仿品最终脱胎于创作梗概和近期揭露出来的事情，这些为了当今的表达与活动目的，指出了隐藏起来的过去的表达与活动，从根本上与过去相悖），或者市场被这样一些人占领，他们虽然接受过另一种样子的良好教育，但却有着过于明显的意识形态意图，就像在扣眼里插了一支塑料花，破坏形象。这种意识形态意图美其名曰"破除神话"，但它并非清晰阐明那些有争议的史学问题，而是贬低民族历史中的阻力点，是操作而来的贬低，那么在并非按原始模仿作品强加使用的粗糙业余的方法，用唯名论的工具创造出来这种意图时，通过呼吁下定义、重新下定义并且反复连续出现，直到一种概念、个性或历史时刻被瓦解。事物/个性/制度变成了文字（例如家庭变成了契约），而文字成倍增加，直到意义完全消失。最终，我们留下的历史是"一个白痴讲的故事"，"充满喧嚣和愤怒，毫无意义"。

历史或文化上的陈词滥调——例如"埃米内斯库，无与伦比的诗人"，或是"布拉迦，像天鹅一样寂静的诗人"，或者"罗马尼亚传统的热情好客/勇敢"——不能通过反历史或文化陈词滥调来批判消除。无论是在刺眼的光线中，还是在完全的黑暗中，理性之眼都会目中无物。你需要坚实的轮廓和细致入微的色彩。毕竟，无论我们多么后现代，除非我们患有神经系统疾病，否则我们不会以《阿维尼翁的少女》那样的视角来看待现实。在日常生活中，我们中最为后现代的那些人，大部分都是极为经典的，也就是务实，他们追求具有确定外形的存在，只在细节上而不是在结构上冒险。

对抗极其书生气的陈词滥调不能借助"破除神话"，只能借助在适当情况下深化并扩大参考框架的方式。例如，逃离扬·克雷安格的陈词滥调就毫无意义，你应该在有关他情妇八卦的线路上停下。我们用趣闻逸事来对抗消除陈词滥调。挖掘克雷安格大力支持贫苦儿童、作为雅西贫民窟使者的活动等等会更加有趣，因为这些事情告诉我们有关克雷安格和他生活环境的新东西。

然而，为了借助微观历史和长时段文化史或经济史进行这种类型的深度挖掘，需要阅读大量书籍，并对研究主题饱含热情。因为普世性不会被个体性——历史伏尔泰主义或后现代唯名主义——消解贬低，除非我们不懂得以个体来研究普遍性，也不理解隐藏在个人背后的结构。历史包含意外，也诞生于意外，但它不能只由偶然事件组成。如果是这样，那么出版社就应该出售信封中的彩票，上面有历史编纂学—哲学的便条，而不是那些著名揭秘者的书。

拉兹万·西奥多雷斯库这本书鼓舞我的是这种对写作与阅读的熟稔和一种研究探索历史层次实质性的信心，这些历史层次并未被视为毫无意义的碎片，而是过往的、现在的、有时也是未来现实的一贯重要部分。如果说院士的博学不会再让人感到惊讶，那么拉兹万·西奥多雷斯库随笔般的泰然自若让我无法抗拒。这是一本在邮局看到会对作者产生争议的书，一本巴洛克、拜占庭式的书，就像艺术史学家偏爱的天地，其中的光影、错视画、透视点以及细微和充满核心的差别以漫不经心的速度鱼贯而入。

从一开始，对我们所谈论的唯名论技巧作出含蓄的反应，这些技巧将"罗马尼亚"变成"罗马尼亚人"，"特性"变成"属性"，最后，把本体化的单数变成相对化的复数，因此，反对让我们越变越多的事物，以坚如磐石般的实体名义，从概念和意识形态角度出发（我们没有一个祖国，而是很多个小的"祖国"，当然我们也有"罗马尼亚"，然而"欧盟洲"却是唯一的）淡化"属性"，拉兹万·西奥多雷斯库揭示了"欧洲"这个概念，他指出，当它被占主导地位的政治和媒体官僚机构利用时，似乎成了一个带有"军营"气氛的概念。西奥多雷斯库以东欧现实性为名，反对绝对意识形态/文化顺从的单一性，康斯坦丁·诺伊卡某次也曾这样理论化地阐述："在一个对我来说似乎既逼真又有吸引力的假设……中，未来的欧洲将在这一虚幻的统一时刻之后再次分裂。绝对是虚幻的，因为西方的消费主义欧洲和东方的意识形态欧洲是日常有形的现实……欧洲将继续存在，它首先是地区的欧洲，是拥有人文传统的大陆，是拥有伟大科学发现的大陆，是上述传统中怀旧的绝佳领地。但是最重大的历史可能会发生在其他地方。这些想法让我早些时候想到有关两个互补的欧洲的讨论，这显然消除了带有军营气味的统一欧洲的幻觉，这两个欧洲考虑到了种族、经济、信仰和宗教派别，这些标准区分了社团心理，揭示了全球化国际主义中的积极民族主义。"

从这个关键点出发，本书在结尾处同样十分确定，在百年诞辰之际，罗马尼亚学者应从自我审查的限制中走出来——这些限制使词典编纂者在罗马尼亚语释义词典（DEX）中对民族主义的定义，比牛津英语词典或拉鲁斯法语词典中的定义更为谨慎和狭隘，也让这些学者和所有创建罗马尼亚的文化伟人——包括亚历山德里、博尔切斯库、科尔加尼恰努·约尔加、卢奇安·布拉迦和帕尔万——明确表示：以罗马尼亚思想史的名义，本书曾多次提到，在一百周年之际，我们在这里，在罗马尼亚科学院的大厅里，应该大声宣布民族主义是一种积极的主张，吉卜林的名言"我的对或错的祖国",会被任何一个身处全球化之中拥有一个祖国的正常人所接受。对我们中的很多人而言,这个祖国仍然被称为罗马尼亚(338)(译者注:此处为作者引用《两个欧洲》一书的页码,下同)。

仅从引用的这两句话来看,我们可能会认为,这本书封面和封底之间的三百四十页都是对反欧洲起义、仇外民粹主义或是对田园孤立主义的持续呼声。这就是强加给我们的欧洲或者欧盟-大西洋的阅读之钥(我一直不明白为什么美国隐藏在这一意象背后的海浪之中,好像它永远不会被发现),它寻找任何文本中的思想犯罪和极端主义罪行,这些文本是通过一些属性或是集体的名义表达出来的,并非想象/创造或是公民的名义。

事实上,拉兹万·西奥多雷斯库在这本书中为我们上了一堂受欢迎的课,关于积极的、文明的、有建设性的、有教养的并且有益的民族主义。这位历史学家阐述了把罗马尼亚当作东欧或黑海-地中海一部分的想法,这些地区提出很多问题,并且已经很多次以特殊方式,通过有机弹性解决了这些问题,这些有关多文化共存的问题在当今则通过官僚主义方式解决。历史学家还绘制了构建罗马尼亚人民族特性的路线图。从两方面来看,拉兹万·西奥多雷斯库结合了艺术史和文化史,政治史和社会史的方式非常令人兴奋,这让人想起约尔加或者是Gh.I. 布勒蒂亚努曾经做过的类似事情,前者通过无数游记和报告构建了罗马尼亚民族主义,后者的地缘政治观点在这里得到清晰的价值重估。

"伟大的欧洲和我们"是第一部分内容,其中西奥多雷斯库探讨了欧洲-地中海文化政治特殊性的实质,其中包括罗马尼亚公国历史的连续性。拉兹万·西奥多雷斯库对"根据模糊的政治标准量身订制的引发幻觉的地理学"持怀疑态度,这种模糊的政治标准试图赋予"中欧"

除"独裁"以外的其他实质含义，却反之让东欧成为苏联的简单附庸，一种制造出来的意识形态现实，并非冷战之前存在的历史、地理和文化现实，却因其合法性而延续下来（19）。任何一个在北美大学学习或教授历史的人都会对罗马尼亚语出现在斯拉夫语言系中而非划归罗曼语言系这件事感到惊讶，这不是出于认识论的标准，而是出于政治工具性的考量。

与导致欧洲基督教基础从所谓的棚屋"宪法"中——军营或难民营的棚屋——移除的意识形态相反，拉兹万·西奥多雷斯库强调，该大陆唯一的团结在"唯一的一个点上"，这也是"它唯一的黏合剂，即它的传统基督教"："因为，我们不能忘记，'欧洲性'首先仍然是属于教会的传统。"身为欧洲人还意味着"归属于一个美好地方的意愿，这里产生了人们的基本态度和情感——人类中心主义、慈善，美学和道德领域的标准——这种高傲意味着，除了美国的尖端技术，除了亚洲的泛神论神秘主义者之外，你的大陆仍然是人类文化中的重要篇章"（25）。在这种背景下，东欧的特殊性还体现在"以民族语言向每个民族传播基督教真理"，也体现在东正教的教会以及世俗之人在东方东正教所扮演的角色之中。因此，拉兹万·西奥多雷斯库敦促我们不要忘记，欧洲诞生于"雅典卫城脚下，巴尔干东部的中心地带"，正因如此，这一社会历史空间中古老的自我建设和自我培养方式具有历史中轴线的价值。

这些历史轴线之一是东南欧的"文化走廊"，即商品和思想、士兵和学者从南到北流通的中世纪道路或走廊，"连接拜占庭、保加利亚、阿尔巴尼亚、塞尔维亚、匈牙利和罗马尼亚公国，不要忘记还有达尔马提亚（dalmat）、意大利–黑海、波兰–立陶宛和小亚细亚区域，也在同一个文化有机体中生机勃勃"（72）。这些走廊的标志也是受欢迎的基督教道路，是以圣杜米特鲁崇拜（从塞萨洛尼基，经过马其顿、塞尔维亚，一直到匈牙利南部、塞格德）和圣乔治崇拜（从博斯普鲁斯海峡到多瑙河入海口）为标志的轴线（85）。

如果说拉兹万·西奥多雷斯库在本书第一部分绘制了这张东欧地图，那么在第二部分，他借助对16世纪罗马尼亚文化第一次现代化的初段令人惊异的回溯，细致重现了这一画面。拉兹万·西奥多雷斯库使用造型艺术来探寻罗马尼亚人的心理和文化结构，试图将书面文化与艺术联系起来，并且在出现罗马尼亚语记录文本之前的时段里，从宝贵的艺术中寻找罗马尼亚精神的标志。

在生动形象地核实一些假设时，西奥多雷斯库仅通过文学史和文化社会学的论点来制定和解决这些假设，通过对比同一时期摩尔多瓦的生活，生动地回溯17—19世纪蒙特尼亚的生活，他证实并形象描绘了加贝拉·伊布赖莱努有关"批判精神"的摩尔多瓦贵族起源的思想，即罗马尼亚文化中对形式革新持怀疑和保守态度。从第三个瓦拉几亚国家的能量中出现了贵族、革命者和革命贵族，还有瓦拉几亚商人和还俗神职人员的文学性篇章或生动论述，以及他们的革命活力和同步性，都被奇妙地展现出来，仿佛证实了拉兹万·西奥多雷斯库一些精彩的历史短文中的直觉观感，收录在《近处望历史》一书中（1980年）。

西奥多雷斯库对他的摩尔多瓦出身依然欣赏如故，专门描写米哈伊尔·斯图尔扎创立的米哈莱尼教堂或加拉茨的圣女教堂的那几页不仅仅是故作高深的闲篇，它令人回想起19世纪历史随笔的良好传统，而且至少还是献给米哈伊尔·斯图尔扎的文章，是壮观的虔诚，是精心安排的用热情和温暖人文主义写成的认识论的谦逊。

与揭秘者不同，"揭秘者们"向探讨的主题投射单调的霓虹冷光，具有分析性并泛着铜绿光，不挖掘任何深度，也不对欧洲深层空间照射透视光，这一深层空间隐藏在罗马尼亚人历史背后，以及遍布这些深层东方根源的历史背后，而这些深层将拉兹万·西奥多雷斯库的书笼罩在一种温暖的光环下，制造了民族特性，而不是部落特性。他建立的联系放大了罗马尼亚的特性，而未使其枯萎，因为我指的是不易觉察地培育这种身份的那些根基和整个文化历史生态系统。拉兹万·西奥多雷斯库的书不仅向我们展示了我们从哪里来，或我们来自哪里，更重要的是展示了我们的随身之物。